अमीर ख़ुसरो
व उनका साहित्य

प्रस्तुति

रचना भोला 'यामिनी'

डायमंड बुक्स

www.diamondbook.in

प्रकाशकः डायमंड पॉकेट बुक्स (प्रा.) लि.
X-30, ओखला इंडस्ट्रियल एरिया, फेज-II
नई दिल्ली-110020
फोन : 011-40712200
ई-मेल : sales@dpb.in
वेबसाइट : www.diamondbook.in

Ameer Khusro Aur Unka Sahitya
Edited by : Rachna Bhola

मेरी साहित्यिक अभिरुचि
की प्रेरणास्रोत 'मम्मा'
की पुण्य स्मृति में

‘किश्वरे हिंद अस्त बहिश्ते बर ज़मीन’

(भारत देश पृथ्वी पर स्वर्ग है)

–अमीर खुसरो

विषय सूची

1. प्रस्तावना 07
2. अमीर ख़ुसरो–जीवन परिचय 11
3. गोरी सोवत सेज पर 19
4. एक महान संगीतज्ञ 29
5. हिंदुस्तान की तूती 32
6. नग़्मा–ए–ख़ुसरो 41
7. संग्रह
   - पहेलियां 47
   - अमीर खुसरो की मुकरियां 92
   - गीत 198
   - क़व्वाली 103
   - निस्बतें 105
   - दो–सुखने 109
   - फ़ारसी व हिन्दी मिश्रित 114
   - फ़ारसी गजलें व भावार्थ 117
   - फ़ारसी मिश्रित हिन्दी ग़ज़ल 128
   - हिन्दी ग़ज़ल 129
   - विविध 130
   - ढकोसले 132
   - सूफ़ी दोहे 134
   - फुटकर छंद 136
   - आंखों के लिए नुस्खा 137
   - ख़ालिक़ बारी 138
   - संदर्भ ग्रंथों की सूची 232

प्रस्तावना

बहुमुखी प्रतिभा के धनी अमीर ख़ुसरो एक महान सूफ़ी संत, कवि, साहित्यकार, लेखक, शायर, बहुभाषाविद्, संगीतज्ञ, वादक, पुस्तकालयाध्यक्ष, शूरवीर, राजनीतिज्ञ व दार्शनिक थे।

एक ही व्यक्ति के पास इतने गुणों का होना लगभग असंभव जान पड़ता है, किंतु जब हम अमीर ख़ुसरो की काव्य रचनाओं, जीवन-वृत्त व व्यक्तित्व पर नज़र डालते हैं, तो उनके गुणी व प्रज्ञावान होने के साक्षी स्वयं ही उपस्थित हो जाते हैं। तब यह कहने में तनिक भी संकोच नहीं होता कि वे तो गुणों की खान थे।

अमीर ख़ुसरो ने भारत की धरती को न केवल दिल से अपनाया बल्कि उसकी मान-प्रतिष्ठा को विदेशियों के बीच पहुंचाने के भी अथक प्रयत्न किए। बादशाह जलालुद्दीन ख़िलजी ने उनकी एक फ़ारसी कविता से प्रसन्न होकर 'अमीर' की उपाधि प्रदान की थी।

'तूती-ए-हिंद' के नाम से प्रसिद्ध अमीर ख़ुसरो ने सदा एक भारतीय होने पर गर्व प्रकट किया। वे कहते थे :

'हस्त मेरा मौलिद व मावा व वतन'

(हिंदी मेरी जन्मभूमि और मेरा देश है)

फ़ारसी कवि होने के बावजूद उन्होंने मातृभाषा हिंदी को पूरा मान दिया व गलियों-कूचों में विचरने वाली हिंदी को शाही दरबारों तक पहुंचा दिया। फ़ारसी व अरबी में ही काव्य रचना को सर्वश्रेष्ठ मानने वालों के सामने यह सिद्ध कर दिया कि हिंदी में भी काव्य की किसी भी विधा में रचना की जा सकती है।

ख़ुसरो की साहित्यिक उपलब्धियों से परे एक और तथ्य सबसे महत्त्वपूर्ण जान पड़ता है। वह था उनका अगाध देश प्रेम! उन्होंने हिंदू-मुस्लिम एकता, सद्भाव व सौहार्द के लिए अपनी रचनाओं को माध्यम बनाया।

तत्कालीन परिवेश में भारतीय मूल की अपेक्षा विदेशों से आए... मुसलमानों को अधिक मान-प्रतिष्ठा मिलती थी। ख़ुसरो का मानना था कि अपने देश से प्रेम करना, ईमान का ही एक अंग है।

"अमीर ख़ुसरो भारत के सबसे पहले राष्ट्रीय मुसलमान थे। वे हज़रत चिश्ती के शिष्य व ख़ुद बहुत ऊंचे तबक़े के सूफ़ी साधक थे...

... अमीर ख़ुसरो ने अपनी एक रचना में भारतवर्ष का जो वर्णन किया है, उससे पता चलता है कि चौदहवीं सदी में भी भारत संसार का सबसे अग्रणी देश था।

... वे भारत को पृथ्वी का स्वर्ग मानते हुए कहते हैं कि आदम व हव्वा जब स्वर्ग से निकले थे, तब वे इसी देश में उतरे थे...

... कोई मुझसे पूछ सकता है कि तू मुसलमान होकर हिंदुस्तान की बड़ाई क्यों करता है। मेरा जवाब यह होगा कि हिंदुस्तान मेरी जन्मभूमि है व पैगंबर साहब का हुक्म है कि तुम्हारी जन्मभूमि का प्रेम तुम्हारे धर्मप्रेम में शामिल होगा...।"

रामधारी सिंह दिनकर
(संस्कृति, भाषा व राष्ट्र से साभार)

इतिहासकार बरनी ख़ुसरो के समकालीन थे। वे उनके विषय में लिखते हैं कि ख़ुसरो की रचनाओं का संग्रह उपलब्ध हो जाए तो उन्हीं से एक पुस्तकालय बन जाएगा।

राजनीति, दरबार, तलवारों व जंग के सायों के बीच अनुपम माधुरी व रस प्रदान करने वाली शायरी की रचना करना केवल ख़ुसरो के ही वश में था।

अमीर ख़ुसरो ने आजीवन अपने मालिकों, आश्रयदाताओं व बादशाहों के लिए क़सीदे लिखे, उनके कहने से रचनाएं तैयार कीं, किंतु अपने पीर औलिया निज़ामुद्दीन से आध्यात्मिक संपर्क; उनके जीवन का दूसरा ही पहलू था।

दिन में बादशाहों की रंगारंग महफिलों में अपनी ग़ज़लों पर वाहवाही लूटने वाले ख़ुसरो, रात को अपने पीर की ख़ानक़ाह में सूफ़ी रंग में रंगे दोहे गाते सुने जाते।

कहते हैं कि अपने पीर हज़रत निज़ामुद्दीन औलिया के आशीर्वाद से ही उनके कलाम में मधुरता व कसक आई थी। गुरु व शिष्य का नाता ऐसा था कि गुरु के बिना शिष्य का भी जीवन अस्तित्वहीन हो गया।

हज़रत निज़ामुद्दीन औलिया की मृत्यु के छः माह के भीतर उनके मुरीद अमीर ख़ुसरो ने भी प्राण त्याग दिए। वे छः माह भी पीर के वियोग में ऐसे बीते थे कि ख़ुसरो हर रोज़ सौ-सौ बार मरा करते थे।

यदि उनके काव्य की चर्चा की जाए तो मुझे यह तथ्य बहुत ही आकर्षक लगता है कि उन्होंने अपनी कविता को एक आम आदमी की ज़िंदगी से जोड़ा।

वे कविता में प्रतिदिन काम व व्यवहार में आने वाली वस्तुओं के नामों का प्रयोग करते थे। संभवत: लोकमानस से हार्दिक आत्मीयता रखने के कारण ही वे रचनाएं आज इतने वर्षों बाद भी मौखिक परंपरा में सुरक्षित चली आ रही हैं; भले ही वे उनकी पहेलियां हों या दोहे, ढकोसले हों या दो सुखने, कह-मुकरियां हों या फिर गीत। उनके परवर्ती कवियों ने भी इस विधा को अपनाया। मानो प्रगतिशील कवियों के प्रेरणास्रोत वही थे। आइए, ऐसे ही कुछ शब्दों के उदाहरण लें :

झूला, लोटा, छतरी, आरी, सीपी, जामन, चक्की, चूल्हा, चरख़ा, पान, मिस्सी, काजल, हार, चना, अरहर, कोयला, चौकी, मूढ़ा, पिंजड़ा, तलवार, ढाल, हाथी, घोड़ा, बंदर, चांद, तारा, बादल, भुट्टा, फूट, भौं, नाख़ून व मटकी आदि।

ख़ुसरो चाहते थे कि हिंदू व मुसलमानों के बीच धार्मिक सहिष्णुता पैदा हो। वे एक-दूसरे के धर्मों का आदर करें। वे अपने एक शेर में कहते हैं।

ऐ केज़ बुत ताऊना ब हिंदू बरी।
हमज़वे आमोज़ परस्तिश गरी॥

(अर्थात्, ऐ इस्लाम को मानने वाले, तू जो हिंदू पर मूर्ति पूजक होने के कारण कटाक्ष करता है। उससे तन्मय होकर इबादत करना भी सीख ले)

आशुकवि ख़ुसरो ने भारतीय संगीत को भी महान ऊंचाईयों तक ले जाने में अपना योगदान दिया। उन्होंने भारतीय व विदेशी संगीत में ऐसे समन्वयकारी परिवर्तन किए, जो आने वाले समय में गेय तथा वाद्य क्षेत्र के लिए क्रांतिकारी रहे।

सितार, ढोलक व पखावज जैसे वाद्य यंत्रों का आविष्कार हो या फिर देसी-विदेशी राग-रागिनियों के मेल से नए रागों की रचना; हर जगह ख़ुसरो की प्रतिभा के दर्शन होते हैं। उन्हें हम एक प्रकार से हिंदुस्तानी संगीत का प्रवर्तक भी कह सकते हैं।

हिंदू-मुस्लिम की गंगा-जमुनी संस्कृति को प्रश्रय देने वाले ख़ुसरो ने सदा यही प्रयास किया कि दोनों संप्रदायों के बीच समरसता व सौहार्द कायम हो सके। हिंदी-अरबी-फ़ारसी शब्दकोश 'ख़ालिक़ बारी' की रचना भी ऐसा ही एक प्रयास था।

कहते हैं कि इस शब्दकोश की उपादेयता को ध्यान में रखते हुए इसकी लाखों प्रतियां देश भर में बंटवाई गई थीं।

ख़ुसरो ने सात बादशाहों के दरबार में संरक्षण पाया। उनकी महफिलों की रौनक बने। उनके विजयोत्सवों में चार चांद लगाए, उनकी तारीफों में शेर कहे, कसीदे तैयार किए।

नि:संदेह उनके लिए यह कार्य काफी दुष्कर रहा होगा। आजीविका के लिए किए जाने वाले कार्य के साथ सामाजिक व नैतिक सरोकारों को जारी रखना, सरल नहीं होता। बहुत से मोड़ ऐसे आते हैं, जहां इन दोनों के टकराने की पूरी-पूरी संभावना होती है। खुसरो के जीवन में जब-जब ऐसे अवसर आए, उन्होंने सदा-न्यायशीलता व चारित्रिक दृढ़ता का परिचय दिया।

एक बादशाह के हुक्म से जब निज़ामुद्दीन औलिया को दिल्ली से निकालने के प्रयत्न हो रहे थे तो ख़ुसरो जान की परवाह न करते हुए औलिया के पास पहुंचे व उन्हें पहले ही बता दिया कि बादशाह उनके प्रति द्वेष रखता है। औलिया ने पूछा कि क्या उन्हें ऐसा करते भय नहीं लगा? क्या उन्हें प्राण जाने का भय नहीं ? तो ख़ुसरो ने उत्तर दिया– "मेरे हज़रत यदि बताता हूं तो केवल प्राण जाने का ही भय है, किंतु यदि नहीं बताता तो ईमान जाने का भय है। यदि ईमान ही न बचा तो जीवन में क्या रहा...?"

प्रस्तुत पुस्तक में महान अमीर ख़ुसरो के जीवन परिचय के अतिरिक्त उनकी रचनाएं भी प्रस्तुत की गई हैं। उनकी फ़ारसी व हिंदवी रचनाओं में यथासंभव अर्थ दिए गए हैं ताकि पाठक के रसास्वादन में व्यवधान न आए। अर्थ सहित 'ख़ालिक़ बारी' निश्चित रूप से हिंदी-फ़ारसी ज्ञान को समृद्ध करेगी व आप खड़ी बोली हिंदी के आदि कवि अमीर ख़ुसरो के साहित्य का आनंद ले पाएंगे। जिन लेखकों की पुस्तकों से सहायता ली गई, उनके प्रति हार्दिक आभार प्रकट करती हूं। अंत में उर्दू के महान शायर इक़बाल के शब्दों में ही मैं भी ख़ुसरो को श्रद्धांजलि देना चाहूंगी:

रहे न एबक व ग़ोरी के मार्के बाकी
हमेशा ताज़ा व शीरीं है नग़्मा-ए-ख़ुसरो।

–रचना भोला 'यामिनी'

अमीर ख़ुसरो–जीवन परिचय

आज जब हम नई दिल्ली के निज़ामुद्दीन स्थित हज़रत निज़ामुद्दीन औलिया की दरगाह पर माथा टेकने आए श्रद्धालुओं को, उनके मुरीद अमीर ख़ुसरो दहलवी की मज़ार पर भी श्रद्धासुमन अर्पित करते देखते हैं तो इस बात का प्रत्यक्ष प्रमाण सामने आ जाता है कि कवि अजर-अमर व जीवनरूपी धारा में निरंतर प्रवाहित होने वाली एक ऐसी जलधारा है, जो कभी नहीं सूखती। युगों-युगों तक वह यूं ही, विघ्न-बाधाएं पार करती चलती रहती है।

अमीर ख़ुसरो भी तो ऐसा ही एक नाम है। भले ही वे आज से सात सौ वर्ष पूर्व हुए हों, किंतु भारत के ग्रामीण परिवेश व साहित्यिक सभाओं में उनके नाम की गूंज आज भी सुनाई देती है।

उनका पूरा नाम अमीनुद्दौला अबुलहसन था। 'ख़ुसरो' उनका उपनाम था। 'अमीर' की उपाधि जलालुद्दीन ख़िलजी से मिली थी। इस तरह कालांतर में लोग उनका असली नाम भूल गए और वे अमीर ख़ुसरो के नाम से ही लोकप्रिय हो गए।

अमीर ख़ुसरो के पूर्वज 'हज़ारा तुर्क' थे व उनके मूल क़बीले का नाम 'लाचीन' था। विभिन्न विद्वान अलग-अलग तरीके से इन पंक्तियों की व्याख्या करते हैं।

इनके जन्मस्थान के विषय में भी काफी विवाद हैं। कुछ विद्वान मानते हैं कि वे उत्तर प्रदेश के एटा जिले के 'पटियाली' नामक स्थान पर पैदा हुए थे। कुछ विद्वान कहते हैं कि ख़ुसरो का जन्म 'काबुल' के समीप किसी स्थान पर हुआ था।

यदि उनके विषय में प्राप्त सारी सामग्री का विश्लेषण किया जाए तो यह तथ्य सामने आता है कि उनका जन्म दिल्ली में हुआ। दिल्ली से उनके लगाव व स्नेह का मूल कारण भी संभवत: यही था। भले ही वे देश-विदेश की यात्रा करें, किंतु उन्हें दिल्ली लौट कर ही मानसिक शांति व सुख प्राप्त होता था। उन्होंने दिल्ली के लिए लिखा है :

हज़रते देहली कनफ़े दीन व दान
जन्नते अदन अस्त कि आबाद बाद
गर शनूद क़िस्सा ई बोस्तां
मक्का शवद तायफ़े हिंदोस्तां

खुसरो का जन्म अपने नाना के घर दिल्ली में हुआ।

मां दौलत नाज़ ने बड़े ही जतन से पुत्र का पालन-पोषण किया। खुसरो के नाना का नाम अमीर एमादुल्मुल्क था। वे बादशाह बलबन के युद्धमंत्री थे। उन्हें राजनीतिक दबाव के कारण मुसलमान धर्म अंगीकार करना पड़ा, किंतु इसके बावजूद घर का वातावरण, परंपराएं व रीति-रिवाज ठेठ हिंदू ही रहे। घर में सभी संगीत प्रिय थे।

उनकी मां स्वयं हिंदू रीति-रिवाजों के बीच पलीं और फिर एक मुस्लिम घर में ब्याही गई। इस तरह खुसरो ने दोनों संस्कृतियों की भाषा व संस्कार विरासत में पाए।

खुसरो के पिता दूसरे पुत्र के जन्म का समाचार पाकर झूम उठे। अमीर खुसरो तीन भाई थे। उनके बड़े भाई का नाम अज़ीलुद्दीन अलीशाह व छोटे भाई का नाम हिसामुद्दीन कतलग़ था।

नन्हें खुसरो के चेहरे की कांति देखते ही बनती थी। पिता ने पुत्र को एक कपड़े में लपेटा व एक सूफी दरवेश के पास ले गए। अपनी संतान के भविष्य का हित-चिंतन प्रत्येक माता-पिता का शौक होता है। वे भी पुत्र के भावी जीवन की झलकी पा लेना चाहते थे। दरवेश ने नन्हें बालक को देखकर भविष्यवाणी की-

आवारदी कसे राके दो क़दम अज़
ख़ाक़ाली पेश ख़्वाहिद बूद

(तुम मेरे पास ऐसे शिशु को लाए हो, जो विश्व प्रसिद्ध विद्वान ख़ाक़ानी से भी दो क़दम आगे होगा)

नन्हे खुसरो के बारे में यह सुन कर पिता की आंखें नम हो आईं। यद्यपि वे स्वयं पढ़े-लिखे नहीं थे, किंतु उन्होंने मन-ही-मन निर्णय लिया कि वे पुत्र की शिक्षा-दीक्षा में कोई कसर नहीं छोड़ेंगे।

चार वर्ष की अल्पायु में खुसरो अपने पिता व परिवार के साथ दिल्ली आ गए। उन्हें प्राथमिक शिक्षा के लिए एक मदरसे में भेजा गया। बचपन से ही खुसरो को सुंदर लेखन का चाव था। जो भी उनका सुलेख देखता तो मुग्ध हो जाता। एक-एक अक्षर मोतियों-सा दमकता था। घर में बड़े भाई से तालीम पाने का अवसर मिलता। वे अरबी-फ़ारसी के भारी विद्वान थे। खुसरो की मेधावी प्रतिभा को बाल्यकाल से ही पूरा प्रश्रय मिला। मानो पिता अपनी निरक्षरता का

सारा कलंक धो देना चाहते थे। उन्होंने तीनों पुत्रों को अच्छी-से-अच्छी शिक्षा दिलवाने का प्रबंध किया।

खुसरो ने स्वयं लिखा है कि बाल्यकाल से ही वे साहित्य में भी रुचि लेने लगे थे। काव्य-रचना की प्रतिभा तो मानो जन्मजात ही थी। वे सुलेख लिखते हुए भी कोई-न-कोई शेर गुनगुनाते रहते, जो एक दिन उनके गुरु के कानों में पड़ा। जब उन्हें पता चला कि वे पंक्तियां स्वयं ख़ुसरो ने ही रची हैं-तब तो वे और भी दंग रह गए। उस दिन से तो ख़ुसरो उनके प्रिय शिष्य हो गए। वे बड़े-बड़े विद्वानों की सभाओं में प्रतिभाशाली छात्र को साथ ले जाते। एक दिन वे खुसरो को नायब कोतवाल के पास ले गए। वहां विद्वान ख्वाजा अज़ीज भी उपस्थित थे। क़ाज़ी ने अपने चेले की तारीफ़ की और उनसे कहा कि यदि वे चाहें तो खुसरो की परीक्षा भी ले सकते हैं।

अज़ीज़ मियां ने ख़ुसरो के सिर पर हाथ फेरा व बोले -'बाल (मू), अंडा (बैज), तीर व ख़रबूज़ा; इन चार बेतुके शब्दों को एक ही शेर में पिरो कर दिखाओ।'

खुसरो के लिए तो जैसे ये बाएं हाथ का खेल था। उन्होंने फ़ारसी में शेर कहा-

हर मूचे कि दर दो ज़ुल्फ आं सनम अस्त,
सब वैज़-ए-अम्बरी बर आं मूये ज़म अस्त,
चूं तीर मदा रास्त दिलशरा ज़ीरा,
चूं ख़रबूजा ददांश मियाने शिकम् अस्त।

(उस प्रियतम के केशों में जो तार हैं, उनमें से प्रत्येक तार में अंबर मछली-सी सुगंध वाले सौ-सौ अंडे पिरोए हुए हैं। उस सुंदरी के हृदय को तीर जैसा सीधा मत जानो, क्योंकि उसके भीतर ख़रबूज़े जैसे चुभने वाले दांत भी मौजूद हैं)

'बहुत ख़ूब! सुभान अल्लाह! क़ाज़ी मियां, ये तो एक नायाब हीरा है। यदि यह कुछ ही पलों में कविता रच सकता है, तो उचित मार्गदर्शन मिलने के बाद ये किन ऊंचाईयों पर जा पहुंचेगा, आप अभी कल्पना तक नहीं कर सकते...।'

अज़ीज़ मियां ने खुसरो को गले से लगा कर कहा-"तुम्हारा उपनाम तो 'सुलतानी' होना चहिए। तुम इसी नाम के साथ लिखना। देखना! ये तुम्हारे लिए शुभ होगा।"

खुसरो की शेरोशायरी दिन दूनी रात चौगुनी तरक्क़ी करने लगी। जिस तरह बहते पानी की धार को रोका नहीं जा सकता। उसी प्रकार प्रतिभा की सहज धारा भी स्वयं ही प्रवाहित होती चली जाती है। यदि कोई विघ्न बाधा आ भी जाए तो प्रवाह उसे भी साथ बहा ले जाता है।

इसी दौरान ख़ुसरो की भेंट अपने आध्यात्मिक गुरु से भी हुई, जिसके विषय में हम एक अलग अध्याय में चर्चा करेंगे। ख़ुसरो के सिर से पिता का साया शीघ्र ही उठ गया। वे अभी आठ वर्ष के ही थे कि पिता युद्ध में शहीद हो गए। अब नाना की हवेली में उनका पालन-पोषण होने लगा। नाना ने ख़ुसरो के पिता का कर्तव्य निभाया। उन्होंने नवासे को अनेक विधाओं में निपुण कर दिया। क़लम के धनी ख़ुसरो ने तलवार चलाना भी सीखा। वे ख़ुसरो को एक वीर सिपाही भी बनाना चाहते थे। दरअसल उस काल की परिस्थितियां ही ऐसी थीं कि चाहे कोई किसी भी पेशे से क्यों न हो, युद्ध के लिए उसे पुकारा जा सकता था।

ख़ुसरो अपने नाना के साथ दिल्ली के धनी-मानी लोगों के यहां जाते। भला फूल की ख़ुशबू भी किसी के छिपाये छिपी है। लोगों तक उनकी काव्य प्रतिभा व गुणों की सुगंध पहुंचने लगी। बीस वर्ष की आयु में उन्होंने अपना पहला दीवान लिखा, जिसने समाज में भूरि-भूरि प्रशंसा पाई।

दिल्ली के साहित्यिक क्षेत्र में ख़ुसरो की धाक जमने लगी। गुरु के आशीर्वाद से उनके कलाम में इतनी मिठास व कसक आ गई थी कि क्या कहने। वे अपने बारे में लिखते हैं-

''ईश्वर की कृपा से मैं बारह वर्ष की छोटी अवस्था में ही रुबाई कहने लगा। विद्वान भी आश्चर्य में पड़ जाते व मेरा उत्साहवर्द्धन करते। मुझे उस समय तक कोई ऐसा काव्य गुरु नहीं मिला था, जो मुझे कविता की शिक्षा देता। मैं स्वयं ही नए-पुराने कवियों को पढ़ कर उनसे शिक्षा लेता रहा।

ख़ुसरो बीस वर्ष के हुए तो नाना भी चल बसे। यह एक गहरा आघात था। उन्हें अपने-आप को संभालना पड़ा क्योंकि आजीविका का प्रश्न मुंह बाए खड़ा था।

अब एक स्थायी रोज़गार चाहिए था। तभी उन्हें सुलतान के भतीजे मलिक छज्जू जैसा स्नेही आश्रयदाता मिल गया। ख़ुसरो तो कवि थे। शायरी ही उनका पेशा भी बन गई। वे उसके राजदरबार की शान बने व उसकी तारीफ़ में शेर कहते रहे। सब कुछ यथापूर्व चलने लगा।

ख़ुसरो दरबार में अपने आश्रयदाता की सेवा करते तो शाम को अपने पीर के चरणों में जा बैठते। एक दिन दरबार में देर से पहुंचे तो मलिक ने ग़ुस्से में कारण पूछा। ईर्ष्यालु मंत्री ने कान भरे- "हुज़ूर! ख़ुसरो को अपने औलिया की सेवा करने से फुरसत मिले तो दरबार का ध्यान आए।"

ख़ुसरो अपने पीर पर आंच कैसे आने देते। उन्होंने तुरंत मलिक की शान में कुछ पंक्तियां पढ़ीं, जिन्हें सुन कर मलिक को हंसी आ गई व उससे कुछ कहते नहीं बना।

सुभा राव गुफ़्तम कि ख़ुर्शीद अद ख़ुजास्त,
आस्मा रुहे मलिक छज्जो नमोद।

(आज मैं घर से दरबार के लिए निकला तो मेरी भेंट सुबह से हो गई। मैंने सुबह से पूछा कि तेरा सूरज कहां है? आसमान ने मुझे मलिक छज्जू की सूरत दिखा दी।

इसी तरह दिन बीत ही जाते कि कुछ ऐसी घटनाएं घटीं, जिन्होंने ख़ुसरो को मलिक का आश्रय छोड़ने पर विवश कर दिया। एक दिन दरबार सजा था। मलिक के पास, बादशाह का बड़ा पुत्र बुग़रा ख़ां भेंट करने आया। मलिक के कहने पर ख़ुसरो ने अपनी ताज़ा फ़ारसी ग़ज़ल प्रस्तुत की–

सर इन खदुदु जुई न दौरत की तिदौरी।
इन नरगिसी ज़ौबई न दौलत कि निदौरी।
इ नुशते अमा ज़ुल ख़बमा श्यास खरामा
इन हल्केई गेसूई न दौरत की तिदौरी।।

सारा दरबार झूम उठा। बुग़रा खां ने तो उठकर शायर के हाथ चूम लिए व अशर्फ़ियों से भरे थाल का नज़राना पेश किया। ख़ुसरो के लिए विकट स्थिति थी। यदि पुरस्कार लेते तो मलिक को बुरा लग सकता था। यदि न लेते तो मेहमान–मेजबान दोनों के ही रुष्ट होने के आसार थे। उन्होंने भेंट कबूल की व बुग़रा खां ने उन्हें अपने यहां आने का निमंत्रण भी दिया।

इसी दौरान मलिक छज्जू की घूरती आंखें भी ख़ुसरो से छिपी न रहीं। उसे बहुत बुरा लगा कि अमीर ख़ुसरो ने उसी के सामने उसके मेहमान से भेंट स्वीकार की व उसे नीचा दिखा दिया। वह मन–ही–मन ख़ुसरो से नाराज़ हुआ व उस पर अपना क़हर बरपाने का मौका देखने लगा। ख़ुसरो ने वक्त की नज़ाकत को जाना व बुग़रा खां की शरण में चले गए। वहां उनका भरपूर स्वागत हुआ। शेरो–शायरी व मस्ती के दौर चल निकले।

वहीं ख़ुसरो को एक भयानक युद्ध का भी साक्षी बनना पड़ा। बंगाल में विद्रोह हो गया था। उसे दबाने के लिए बुग़रा की सेना चली व शायर को भी साथ ले लिया। चारों ओर रक्त की बहती नदियां, लोगों की चीख़–पुकार के बीच शायर का मन कहां टिकता? उन्होंने बमुश्किल उस समय को काटा व फिर से दिल्ली रवाना हो गए।

दिल्ली में उनकी मां थीं, उनके पीर थे और उनका अपना साहित्यिक वातावरण था। दिल्ली से उनका लगाव अंतिम सांस तक बना ही रहा। देश–विदेश की अनेक यात्राओं के बाद भी उनका मन दिल्ली आकर ही रमता था।

दिल्ली में ख़ुसरो की भेंट हसन सिम्मी देहलवी से हुई। वे भी फ़ारसी में शेर रचते थे। हसन नानबाई थे। एक दिन तंदूर से निकली गर्मागर्म रोटियां बेच रहे थे। ख़ुसरो वहां से निकले तो पूछा "क्यों नानबाई रोटियां कैसे दीं?"

"मैं तो सोने के भाव तौलकर रोटी देता हूं।"

"अगर ग्राहक ग़रीब हो तो...।"

"तब रोटी के बदले आशीर्वाद लेता हूं।"

खुसरो हंस दिए और यहीं से दोनों की दोस्ती हो गई। धीरे-धीरे वे दोनों मित्र आत्मीयता की परम डोर में बंध गए। उन दिनों खुसरो बलबन के बेटे सुलतान मुहम्मद के साथ थे। सुलतान कला का पारखी था। वह खुसरो को प्रोत्साहित करता व उनकी शायरी की क़द्र करता। वह मुलतान गया तो खुसरो को साथ ले गया।

खुसरो व हसन दोनों ही मुलतान गए। खुसरो हसन को अपना गुरुभाई मानते थे। वे दोनों जैसे एक ही पिंजरे के पंछी थे, पर दुनिया को उनकी यह मित्रता रास न आई।

खुसरो पर तरह-तरह के लांछन लगने लगे। लोगों को इन दोनों के आध्यात्मिक लगाव से क्या लेना-देना था। युवराज के पास रोज़ शिकायतें आने लगीं। खुसरो पर लगे ये इल्ज़ाम न केवल ग़लत बल्कि पूरी तरह से बेबुनियाद थे।

हसन को दरबार में बुलवाया गया व युवराज बोले-

"हम तुम्हें हुक्म देते हैं कि शायर खुसरो से मिलना छोड़ दो।''

''युवराज आपका हर हुक्म सिर-आंखों पर, लेकिन खुसरो से मिलने पर पाबंदी क्यों?'' हसन ने पूछा।

"जानते नहीं कि लोग तुम दोनों के चरित्र पर अंगुलियां उठा रहे हैं। भला एक युवक से कैसी घनिष्ठता?"

''खुसरो से मेरा नाता आध्यात्मिक है। वे मेरे गुरु भाई हैं। जब तक जीवित रहूंगा, उनसे मिलता रहूंगा। वही तो मुझे काव्य रचने की प्रेरणा देते हैं।'' हसन ने दृढ़ शब्दों में कहा।

युवराज ने उसकी बात सुन कर कोड़े लगाने का हुक्म दे दिया।

तभी खुसरो भी आ पहुंचे व हसन को बचाने के लिए आगे आ गए।

वे युवराज को अपनी बांह दिखा कर बोले-

"हसन से मेरा रिश्ता उस दुनियावी रिश्ते जैसा नहीं, जो कि यह दुनिया समझती है। हम तो आध्यात्मिक प्रेम की डोर से बंधे हैं। यह देखिए, जो कोड़े हसन को मारे गए हैं, उसके निशान मेरी बाज़ू पर हैं। मेरे यार को चोट पहुंचाएंगे तो दर्द मुझे ही होगा।"

दरबार में सभी शर्मसार हो गए। खुसरो व हसन पर दुराचार का आरोप लगाने वालों ने मुंह की खाई। उस समय खुसरो ने जो पंक्तियां कहीं। वे सचमुच ग़ौर करने लायक हैं:

इश्क आमदो शुद चू ख़ूनम अंदर रगो पूस्त।
ता कर्द मरा तुहियो पुरकर्द जदूस्त

जजाइए बज़ूदम हमगी दोस्त गिरिफ़्त
नामीस्त मरा वरमन बाकी हमाऊस्त।

(प्रेम मेरी शिराओं में रक्त की भांति बहता है। इसने मुझे अन्य तत्त्वों से रिक्त कर, मेरे मित्र के प्रेम से भर दिया है। मेरी सत्ता तो मेरे प्रेमपात्र से ही नाता रखती है। यह शरीर तो नाममात्र के लिए ही मेरा है।)

मुलतान में ख़ुसरो ने और भी कई भाषाओं में प्रवीणता पाई। शायरी में कई तरह के तजुर्बे किए व तारीफ़ों के हकदार बने। कहते हैं कि एक बार सुलतान ने ईरान के जाने-माने कवि शेख़ सादी को अपने यहां आने का निमंत्रण दिया। वे वृद्धावस्था के कारण कहीं भी आने-जाने में अक्षम थे, किंतु उनके प्रत्युत्तर में अमीर ख़ुसरो की महानता का परिचय मिलता है। उस उत्तर से पता चलता है कि ख़ुसरो की प्रसिद्धि कहां-कहां तक फैली थी। उन्होंने कहलवाया-

"मैं भले ही न जा सकूं, पर हिंदुस्तान में अमीर ख़ुसरो जैसा शायर तो पहले से ही है।"

ख़ुसरो ने मुलतान प्रवास में अपने हुनर को ख़ूब मांजा, पर जब भी अवसर मिलता तो दिल्ली अवश्य आते।

इन्हीं दिनों ख़ुसरो के जीवन में कई महत्त्वपूर्ण घटनाएं भी घटीं। वे शहज़ादे के साथ युद्ध के मैदान में थे कि दुश्मनों की फ़ौज भारी पड़ गई। शहजादा शहीद हुआ। ख़ुसरो व हसन को बंदी बना कर बलख ले जाया गया। शत्रुओं के चंगुल में फंसे ख़ुसरो व हसन के लिए दिल्ली लौटने की संभावना न के बराबर थी, किंतु वे किसी-न-किसी तरह शत्रुओं की कैद से छूटे व दिल्ली आ गए।

उन्हें वहां अनेक कष्ट सहने पड़े। उनके लौटने के कुछ दिन बाद ही बादशाह ने भी पुत्र शोक में प्राण त्याग दिए। ख़ुसरो दिल्ली छोड़ मां के पास पटियाली चले गए। दुःखों व कष्टों के घावों पर मां की मीठी बोली ने मरहम का काम किया।

फिर ख़ुसरो ने अवध के सूबेदार हातिम खां के यहां दो वर्ष बिताए। तब तक वे काफी हद तक संभल गए थे, इसलिए दिल्ली की याद फिर से सताने लगी थी।

दिल्ली लौटे तो बुग़रा ख़ां के पुत्र कैकुबाद ने दरबार में बुलवा लिया। कहने का तात्पर्य यह है कि बादशाह आते-जाते रहे, किंतु हर दरबार में ख़ुसरो को वही स्नेह व आदर-मान मिलता रहा।

जलालुद्दीन ख़िलजी ने भी अमीर ख़ुसरो को अपने दरबार में आश्रय दिया। ख़ुसरो तो उनके प्यारे हुदहुद (सुरीला पक्षी) बन गए। जहां एक तरफ ख़ुसरो की ग़ज़लें जलालुद्दीन की महफिलों में जाम छलकातीं, वहीं दूसरी ओर औलिया की ख़ानक़ाह में पीर के कदम चूमतीं।

जलालुद्दीन युद्ध को चले तो ख़ुसरो साथ गए। तलवारों के साए के बीच ग़ज़लों के बोल हवा में तैरते। शाम को जब बादशाह सुस्ताने बैठते तो ख़ुसरो के शेर उन्हें फिर से तरोताज़ा कर देते। यह साथ भी बहुत दिन तक नहीं चला।

जलालुद्दीन अपने ही भतीजे अलाउद्दीन ख़िलजी के हाथों मारे गए। अमीर ख़ुसरो इस विषय में लिखते हैं–

"अरे कुछ सुना, अलाउद्दीन ख़िलजी सुलतान बन बैठा। सुलतान बनने से पहले इसने क्या-क्या नए-नए करतब दिखाए। हां, वही कड़ा से देहली तक सड़क के दोनों ओर तोपों से दीनार व अशर्फियां बांटता आया है...

....हे लक्ष्मी! यह तेरी कैसी माया है।"

ख़िलजी का दूसरा बेटा क़ुतुबुद्दीन गद्दी पर बैठा तो दरबारी शायर अमीर ख़ुसरो को दिलकश क़सीदे सुनाने पड़े। वे चाहते थे कि उस नए बने बादशाह के साथ-साथ रहें। उसे छल-कपट की दुनिया से दूर रख सकें। साथ ही वे अपने पीर की सलामती की भी कोशिशों में लगे रहते, क्योंकि नए-नए सत्तासीन व्यक्ति के मन में कब क्या ख़ुराफात आ जाए, ये कहना मुश्किल था। यद्यपि उस बादशाह ने भी औलिया को अपने शिकंजे में लेने की पूरी कोशिश की, किंतु नियति में कुछ और ही लिखा था। उसे ही पहले अल्लाह के दरबार में हाज़िरी देने जाना पड़ा। उसके पापों की हांडी भर कर फूट गई।

फिर दिल्ली की गद्दी ने ग़यासुद्दीन तुग़लक का मुंह देखा। इस सुलतान को भी ख़ुसरो के औलिया द्वारा भूखों को लंगर कराने की प्रथा रास न आई। उसे यह यकीन दिला दिया गया कि निज़ामुद्दीन औलिया की खानकाह में शाही ख़जाने से ही ये दरियादिली दिखाई जाती है।

मुरीदों के लाख कहने पर भी औलिया अपने स्थान से नहीं डिगे व ग़यासुद्दीन दिल्ली ही न लौट सका।

विजयोत्सव के उपलक्ष्य में बने महल की छत गिरने के कारण मारा गया।

ख़ुसरो के प्रिय पुत्र हाजी को भी पिता की तरह संगीत की रुहानी दौलत मिली थी। वे अक्सर पिता का कलाम दरबारों की महफिलों व सूफ़ी ख़ानक़ाहों में गाकर सुनाते थे।

ख़ुदा की क़ुदरत ऐसी रही कि वह पुत्र भी परलोक सिधार गया। ख़ुसरो के दिल को एक और कड़ी चोट पहुंची। अपनी संतान की अर्थी को स्वयं कंधा देने का दुःख कितना प्राणघातक होता है, यह तो कोई भुक्तभोगी ही जान सकता है।

वे सुलतान के साथ बंगाल की यात्रा पर थे। दिल्ली लौटे तो निज़ामुद्दीन औलिया की मृत्यु का समाचार मिला। संसार के सौ दुःखों को झेल जाने वाले ख़ुसरो के लिए इस आघात को सहना लगभग असंभव था। इस दुःखदायी घटना के छः माह बाद ही वे भी इस संसार से चल बसे।

गोरी सोवत सेज पर

यदि अमीर ख़ुसरो के जीवन पर चर्चा हो रही हो तो उसमें उनके आध्यात्मिक गुरु ख़्वाजा निज़ामुद्दीन औलिया का वर्णन आना स्वाभाविक ही है, क्योंकि ख़ुसरो के अधिकांश जीवन में हमें उनके संस्कारों की प्रत्यक्ष छाप दृष्टिगोचर होती है। वे ख़ुसरो के जीवनाकाश में दैदीप्यमान सूर्य की भांति थे; जो अपने उज्ज्वल प्रकाश से अंधकार रूपी निराशा को निगल जाता था, जो सांसारिक मुसीबतों व आपदाओं से भरी आंधियों को रात भर में अपनी मोहिनी से शांत कर देते थे।

पहले निज़ामुद्दीन के विषय में थोड़ी जानकारी दे देना प्रासंगिक होगा। निज़ामुद्दीन ने बाबा फ़रीद से भेंट के पश्चात् आध्यात्मिक ज्ञान का वरदान पाया। उनकी माता के विषय में कहा जाता है कि 'मां साहिबा' धर्मनिष्ठ महिला थीं। उनका पूरा समय ख़ुदा की इबादत में बीतता। उन्होंने जीवन से अंतिम विदा लेते समय पुत्र को ख़ुदा के ही हाथों सौंप दिया। अनाथ निज़ामुद्दीन उसी दिन से ख़ुदा के आश्रय में चले गए।

शेख़ फ़रीद के मार्गदर्शन में रुहानी शक्ति पाने के बाद औलिया दिल्ली में रहने लगे व वहीं उनकी भेंट अपने प्रिय शिष्य अमीर ख़ुसरो से हुई।

ख़ुसरो के पिता व नाना दोनों ही औलिया के प्रिय शिष्य थे। वे उन्हें बहुत मान देते थे। ख़ुसरो के पिता चाहते थे कि उनका पुत्र ख़ुसरो भी महान सूफ़ी संत हज़रत निजामुद्दीन औलिया की शरण में आकर, अपना जीवन धन्य कर ले, उनका मुरीद हो जाए। पूर परिवार पहले से ही शिष्यत्व ग्रहण कर चुका था। सात वर्षीय ख़ुसरो, जब पहली बार पिता के साथ संत की दरगाह पर पहुंचे तो पिता ने कहा–

"बेटा! यह दरवाज़ा तुझे एक ऐसे संत के पास ले जाएगा। जो जीवन के हर कठिन क्षण में तेरे रक्षक, तेरे मार्गदर्शक होंगे। यदि एक बार तू इनकी शरण में आ गया तो मुझे लगेगा कि मैंने पिता होने का एक महती कर्तव्य निभा दिया। मैंने तो केवल तुझे जन्म दिया है, किंतु ये तेरी जीवनरूपी नैय्या को पार लगा देंगे...।" ...ख़ुसरो के पिता ज्यों ही उन्हें भीतर ले जाने लगे तो वे द्वार पर ही ठिठक गए व बोले–

"बेशक! आपने जो भी कहा। वह सोलहों आने सच है, पर शायद मुझमें अभी इतनी योग्यता नहीं कि मैं औलिया का मुरीद बन सकूं। वैसे भी मुरीद तो वही होता है 'जो इरादा कर लेता हैं'। मैंने तो अभी इस बाबत कुछ भी तय नहीं किया है, इसलिए आज आप ही जाएं। मैं यहीं बाहर बैठूंगा।"

पिता ने हैरानी से कहा–

"खुसरो! मुझे तुम्हारे इस व्यवहार का कारण समझ नहीं आ रहा। तुम भीतर क्यों नहीं जाना चाहते?"

खुसरो बोले–

"यदि औलिया सचमुच सच्चे सूफी, हैं तो मैं स्वयं ही उनका मुरीद बन जाऊंगा।"

खुसरो के पिता अपने बालक की बातों पर सोच-विचार करते-करते ही भीतर चले गए और यहां खुसरो ने अपने ही मन से भावी गुरु को परखने का उपाय सोच लिया। उन्होंने दो पदों की मन-ही-मन रचना की व विचार किया।

"यदि वे वाक़ई आध्यात्मिक शक्ति से ओतप्रोत हैं, तो निश्चित रूप से मेरे मन की पुकार उन तक पहुंचेगी और मेरे पास उसका प्रत्युत्तर आएगा।"

यदि आज ऐसा संभव हुआ तो मैं क्षण भर में ही उनका मुरीद हो जाऊंगा।'' उन्होंने शेर बनाए :

तु आं शाहे कि बर ऐबाने कसरत,
कबूतर गर नशीबद बाज़ गरदद।
गुरीवे मुसतमदे बर-दर,
बयादद अंदरू या बाज़ गरदद।

(तू ऐसा शासक है कि यदि तेरे महल की चोटी पर कबूतर भी बैठे तो तेरी असीम अनुकंपा व कृपा से बाज़ बन जाए।)

खुसरो अभी ख़्यालों में ही गुम थे कि भीतर से आए सेवक ने औलिया की तरफ से शेर पढ़ा–

बयादद अंद रूँ मरदे हक़ीक़त
कि बामा यकनफ़स हमराज़ गरदद
अगर अबलह बुअद आं मरदे-नादां
अजा राहे कि आमद बाज़ गरदद

(हे सच को खोजने वाले! तुम भीतर आ जाओ ताकि कुछ समय के लिए हमारे रहस्य के भागी हो सको। यदि आगंतुक अज्ञानी है, तो जिस राह से आया है, उसी राह से लौट जाए)।

खुसरो ने ये पंक्तियां सुनीं तो जैसे ज्ञानचक्षु खुल गए। सूफी संत ने बिना मिले ही कैसे पल भर में उनके मन की बात जान ली थी और न केवल बात

जानी थी, उन्हें आध्यात्मिक रहस्यों को जानने-बूझने का निमंत्रण भी भेजा था। संसार में ऐसे सौभाग्यशाली बिरले ही होते हैं, जिन्हें स्वयं गुरु अपने पास बुलाते हैं। ख़ुसरो ने गुरु के पांवों की धूल अपने मस्तक से लगाने में पल भर की भी देर नहीं की। उसी दिन ख़ुसरो, निज़ामुद्दीन औलिया के मुरीद हो गए और अपने जीवन की अंतिम सांस तक गुरु से नेह का नाता नहीं तोड़ा। निज़ामुद्दीन की कब्र के पास ही बनी ख़ुसरो की क़ब्र आज भी उस अनूठे गुरु-शिष्य के नेह की साक्षी दे रही है।

उस शाम जब ख़ुसरो घर लौटे तो जैसे एक अजीब-सी दीवानगी छा गई थी। गहरे भावावेश में डूबे ख़ुसरो ने मां के सम्मुख जाकर कहा–

आज रंग है री ...
मोहे पीर पायो निज़ामुद्दीन औलिया...
...निज़ामुद्दीन औलिया जग उजियारो
...अरे-वो तो जहां देखो, मोरे संग है री
आज रंग है री
... मेरे महबूब के घर रंग है री...

ख़ुसरो के माता-पिता को यह जान कर हार्दिक प्रसन्नता हुई कि उनके पुत्र के सिर पर अब गुरु का साया था। भले ही वे संसार में रहें न रहें, ख़ुसरो अब कभी अनाथ नहीं हो सकते थे।

गुरु का साथ पाने के बाद ख़ुसरो की नैसर्गिक काव्य प्रतिभा में मानो चार चांद लग गए। इस विषय में वे स्वयं लिखते हैं :

"जब मैं केवल आठ बरस का था। मेरी कविता की तीव्र उड़ानें आकाश को छू रही थीं, उस समय मेरे मुंह से दीप्तिमान मोती बिखरते थे...।"

औलिया के आशीर्वाद ने उनकी काव्य प्रतिभा में प्रेम का उदात्त स्वरूप व सूफी भावों का भी समावेश कर दिया था। आने वाले समय में ख़ुसरो को अपने निकटजन से वियोग सहना पड़ा। पहले पिता और फिर नाना की मृत्यु ने उन्हें आजीविका कमाने के लिए दरबार की शरण लेने पर विवश कर दिया। वे दरबार में सुलतान व अपने आश्रयदाताओं के लिए शेरोशायरी रचते, उनकी राग-रंग की महफिलों में हिस्सा लेते। उनके साथ युद्धभूमि में भी जाते, किंतु इन सबके बावजूद ख़ुसरो का गुरु से लगाव नहीं छूटा। इन सभी सांसारिक कर्मों से मुक्त होते ही वे गुरु के दरबार में हाज़िरी भरने चल देते।

अपनी साहित्य रचना के दौरान ख़ुसरो ने गुरु के वचनों व उपदेशों का संकलन 'अफ़जलुल फ़वायिद' नाम से संपादित किया। उन्होंने ग्रंथ तैयार करने के बाद गुरु की सेवा में रखा बोले–

"यह सब आपकी ही कृपा का फल है। मेरी श्रेष्ठता का सारा श्रेय आपको ही जाता है।"

औलिया उनकी विनम्रता व विनय से प्रसन्न हो उठे। गुरु-शिष्य का यह प्रेम संबंध बहुत गहरा था। एक बार खुसरो ने हज़रत निज़ामुद्दीन की शान में एक क़सीदा लिखा। वे उसे सुन कर झूम उठे व बोले-

"मांग ले खुसरो, क्या मांगता है?"

अमीर खुसरो बोले-

"हज़रत मेरे कलाम में मधुरता व कसक साथ-साथ आ जाएं।"

हज़रत बोले-

"जा मेरी चारपाई के नीचे थाल में थोड़ी शक्कर रखी है। उसमें से थोड़ी चख ले।"

बस खुसरो के कलाम में इतनी ताकत आ गई कि सुनने वाले झूम-झूम उठते थे।

हज़रत अपने शिष्य को दिलोजान से चाहते थे। वे गर्व से कहते थे-

''जब खुदा मुझसे पूछेगा कि मेरे लिए क्या लाए हो। तब मैं अमीर खुसरो को उनके सामने पेश कर दूंगा।''

हज़रत कहते थे-

"खुसरो मेरा तुर्क है। इस तुर्क के दिल में सुलगती आग से, क़यामत के दिन मेरा 'नाम-ए-आमाल' पाक हो जाएगा।"

खुसरो की भी गुरु के लिए लगन कुछ कम नहीं थी। वे एक बार किसी स्थान की यात्रा से दिल्ली लौट रहे थे। विश्राम के लिए एक स्थान पर रुके तो सेवकों से बोले-

"मुझे अपने गुरु की सुगंध आती है।"

"हुज़ूर इस उजाड़ बियाबान में गुरु कहां से आए?"

"नहीं, वे कहीं आसपास हैं," खुसरो ने फिर से कहा।

सेवक बोले-"लगता है कि आप उनसे कई दिन से भेंट नहीं कर सके, तभी मन मचल-मचल जाता है। जान पड़ता है कि वहां हज़रत भी अपने प्यारे को याद फ़रमा रहे हैं।"

खुसरो ने उनकी बात तो सुन ली, पर कुछ ही क्षणों बाद बोले-

"पर गुरु की सुगंध से कैसे इंकार कर दूं? मुझे पूरा यक़ीं है कि वे आसपास ही कहीं हैं।"

खुसरो की बेचैनी इतनी बढ़ी कि वे ऊंट से उतर कर यहां-वहां तलाश करने लगे। सेवक भी यहां-वहां खोज रहे थे। तभी उन्हें एक वृक्ष के नीचे दीन-हीन व्यक्ति लेटा दिखाई दिया। खुसरो सीधा वहीं जा पहुंचे। उससे पूछने

पर पता चला कि वह देहली के हज़रत निज़ामुद्दीन औलिया की ख़ानक़ाह में हाज़िरी देकर आ रहा है। वह वहां पुत्री के विवाह के लिए कोई सहायता पाने की आस में गया था। उसने खुसरो को बताया–

"मैंने जाकर हुज़ूर से फ़रियाद की कि वे मेरी बेटी के ब्याह के लिए मदद करें। पहले दिन उसे औलिया ने कुछ भी देने से मना कर दिया। वे बोले–

"अभी तो केवल अल्लाह का नाम है। आज कुछ नहीं है। कल देखेंगे।"

धन की आस में वह व्यक्ति वहीं टिक गया। दूसरे दिन भी गुरु के पास देने को कुछ नहीं था। अंततः तीसरे दिन वे बोले–

"चाहने पर भी मदद का इंतज़ाम नहीं कर सका। लो, मेरी जूतियां ले जाओ, इसी से तुम्हारा काम चल जाएगा।"

उस व्यक्ति ने जूतियां ले तो लीं, किंतु यही सोच रहा था कि इतने बड़े दरबार से यह कैसी सहायता मिली? यह भला उसके क्या काम आएगी? वह इसी आस पर था कि शायद सूफी की जूतियां बिक जाएं व घरवालों के सामने उसकी इज़्ज़त रह जाए। कोई यह न कह सके कि इतने बड़े दरबार से बस जूतियां ही ला सके।

अमीर खुसरो ने उसके हाथ चूमे व बोले–

"क़िस्मत वाले हो भाई! मेरे गुरु के दर्शन करके आ रहे हो। उनकी जूतियां लिए बैठे हो, तभी तो मुझे लग रहा था कि वे कहीं आसपास ही हैं। उनकी गंध ने मुझे व्याकुल कर रखा था।"

वह व्यक्ति आंखें फाड़े यह नज़ारा देख रहा था। खुसरो बोले–

"यह जूतियां मुझे बेच दो?"

वह व्यक्ति तो चाहता यही था, किंतु इससे पहले कि वह जूतियों के बदले सौ–दो सौ रुपए की मांग रखता। खुसरो ने उसके हाथ में पांच लाख (जो उन्हें सुलतान से नज़राने में मिले थे) रख दिए तो उसकी हैरानी देखने लायक थी। एक सूफी के मुंह से निकली बात झूठी हो भी कैसे सकती थी। उन्होंने सच ही कहा था कि जूतियों से ही ब्याह का सारा प्रबंध हो जाएगा।

उसने वह रकम ली, खुसरो को धन्यवाद दिया व हज़रत निज़ामुद्दीन औलिया का गुणगान करता चल दिया।

इधर खुसरो भी अपने गुरु की खड़ाऊं पाकर प्रसन्न थे। वे उन्हें सिर पर रख कर गुरु के पास पहुंचे व सारी घटना कह सुनाई। गुरु बोले–

"तुम तो सस्ते में ख़रीद लाए, खुसरो।"

खुसरो ने विनीत भाव से कहा–

"हुज़ूर! यदि वह सारा धन व प्राण भी मांगता तो मैं न्यौछावर कर देता।"

औलिया मुस्कुरा कर रह गए, पर मन–ही–मन अपने इस दीवाने मुरीद के त्याग व आत्मसमर्पण के भाव को सराहे बिना न रह सके।

सभी गुरु-शिष्य के इस प्रेम-बंधन से परिचित थे। यदि औलिया किसी से नाराज़ हो जाते या उसे अपने यहां आने की मनाही कर देते तो वह सीधा खुसरो से मदद लेने आता, क्योंकि सभी को पूरा विश्वास था कि खुसरो किसी-न-किसी तरह रूठे गुरु को मना लेंगे।

एक बार ऐसे ही संत निज़ामुद्दीन चिश्ती किस बात पर शेख बुराहानुद्दीन से नाराज़ हो गए व उन्हें उपेक्षित करने लगे। ऐसे में शेख ने खुसरो की सहायता मांगी। खुसरो ने अपनी दस्तार शेख के गले में डाली व उसे अपने पीर के सामने ले जाकर दोहा पढ़ा—

खुसरो मौला के रूठते, पीर के सरने जाय।
कहे खुसरो पीर के रूठते, मौला नहिं होत सहाय॥

यह सुनते ही पीर ने दोनों को गले से लगा लिया व शेख़ को भी माफी मिल गई। खुसरो के दोहों में अध्यात्म की भावनाओं को सहज अभिव्यक्ति मिली है। वे कहते हैं कि अल्लाह तो बहुत गुणी है, किंतु मैं जीव दुर्गुणों से भरा हूं। मैं अपने हाल पर रोता हूं कि वे किसी तरह मेरे सारे अवगुण दूर कर दें :

देख मैं अपने हाल को रोऊं ज़ार-ओ-ज़ार।
वै गुणवंता बहुत है, हम हैं औगुनहार॥

प्राय: खुसरो अपने आदरणीय गुरु के साथ बाहर जाते। एक बार वे जमुना नदी के किनारे वज़ू कर रहे थे। अचानक हज़रत की नज़र नदी के उस पार स्नान करते हिंदू नर-नारियों की तरफ गई, जो भावविभोर होकर प्रभु का गुणगान भी कर रहे थे। यह देख हज़रत मोहित हो उठे व उनके मुख से निकला :

हर क़ौम रास्त राहे दीने व क़िब्ल गाहे।
संसार हर को पूजे, कुल को जगत सराहे॥

खुसरो भी उनके समीप ही खड़े थे। उन्होंने भी वह दृश्य देखा तथा गुरु के मुख से निकली पंक्तियां सुनीं तो फ़ारसी-हिंदवी पद को पूरा करते हुए बोले—

मन क़िब्ला रास्त करदम बर स्मित ए कज कुलाहे॥
मक्के में कोई ढूंढे, काशी को कोई चाहे॥

(मेरे लिए तो ईश्वर प्राप्ति का मार्ग गुरु के माध्यम से है, जो मेरे सामने तिरछी टोपी में है। कोई मक्के में खुदा को खोज रहा है, तो कोई ईश्वर को पाने के लिए मारा-मारा फिरता है, परंतु ईश्वर तो हमारे भीतर है, हमारे हृदय में समाया है)

भले ही खुसरो दरबारों में सुलतानों के लिए शेर रचते थे। उनकी तारीफों में पन्ने रंगते थे, पर सदा मन में यही विचार रहता था कि किसी-न-किसी

तरीके से अपने गुरु के बारे में भी कुछ कहा जाए। वे एक मसनवी में लिखते हैं–

"क्या तारीख़ी वाक़्या हुआ। बादशाहत के लिए बाप-बेटे में जंग व सुलह हुई। बादशाह का क्या है, आज है, कल नहीं। ऐसा कुछ लिख दिया है कि आज भी लुत्फ़ दे व कल भी ज़िंदा रहे...

...इनामों से क्या? मुझे तो फ़िक्र यही है कि यहां अपने गुरु का नाम कैसे लिखूं? मेरे दिल के बादशाह तो वही हैं, फिर मेरी नज़्म में उनका नाम न आए तो कैसा लुत्फ़? ख़्वाजा से बादशाह ख़फ़ा है...

...बेशक गुरु ने दरबार से सिलसिला बनाए रखने को कहा है, पर दरबार से सिलसिले की हैसियत ही क्या है, आज कुछ तो कल कुछ?..."

बादशाह आते-जाते रहे। ताजपोशियां होती रहीं, युद्ध के मैदान में रक्त की नदियां बहती रहीं। विजयोत्सव मनाए जाते रहे। खुसरो इस वातावरण के बीच भी सांसारिकता व आध्यात्मिकता का संतुलन साधे जीते रहे।

उन दिनों वे अलाउद्दीन ख़िलजी के साथ थे। वह उन्हें हर जगह अपने साथ ले जाना चाहता था। वे चाहते थे कि अपने पीर के साए में सुकून से जा बैठें।

हज़रत निज़ामुद्दीन औलिया की सूफ़ी ख़ानक़ाह में जाने वाला हर बंदा भोजन पाता। उस दर से कोई भूखा नहीं लौटता था। हज़रत स्वयं रात को जौ की बासी रोटी के टुकड़े पानी में भिगो कर खाते। खाते और आंसू बहाते जाते। हर एक कौर पर यही सोचते कि जब तक उनके आसपास रहने वाला एक भी बाशिंदा भूखा सोया है, तो वह खाने का हक़ कैसे रख सकते हैं?

दरबार में बेपनाह दौलत आती थी। हज़ारों आदमी दोनों वक्त लंगर चखते, पर हज़रत खुद अपनी फ़क़ीरी की बादशाही में मग्न रहते।

अलाउद्दीन के कान भर दिए गए। वह जानना चाहता था कि पीर की ख़ानक़ाह में इतना धन कहां से आता है? बेशक वे तो उसके पास कभी न आते व न ही उसे प्रत्यक्ष में वहां जाने का अवसर मिल सकता था। उसने तय किया कि वह भेष बदल कर वहां जाएगा। उसने खुसरो को भी इस बारे में बता दिया।

खुसरो ने उसी रात गुरु को यह बताया तो वे बोले–"खुसरो! तुझे जान का ख़तरा नहीं? मुझसे सुलतान का राज़ कह दिया।"

खुसरो पीर का चोग़ा चूम कर बोले–

"मालिक! बताने से तो सिर्फ़ जान का खतरा था, यदि न बताता तो ईमान ही चला जाता।"

उस रात पीर ने मुरीद को अपने साथ भोजन का निमंत्रण दिया। सुलतानों की शाही दावतों के अभ्यस्त पीर के साथ बासी रोटी का निवाला पाकर खुसरो धन्य हो उठे।

पीर औलिया ने भी सुलतानों के सौ रंग देखे। गद्दी पर बादशाह क़ुतुबुद्दीन मुबारक शाह ख़िलजी आया। खुसरो के नाम से जलने वालों ने उसे भड़का दिया कि उसके पीर औलिया ने कभी सुलतान को सलाम नहीं पेश किया। सुलतान की गाज़ सबसे पहले खुसरो पर गिरी।

"शायर खुसरो! तुम्हारे गुरु के बारे में बहुत सुनने को मिल रहा है। भला वे हैं किस खेत की मूली? उन्हें आज तक हमें सलाम हाज़िर करने की फुर्सत नहीं मिली?"

खुसरो ने विनय से कहा–

"मालिक! वे तो ठहरे पीर-फ़कीर। उन्हें दरबारों से क्या काम? रुहानी दौलतमंद को तो वैसे भी कोई ज़रूरत नहीं रह जाती। दिन-रात अल्लाह-अल्लाह रटते हैं। भूखों को भोजन करवाते हैं। दर्दमंद का दुःख हरते हैं। अपनी धुन में रहते हैं।"

"तो अपनी धुन में रहनेवाले को पैग़ाम भेज दो कि नए चांद के बाद जुम्मा की सुबह दरबार में न आए तो हमसे बुरा कोई न होगा। हमारी ही पनाह में रहते हैं और हमीं को नहीं पूछते...!"

खुसरो उस कमअक्ल बादशाह को क्या समझाते? उनका पीर भला कब किसी बादशाह की पनाह में रहा था? अगली चांद रात आई और किसी ने उस बादशाह का सिर धड़ से जुदा कर दिया।

फिर गद्दी पर बैठा ग्यासुद्दीन तुग़लक़। आते ही उसने ख़जाने खुलवाए। पैरों तले ज़मीन खिसक गई, दिल्ली का ख़ज़ाना तो खाली पड़ा था। उसी समय बैठक हुई व सबसे पूछा गया कि दो सौ साल से जमा ख़जाना क्या हुआ?

पता चला कि वह तो मंत्रियों, फौजदारों, अमीरों व फ़क़ीरों में बंट गया। फ़क़ीरों का नाम आते ही निज़ामुद्दीन औलिया का नाम आ गया। चिढ़े हुए बादशाह का सारा गुस्सा वहीं उतरा। एक मंत्री ने खुसरो को भी षड्यंत्र का हिस्सेदार बताया।

"हुजूर! ये तो खुसरो के गुरु हैं। दो हज़ार बंदे का खाना रोज़ पकता है। बढ़िया दावतों के बाद नाच-गाना जमता है। जाने इतनी दौलत कहां से आती है। बेशक शाही ख़जाना लुटाया जा रहा है।"

बादशाह ने कहा–

"मैं चला युद्ध करने, खुसरो को साथ ले जाऊंगा। तुम उस पीर-फ़क़ीर को संदेश भेज दो कि मेरे लौटने तक यहां से अपना डेरा-डंडा उखाड़ ले। अब मैं अपने शहर में ऐसी धांधली नहीं चलने दूंगा। बड़े आए पीरी-फ़क़ीरी दिखाने वाले, भूखों को खाना खिलाने वाले, अल्लाह के बंदे बनते हैं, सारी अकड़ झाड़ कर न रख दी तो मेरा नाम नहीं!"

निज़ामुद्दीन औलिया किसी से डरने वालों में से नहीं थे। बादशाह युद्ध से जीत कर लौट भी आया, पर वे अपने स्थान पर बने रहे। अगली सुबह वह लाव-लश्कर के साथ विजयोत्सव मनाने वाला था। मुरीदों ने हाथ जोड़े।

"गुरुजी! हमारी मान लें। यहां से निकल चलें। बादशाह कल दिल्ली आ जाएगा तो कोई भी क़हर ढा सकता है। वह बहुत ही ज़ालिम है।"

हज़रत निज़ामुद्दीन औलिया ने मुस्कुरा कर केवल यही कहा-

हनोज़ दिल्ली दूरस्त

(दिल्ली अभी दूर है)

अगली सुबह तुग़लक ने महल में कदम रखा तो उसकी छत उस पर गिर पड़ी। वह वहीं दब कर मर गया। मुरीद यह तमाशा देख हतप्रभ रह गए और ख़ुसरो अपने पीर के चरणों में लोट गए। हज़रत निज़ामुद्दीन औलिया ने उन्हें गले से लगा लिया व बोले-

"आ ख़ुसरो! तुझसे कुछ बातें करनी हैं।"

ख़ुसरो पीर के साथ उनके कक्ष में पहुंचे। दोनों आमने-सामने जा बैठे। कोई भी कुछ न बोला। उसी मौन में जाने कितनी बातें कही व सुनी गईं। थोड़ी देर बाद ख़ुसरो उठकर आ गए। उस दिन वे बहुत प्रसन्न थे। मानो गुरु ने सातों जहान की दौलत दे दी हो।

ख़ानक़ाह से निकलने लगे तो सेवक दौड़ा आया-

"हुज़ूर अभी बुलाते हैं।"

ख़ुसरो ने भीतर जाकर कहा-

"ख़्वाजा जी आपने मुझे बुलाया?"

"ये ले ख़ुसरो! तू ये ख़िरक़ा ले। चाहे तो एक सूफ़ी संत की तरह तू भी मुरीद बनाना।"

ख़ुसरो ने उस ख़िरक़े को चूम कर सिर पर धारण किया व झूमते हुए घर लौटे। आज उनके पीर ने उन्हें अपना बना लिया था।

कहते हैं कि गुरु व शिष्य का यह बंधन एकतरफा नहीं होता। यदि शिष्य अपने गुरु पर सब कुछ कुर्बान कर देता है, तो गुरु भी उसे अपना स्नेह देने में कृपणता नहीं बरतते।

औलिया अक्सर ख़ुसरो से कहते-

"तुम मेरी लंबी उम्र की दुआ मांगो, क्योंकि मेरी उम्र से ही तुम्हारी उम्र जुड़ी है। मुझे अपने मरने का ग़म नहीं है, पर दुःख इस बात का होगा कि मेरे बाद तुम भी नहीं बचोगे। मैं तुम्हें अभी और जीवित देखना चाहता हूं।"

औलिया बीमार रहने लगे थे और ख़ुसरो बंगाल में थे। वे दिल्ली लौट रहे

थे और उनके औलिया इस दुनिया से कूच कर गए। खुसरो पागलों की भांति विलाप करते हुए अपने पीर की क़ब्र पर पहुंचे व करुण शब्दों में बोले–

गोरी सोवत सेज पर मुख पर डारे केस।
चल ख़ुसरो घर आपने, रैन भई चहुं देस॥

(मेरे औलिया मृत्युरूपी सदा की गहरी नींद में क़ब्ररूपी सेज पर सो रहे हैं, उन्होंने केश मुंह पर बिखरा लिए हैं, जिससे दुनिया में चारों तरफ अंधकार छा गया है। ऐ ख़ुसरो! अब तुझे भी अपने असली घर यानी ईश्वर के पास चले जाना चाहिए।)

ख़ुसरो ने अपनी सारी धन-संपदा को गरीबों में लुटा दिया। वे पूरी तरह से विक्षिप्त से हो गए थे। औलिया ने गलत नहीं कहा था। अपने पीर से जुदाई का एक-एक पल उनकी जान पर भारी पड़ रहा था।

वे शोकसूचक काले वस्त्र पहन कर रहते व क़ब्र के आसपास साफ़-सफ़ाई करते। मुख से केवल यही शब्द निकलते थे–

आफ़ताब ज़मीं में छिप गया व उसकी किरणें सिर धुनती फिरें।

इस तरह छः मास भी पूरे नहीं हुए कि ख़ुसरो भी स्वर्ग सिधार गए। पीर की वसीयत के अनुसार उनकी समाधि भी वहीं समीप में बनवा दी गई। आज भी दिल्ली में हज़रत निज़ामुद्दीन की क़ब्र के साथ अमीर ख़ुसरो की क़ब्र मौजूद है।

सूफ़ी संत, क़व्वाल व औलिया के अनुयायी जब दरगाह पर आते हैं, तो औलिया के प्यारे ख़ुसरो को भी श्रद्धा सुमन अर्पित करते हैं। ख़ुसरो की लिखी क़व्वालियों पर जब वहां बैठे सूफ़ी झूमते हैं, तो ऐसा ही जान पड़ता है कि ख़ुसरो कहीं गए ही नहीं। वे आज भी अपने औलिया की शान में कुछ कह रहे हैं।

एक महान संगीतज्ञ

वाद्य व गेय दोनों ही क्षेत्रों में संगीत को नई ऊंचाईयों तक ले जाने वाले अमीर ख़ुसरो एक महान संगीतकार भी थे। यदि हम कहें कि वे एक अच्छे गायक व संगीतशास्त्री भी थे तो इसमें कोई अतिश्योक्ति नहीं होगी।

अरबी-फ़ारसी की सूक्तियों को भारतीय धुनों में पिरोने वाले ख़ुसरो को अपने पीर निज़ामुद्दीन औलिया से '**मफ़ता हुस्सामा**' का खिताब मिला था। ख़ुसरो को '**तराना**' व '**क़व्वाली**' का आविष्कारक माना जाता है। वे ईरानी संगीत की भी अच्छी जानकारी रखते थे। ईरानी व भारतीय संगीत के समन्वय से अनेक सुमधुर राग-रागिनियां उन्होंने तैयार की।

मुस्लिम राजाओं के दौर में ख़ुसरो ने दोनों तरह का वातावरण देखा। कभी संगीत को पूरा प्रश्रय तो कभी घोर विरोध! ....किंतु धीरे-धीरे दिल्ली दरबार देश भर के जाने-माने संगीतज्ञों व गायक-गायिकाओं का अखाड़ा बनने लगा। ख़ुसरो को जब भी अवसर मिला, उन्होंने अपनी संगीत-कला का भरपूर प्रदर्शन किया।

आज भी क़व्वाल ख़ुसरो को ही अपना पहला उस्ताद मानते हैं। सालाना उर्स पर मज़ार पर ख़ुसरो की क़व्वालियों का ऐसा समां बंधता है कि क्या कहने!

ख़ुसरो की एक विशेषता यह भी थी कि वे किसी भी ध्वनि को सुनते ही तुरंत राग-रागिनी में ढाल देते थे। इस विषय में एक प्रसंग कहा-सुना जाता है। कहते हैं कि ख़ुसरो ने रुई धुनने वाले धुनिए की तांत से निकलने वाली ध्वनि को ऐसे प्रस्तुत किया, जैसे कोई राग अलापा जा रहा हो;

दर पये जाना जां, हम रफ़्त, जां हम रफ़्त, जां हम रफ्त, रफ़्त-रफ़्त जां हम रफ़्त...।

'**रागदर्पण**' नामक पुस्तक में ख़ुसरो द्वारा बनाए गए निम्नलिखित रागों का उल्लेख मिलता है:

राग मुजीर	ग़नम
ज़ीलफ़	बास्तर्ज
ऐमन	उश्शाक
फ़रगाना	सर पर्दाह

मुवाफ़िक़ मुनअम

फ़रो-दस्त आदि।

हिंदुस्तानी संगीत को जन्म देने वाले खुसरो के काम को जहां दरबारी प्रश्रय मिला, वहीं सूफ़ी-फ़क़ीरों ने भी अपना आशीर्वाद दिया। उनके विषय में अकबर के दरबारी गायक तानसेन लिखते हैं—

तानसेन के तुम भू नायक ख़ुसरो
करत स्तुति गुण गायो रे

यदि खुसरो के संगीत प्रेम की चर्चा हो रही हो तो वसंत के गीतों को कैसे भुला सकते हैं। उन्होंने वसंत की गीतों को ख़ानक़ाह की रौनक़ बनाया। हिंदुओं का वसंत राग सुन कर खुसरो झूम उठे व हिंदी-फ़ारसी के कई शेर रच डाले। वे पीले वस्त्र पहन वसंत मनाने जा पहुंचे व औलिया के सामने जाकर बोले—

अश्क रेज़ आमदस्त अब्र बहार
साक़िया गुल बरेज़ो-बादः बयार

(बहार रूपी बादल आंसू बहाने आ रहे हैं। साकी फूल बरसा और मदिरा पिला)

औलिया भी मुस्कुराने लगे और फिर दिल्ली की दरगाहों में वसंत का मेला लगने लगा।

अपने ग्रंथ **'नूर-सिपहर'** में खुसरो ने संगीत के बारे में लिखा है—

"हिंदुस्तानी संगीत तो एक आग है, जो मन व आत्मा दोनों को जलाती है...

भारतीय संगीत केवल इंसानों को ही नहीं, बल्कि पशुओं को भी मंत्रमुग्ध कर देता है... इस संगीत की ध्वनि जब अरब पहुंचती है, तो बग़दाद व मिस्र के गाने वालों की जुबां तक ख़ामोश हो जाती है...।

खुसरो ने अनेक वाद्ययंत्रों के आविष्कार में भी महत्त्वपूर्ण भूमिका निभाई। वीणा भारत का पुराना वाद्य था। उन्होंने उसी के आधार पर तीन तारों का **'सेहतार'** बनाया; जो आगे चल कर **'सितार'** बना।

वाद्ययंत्रों के क्षेत्र में होने वाले इन रचनात्मक परिवर्तनों के फलस्वरूप भारतीय संगीत के दोनों पक्षों को लोकप्रियता मिली।

'ढोलक' व **'तबला'** को भी खुसरो का ही आविष्कार माना जाता है। हमारे पास वाद्ययंत्र के रूप में पखावज था। यह थोड़ा लंबा होने के कारण जरा असुविधाजनक था। खुसरो ने इसे दो भागों में विभाजित करके 'तबले' का रूप दिया।

पखावज के लघु रूप में ढोलक भी खुसरो की ही देन है। कव्वाली की सारी रौनक़ इसी से तो जमती है।

खुसरो द्वारा संगीत के क्षेत्र में योगदान पर डॉ. प्रभाकर मायवे लिखते हैं-

"खुसरो की संगीत की क्षेत्र में बहुत बड़ी देन है। उन्होंने अनेक राग-रागिनियों का ताल बांधा। कई वाद्ययंत्र इस देश को दिए। यहां पर भी ईरान व भारत के समन्वय का उनका इरादा ज़ाहिर है। रुबाब व वीणा के बीच उन्होंने समस्वरता पैदा की। उनका यह तालक्रम नाच व क़व्वाली को भारतीय भजन व हरिकथा के निकट लाने में कामयाब रहा। यह पूरे मध्ययुग के उत्तर भारतीय संगीत के मिले-जुले इतिहास से स्पष्ट है।"

खुसरो ने तबला, ढोलक व सितार आदि वाद्ययंत्रों का आविष्कार करने के बाद इन्हें बजाने की विधियां भी बनाईं व क़व्वाली, होरी, सवारी, दास्तान, परताल, चपक आड़ा चौताला, झमरा, झपताल, ज़ूबहर आदि तालें भी प्रचलित कीं।

हिंदुस्तान की तूती

चूं मन तूती-ए-हिंदम अर रासत पुर्सी
ज़मन हिंदवी पुर्स ता नग़्ज़ गोयम

(यदि सही बूझो तो मैं हिंदुस्तान की तूती हूं। अगर मुझसे मीठी बातें करना चाहते हो तो हिंदवी में बात करो)

अमीर खुसरो को हिंदी से विशेष रूप से लगाव था। बहुभाषाविद् खुसरो को अरबी, फ़ारसी, उर्दू, हिंदी, तुर्की, संस्कृत आदि अनेक भारतीय भाषाओं का भी ज्ञान था, किंतु हिंदी से उनका नेह किसी से छिपा नहीं है। वे खड़ी बोली के आदि कवि कहलाते हैं। 'खड़ी बोली' का परिष्कृत रूप ही हमारी राष्ट्रभाषा है, किंतु उन दिनों अरबी-फ़ारसी का बोलबाला था और खुसरो ने दरबार का एक अंग होने के बावजूद आम लोगों के बीच चलने वाली हिंदी को कविता की भाषा बनाया। वे धरातल की तीन लोकप्रिय भाषाओं में हिंदी को भी एक मानते थे।

यह बात स्मरण रखने योग्य है कि उस समय खुसरो ने जिस हिंदवी को प्रश्रय दिया, वह अभी अल्हड़ व अनगढ़ थी। आम लोगों से उठकर राजदरबारों की शोभा नहीं बनी थी। उसे कोई साहित्यिक महत्त्व नहीं मिलता था, किंतु खुसरो ने फ़ारसी व अरबी के बीच हिंदवी को प्रतिष्ठित करने की चुनौती उठाई व उसे पूरा भी कर दिखाया।

बेशक उनके हिंदी-फ़ारसी मिश्रित शेरों व अन्य रचनाओं में रस या तकनीकी दृष्टि से कोई कमी नहीं दिखती। उन्हें हर जगह सराहा ही गया है। दूसरे, ऐसी रचनाओं का लाभ यह भी हुआ कि वे सदा-सदा के लिए जनसाधारण की थाती बन गईं। जो रचना किसी की अपनी भाषा में हो, वह किसी लिखित रूप के बिना भी, मौखिक परंपरा से आगे बढ़ती जाती है। यहां यही करिश्मा देखने में आया। आज जब हम तेरहवीं सदी की लिखी उन रचनाओं को मौखिक परंपरा के बीच पाते हैं, तो आश्चर्यचकित हो उठते हैं। निःसंदेह उनमें प्रक्षिप्त अंश शामिल हो गए हैं, किंतु गुणीजन कभी सच्ची वस्तु का अनादर नहीं करते। उन्हें अनाज से कंकड़ फटकने की कला बखूबी आती है। खुसरो ने दरबारों के बीच हिंदी की मिठास को पहुंचाया। उन्होंने अपनी रचनाओं के माध्यम से प्रमाणित कर दिया कि

हिंदवी किसी भी लिहाज़ से हीन या किसी भाषा की तुलना में नीचे नहीं थी।

वे अपनी एक मसनवी **'आशिक़ा'** में लिखते हैं–

"आप हिंदी भाषा को फ़ारसी से किसी प्रकार हीन नहीं पाएंगे। वह भाषाओं की स्वामिनी अरबी से कुछ हीन अवश्य है, पर फ़ारस शहर में जो भाषा प्रचलित है, वह हिंदी से हीन है। मैंने बहुत ही सोच-विचार के बाद तय किया है कि हिंदी अरबी के समान है क्योंकि इन दोनों में कोई भी मिश्रित नहीं है। यदि अरबी में व्याकरण व शब्द-विन्यास है, तो हिंदी में भी वह कम नहीं है। जो व्यक्ति इन तीन भाषाओं का ज्ञाता है, वह समझ लेगा कि मैं न तो कोई भूल कर रहा हूं व न ही कोई अतिश्योक्ति...।"

वे अपने दीवान **'गुरर्तुलकमाल'** की भूमिका में कहते हैं–

"तुर्क हिंदुस्तानियम मन हिंदवी गोयम जवाब
शुक्र मिस्री नदारम कज़ अरब गोयम सुख़न

(मैं हिंदुस्तानी तुर्क हूं व हिंदवी में जवाब देता हूं। मेरे पास मिस्र की शक्र नहीं कि मैं अरबी में बात करूं)

विद्वानों ने खुसरो की हिंदी रचनाओं को तीन भागों में बांटा है :

1–लोक रुचि की रचनाएं

2–साहित्यिक रचनाएं

3–ख़ालिक़ बारी कोश

1 लोक रुचि की रचनाएं : अमीर खुसरो एक दरबारी आशु कवि थे। उन्होंने सात बादशाहों के अधीन अपनी रचनाएं कहीं। अपने आश्रयदाता के कहने पर उसके लिए प्रशंसात्मक पंक्तियां लिखना, उसके जीते गए युद्धों या उल्लेखनीय उपलब्धियों का वर्णन करना आदि उनके लिए विवशता थी, किंतु इसके साथ ही उन्होंने तत्कालीन वातावरण, भाषाओं, परिवेश, लोगों के बीच प्रचलित परंपराओं, पोशाकों व रहन-सहन आदि का जो वर्णन प्रस्तुत किया है, वह निःसंदेह ही प्रशंसनीय है। उनकी तत्कालीन रचनाएं उस समय के इतिहास का भी प्रामाणिक ब्यौरा देती हैं, किंतु उनके द्वारा लोक रुचि से जुड़ी रचनाएं भी लिखी गई; जो आम लोगों के लिए थीं। इन रचनाओं को हम सुविधा की दृष्टि से निम्नलिखित भागों में बांट सकते हैं:

- पहेलियां
- कह-मुकरियां
- निस्बतें
- दो-सुख़ना
- ढकोसले या अनमेलियां

1. पहेलियां

पहेलियां भारत के लिए कोई नया नाम नहीं है। हमारे प्राचीन ग्रंथों में भी पहेलियां मिलती हैं, किंतु ख़ुसरो ने जिन पहेलियों की रचना की, वे जनसाधारण के लिए लिखी गई थीं व उनकी सबसे बड़ी विशेषता यह थी कि उन पहेलियों में प्रयुक्त शब्दावली भी ठेठ लोक-प्रचलित ही थी।

ख़ुसरो की पहेलियां दो प्रकार की हैं—एक प्रकार की पहेली में तो उसके बीच ही उत्तर दिया होता है तथा दूसी तरह की पहेली में अलग से उत्तर दिया जाता है। इन पहेलियों से ख़ुसरो की हाज़िरजवाबी व विनोदप्रियता का परिचय मिलता है। आप इनकी लोकप्रियता का अनुमान इसी तथ्य से लगा सकते हैं कि आज इतने वर्षों बाद भी ये मौखिक परंपरा के रूप में विद्यमान हैं। निःसंदेह कुछ प्रक्षिप्त हो सकती हैं।

उनकी प्रामाणिकता के विषय में विद्वान एकमत नहीं हैं, किंतु जो कुछ भी उपलब्ध है व जनसाहित्य की अनमोल थाती है। यदि बचपन में मैंने अपनी नानी के मुख से 'एक थाल मोतियों से भरा...' वाली पहेली बूझी थी तो इसमें कोई संदेह नहीं कि मेरी भावी पीढ़ियों में भी यह परंपरा प्रत्यक्ष अथवा परोक्ष रूप से विद्यमान रहेगी। मौखिक परंपरा का यह वरदान ही किसी भी सभ्यता व संस्कृति के अलिखित दस्तावेज़ों को वर्षों तक सहेजता आता है।

पहेलियों के कुछ उदाहरण

बंद किए से निकला जाए
छोड़ दिस से जावे आए
मूर्ख को देही नहीं सूझे
ज्ञानी हो इक दम में बूझे

—दम

बनी रंगीली शर्म की बात
बे-मौसम आई बरसात
यही अचंभा मुझको आए
ख़ुशी के दिन क्यों रोती जाए

—दुल्हन

बाला था जब सबको भाया
बढ़ा हुआ कुछ काम न आया

ख़ुसरो कह दिया उसका नांव
अर्थ करो नहीं छोड़ो गांव

–दीया

बाल नोचे कपड़े फटे मोती लिए उतार
यह विप्ता कैसी बनी जो नंगी कर दई नार

–भुट्टा

बीसियों का सिर काट लिया
चोरी की ना ख़ून किया

–नाख़ून

एक नार चातुर कहलावे
मूर्ख को न पास बुलावे
चातुर मर्द जो हाथ लगावे
खोल सतर वह आप दिखावे

–किताब

2. कह–मुकरियां

इसका शाब्दिक अर्थ है 'कहकर मुकर जाना'। यह भी प्रहेलिका का ही एक रूप है। प्रायः युवतियां एक–दूसरे को एकांत में इन्हें बतिया कर रस लेती हैं। मुकरियों में चार पंक्तियां होती हैं। अंतिम पंक्ति में इसे 'सखी साजन' संबोधन के साथ–ऊपर कही गई बात से सखी मुकर जाती है यानी वह अपनी कही बात को ही झुठला कर साजन की जगह कोई दूसरा विकल्प रख देती है, जैसे –

सगरी रैन मोरे संग जागा
भोर भई तब बिछड़न लागा
इसके बिछड़े फाटत हिया,
ऐ सखि साजन, न सखी दिया

इन पंक्तियों में पहली युवती वास्तव में अपने साजन की ही बात करती है, परंतु जब उससे पूछा जाता है, तो साजन के वर्णन को 'दीपक' से जोड़ देती है।

हिंदी में खुसरो ने ही कह–मुकरियां लिखने का आरंभ किया था। सामाजिक परिवेश में मनोरंजन करने वाली ये मुकरियां आज भी गांव–देहातों में मनोरंजन का साध न बनती हैं। बेशक कुछ मुकरियों में अश्लीलता की भी छाप दिखती है, पर जब ग्रामीण वातावरण में इन्हें दोहराने की बात आती है, तो अश्लीलता कहीं पीछे छूट जाती है और उनके माध्यम से होने वाला हास्य–विनोद ही प्रधान हो जाता है।

इन्हीं कह-मुकरियों से प्रेरित होकर भारतेंदु हरिश्चंद्र जी ने भी मुकरियां लिखी थीं। उन्होंने इनके माध्यम से अंग्रेजों व अंग्रेजी राज को व्यंग्य का निशाना बनाया था; जैसे–

भीतर-भीतर सब रस चूसे
हंसि-हंसि के तन-मन-धन मूसे
जाहिर बातन में अति तेज
क्यों सखि साजन, नहिं अंगरेज।

ख़ुसरो की कह-मुकरियों के कुछ उदाहरण

अति सुंदर जग चाहे जाको
मैं भी देख गुलाबी वाको
देख रूप माया जो होना
ऐ सखि साजन, ना सखि सोना।

चढ़ छाती मोको लचकावत
धोय हाथ मो पर चढ़ि आवत
सरम लगत देखत सब नगरी
ऐ सखि साजन, ना सखि गगरी

वह आवे तब शादी होय
वा बिन शादी करे न कोय
मीठे लागे वाके बोल
ऐ सखि साजन, ना सखि ढोल

3. निस्बतें

निस्बत का अर्थ होता है 'तुलना' 'या संबंध'। निस्बतों के माध्यम से दो वस्तुओं के बीच तुलना या संबंध खोजा जाता है। एक शब्द के कई अर्थों को बुझौवल में पिरोकर निस्बतें तैयार की जाती हैं, जैसे :

मकान व पायजामे में क्या निस्बत है?

–मोरी

मोरी : (क) नाली (ख) पायजामे की मोहरी

आम और कपड़े में क्या निस्बत है?

–जाली

जाली : (क) आम के रेशे (ख) जाली वाला कपड़ा

बादशाह और मुर्ग में क्या निस्बत है?

—ताज

ताज : (क) मुकुट (ख) कलंग़ी

4. दो-सुख़ने

सुख़न शब्द का अर्थ है -कथन। दो- सुखने का अर्थ है दो कथनों में एक ही बात कहना। यहां दो प्रकार के कथन कहे जाते हैं, किंतु उनका उत्तर एक ही होता है। ये एक ही भाषा में भी हो सकते हैं या फिर दो विभिन्न भाषाओं में लिखे जा सकते हैं, जैसे :

सितार क्यों न बजा? औरत क्यों न नहाई?

—पर्दा न था।

राही प्यासा क्यों? गधा उदास क्यों?

—लोटा न था।

घर क्यों अंधियारा? फ़क़ीर क्यों बिगड़ा?

—दिया न था।

कुछ फ़ारसी दो-सुख़नों के उदाहरण

शिकारी का ये भी बायद?
मुसाफिर को क्या चाहिए?

—दाम

क़ुव्वते रूह चीस्त?
प्यारी को कब देखिए?

—सदा

कोह ये भी दारद?
मुसाफ़िर को क्या चाहिए?

—संग

5. ढकोसले/अनमेलियां

वैसे तो ढकोसले शब्द का अर्थ है आडंबर या ऊपरी ठाट-बाट। लोकसाहित्य में ऐसी बातचीत के लिए भी ढकोसला शब्द का प्रयोग होता है, जिसका सिर-पैर न हो या जो ऊल-जुलूल लगे। यह प्रचलन काफी पुराना है। ये ढकोसले कहीं भी लिखित रूप में नहीं हैं। ये मौखिक रूप से ही उपलब्ध हैं।

खीर पकाई जतन से और चरख़ा दिया चलाय
आया कुत्ता खा गया। तू बैठी ढोल बजाय
भैंस चढ़ी बबूल पर और लप-लप गूलर खाय
दुम उठा के देखा तो पूरनमासी के तीन दिन

भादो पक्की पीपली झड़-झड़ पड़े कपास
बी मेहतरानी दाल पकाओगी या नंगा ही सो रहूं?

2. साहित्यिक रचनाएं : खुसरो की साहित्यिक रचनाओं में दोहों, ग़ज़लों व स्फ़ुट रचनाओं को शामिल कर सकते हैं। खुसरो ने बहुत अच्छे गीत भी लिखे हैं। सूफी भावना व लोकगीतों से प्रेरित इन गीतों में ग्राम-देहात की जो मिठास छिपी है, उसका कोई तोड़ नहीं है। यहां तक कि आज भी विभिन्न रीति-रिवाजों व त्योहारों के समय ग्रामीण बंधुओं के मुख पर इन गीतों के बोल थिरकते दिखते हैं।

बहुत रही बाबुल घर दुल्हन, चल तेरे पी ने बुलाई।
बहोत खेल खेली सखियन से, अंत करी लरकाई।
विदा करन को कुटुंब सब आए, सगरे लोग लुगाई।
चार कहार मिल डोलिया उठाई, संग परोहित व भाई
चले ही बनेगी होत कहा है नैनन नीर कहाई
अंत विदा हो चली है दुल्हन काहू कि कछु न बने आई
मौज खुसी सब देखत रह गए मात-पिता और भाई
मोरी कोन संग लगन धराई धन धन तेरी है खुदाई
बिन मांगे मेरी मंगनी जो कीनी, नेह की मिसरी खिलाई
एक के नाम की कर दीनी सजनी, पर घर की जो ठहराई
गुन नहीं एक आंगुन बहोतरे कैसे नोंशा रिझाई
ख़ुसरो चले ससुरारी संग नहीं कोई आई।

अम्मा मेरे बाबा को भेजो जी कि सावन आया
बेटी तेरा बाबा तो बूढ़ा री कि सावन आया
अम्मा मेरे भाई को भेजो जी कि सावन आया।
बेटी तेरा भाई तो बाला री, कि सावन आया।

कव्वाली

महान कवि खुसरो ने ही भारत में क़व्वाली का चलन आरंभ किया। सूफ़ी-संतों की दरगाहों व मज़ारों पर बड़े भक्तिभाव से गाई जाने वाली क़व्वालियों

से समां-सा बंध जाता है। क़व्वाल ख़ुसरो को ही अपना पहला उस्ताद मानते हैं।

छाप तिलक तज दीन्हीं रे, तोसे नैना मिलाके
प्रेमवटी का मदवा पिला के
मतवारी कर दीन्ही रे, मो से नैना मिलाके
'ख़ुसरो' निज़ाम पे बलि-बलि जइये
मोहे सुहागन कीन्ही रे, मो से नैना मिलाय के।

दोहे

खुसरो के अनेक दोहों से सूफ़ी व रहस्यवादी भावना दृष्टिगोचर होती है। इनका उदाहरण लें :

ख़ुसरो बाजी प्रेम की मैं खेलूं पी के संग
जीत गई तो पिया मोरे हारी पी के संग
ख़ुसरो दरिया प्रेम का, सो उल्टी बाकी धार।
जो उबरा सो डूब गया, जो डूबा हुआ पार।
रैना चढ़ी रसूल की सो रंग मौला के हाथ
जिसके कपरे रंग दिए सो धन-धन वाके भाग।

ग़ज़लें

खुसरो के नाम से हिंदी ग़ज़ल उपलब्ध हैं। इसके अतिरिक्त उनकी फ़ारसी की ग़ज़लें भी अनमोल हैं।

फुटकर छंद : खुसरो के फुटकर छंदों में वसंत व पतझड़ के प्राकृतिक सौंदर्य के अलावा आंखों व रोगों के कई नुस्खे भी मिलते हैं :

सौ दवा की एक दवा रोग कोई न आवे।
ख़ुसरो वाको सरीर सुहावे, नित ताज़ी हवा जो खावे॥

प्रतिदिन तुलसी बीज को, पान संग जो खाए।
रक्त-धातु दोनों बढ़े, नामर्दी मिट जाए॥

3. ख़ालिकबारी कोश : यह खुसरो की महत्त्वपूर्ण रचनाओं में से एक है। हिंदी, फ़ारसी के इस छंदोबद्ध कोश में 215 शेर हैं। हिंदी, फ़ारसी, अरबी शब्दों के हिंदी पर्याय हैं।

इस विषय में मतभेद है कि यह कोश खुसरो की रचना है या नहीं। इसमें कोई संदेह नहीं कि यह उन्हीं की रचना है, केवल काल क्रम में परिवर्तन के साथ इसका कुछ रूप बदल गया है।

उस समय अरब, इरान व तुर्किस्तान से आने वाले लोगों को यहां की भाषा

सिखाने के लिए इसकी आवश्यकता थी। मदरसों में इसे पाठ्य पुस्तक के रूप में पढ़ाते थे।

इसके विषय में एक किवदंती भी प्रचलित है:

एक लाख ऊंट सवा लाख गाड़ी।
तेहि पर लादी ख़ालिक़बारी॥

खुसरो ने हिंदी व अरबी-फारसी शब्दों का प्रचार बढ़ाने व हिंदू-मुसलमानों में परस्पर भाव-विनिमय में सहायता पहुंचाने के उद्देश्य से ख़ालिक़बारी नामक एक कोश पद्य में बनाया था। कहते हैं कि इस कोश की लाखों प्रतियां लिखवा कर ऊंटों पर लदवा कर सारे देश में बांटी गई थीं।

–डॉ. श्याम सुंदर दास

जारी बुरा हिंदवी है रोज़
हम पै असर सुराग़ है खोज

हिंदी गोहद ख़ुर्मा रा खजूर
दाख रा तू फ़ारसी भी दां अंगूर।

ख़राब अस्त वीरां तू उजड़ा हमीख़ां।
तू मामूर आबाद, बसता हमीदां॥

नग़मा-ए-ख़ुसरो

बहुभाषाविद् ख़ुसरो ने फ़ारसी, अरबी, तुर्की व हिंदी में अनेक रचनाएं तैयार कीं। फ़ारसी साहित्य में इन्हें आदर-मान की दृष्टि से देखा जाता है।

मिर्ज़ा ग़ालिब ख़ुसरो को मान देते हुए कहते हैं :

ग़ालिब मेरे कलाम में क्योंकर न मज़ा हो।
पीता हूं धो के ख़ुसरुए शीरीं सुखन के पांव॥

ख़ुसरो ने कई लाख कलाम कहे। उनकी साहित्यिक प्रतिभा व उदात्त कल्पनाशक्ति अतुलनीय है।

ख़ुसरो के समकालीन इतिहासकार बरनी ने भी कहा है कि ख़ुसरो की सभी रचनाएं रखने के लिए एक पुस्तकालय की आवश्यकता होगी।

"...फ़िरदौसी, सादी, अनवरी, अफ़्री, नज़ीरी आदि अक़लीमे सुख़न के बादशाह हैं, किंतु उनकी सीमा एक अकलाम से आगे नहीं बढ़ती।

...फ़िरदौसी मसनवी से आगे नहीं बढ़ सकता, सादी क़सीदे को हाथ नहीं लगा सकते। अनवरी मसनवी व ग़ज़ल को नहीं छू सकता। हाफ़िज़, उफ़्री, नज़ीरी गज़ल के दायरे से बाहर नहीं निकल सकते, परंतु अमीर ख़ुसरो की साहित्यिक सत्ता में ग़ज़ल, रुबाई, क़सीदा व मसनवी सब कुछ दाख़िल है व काव्यकला की छोटी-मोटी विधाएं अर्थात् तज़मीन, मुस्तज़ाद सनाय व हादाय की तो गिनती ही नहीं है।

शोधकर्ताओं ने भारत, तुर्की, मिस्र का यूरोप के पुस्तकालयों से ख़ुसरो की निम्नलिखित रचनाएं खोज निकाली हैं।

1. तुहफ़ तुस्सिग्र
2. वस्तुल हयात
3. गुर्रतल कमाल
4. बक़ीय नक़ीय
5. निहायतुल कमाल
6. किरानुस्सादैन
7. मुफ़ताहुल फ़ुतूह
8. ख़िज्र ख़ां व देवल रानी
9. नूह सिपहर
10. तुग़लक़नामा
11. मतला-उल-अनवार
12. शीरीं व ख़ुसरो

13. मजनूं लैला
14. हश्त–बिहिश्त
15. आइन–ए–सिकंदरी
16. मजमूआ असन वियात
17. मजमूआ रुबाइयात
18. कुल्लियात
19. क़सीदा अमीर ख़ुसरो
20. मुश्तमिल वर दास्तां शाहनामा
21. एजाज़े ख़ुसरवी
22. इंशा–ए–ख़ुसरवी
23. रफ़्फ़ाइनुल फ़तूह
24. निसावे बदीउल अजायब व निसाबे मसल्लस
25. अफ.ज़लुल फ़वाइद
26. बाज़नामा
27. क़िस्सा चहार दरवेश
28. मर्रातुस्स फ़ा
29. शहर आशोब
30. ताजुल फ़तह
31. तारीख़े दिल्ली
32. मानक़िबे हिंद
33. हालात कन्हैया व कृष्ण
34. मक्तूवाते अमीर ख़ुसरो
35. जवाहरूल बहर
36. मक़ाला तारीखुल ख़ुलफ़ा
37. राहतुल मुहिबदीन
38. रिसाला अब्यात बहस
39. शगूफ़े बयान
40. तराना हिंदी
41. अस्पनामा
42. मसनवी शिकायतनामा मोमिनपुर
43. मनाजाते ख़ुसरो
44. मसनवी शिकायतनामा मोमिनपुर पटियाली
45. वाहरल अबर

(अमीर ख़ुसरो व उनका हिंदी साहित्य; भोलानाथ तिवारी से साभार)

फ़ारसी दीवान

ख़ुसरो के पांच फ़ारसी दीवानों का पता मिला है। वे हैं–

1. तुह.फ़ तुस्सिग़्र

यह उनका पहला दीवान है, जिसमें 16 से 19 वर्ष की आयु में लिखी रचनाओं का संकलन है। इसका शाब्दिक अर्थ है 'छोटी आयु का तोहफ़ा'। इस ग्रंथ से ख़ुसरो ने पुस्तकों में भूमिका देने की परंपरा आरंभ की। यहां उनका उपनाम 'सुलतानी' मिलता है, जो इन्होंने एक विद्वान के आग्रह पर रखा था। इन रचनाओं पर फ़ारसी के प्रसिद्ध अनवरी व ख़ाक़ानी का प्रभाव है। पुस्तक में क़सीदे, क़ते, छोटी मसनवी व मर्सिये शामिल हैं। इन कविताओं में शैली के अनुकरण के बावजूद एक प्रकार की नवीनता है। इस पुस्तक की भूमिका में वे लिखते हैं–

"ईश्वर की असीम कृपा व अनुकंपा से बारह वर्ष की छोटी अवस्था में ही रुबाई कहने लगा। वे आश्चर्य से भर कर मेरा उत्साह बढ़ाते। मुझे और क्रियात्मक कविता लिखने की प्रेरणा मिलती।

2. वस्तुल हयात

'ज़िंदगी के बीच का भाग'। इस दीवान में अनेक क़सीदे, तरजीअबंद, क़ते व रुबाईयां शामिल हैं। उन दिनों वे जिन महत्त्वपूर्ण व्यक्तियों की सोहबत में रहे; उनके नाम से क़सीदे लिखे गए हैं; जैसे– औलिया, बलवन, कैकुवाद, बुग़रा खां व जलालुद्दीन आदि। इसे ऐतिहासिकता व कलात्मकता की दृष्टि से महत्त्वपूर्ण कह सकते हैं।

3. ग़ुर्रतल कमाल

'शुक्ल पक्ष की पहली रात' इस दीवान में मसनवियां, अनेक रुबाईयां, ग़ज़लें व मर्सिये आदि शामिल हैं। भूमिका काफ़ी विस्तार से दी गई है। उनके जीवन की रोचक बातों के अतिरिक्त, काव्य के गुण–भेद व दोषों की भी चर्चा की गई है।

4. बक़ीय नक़ीय

इसका अर्थ है 'बाक़ी साफ़'। इसकी भूमिका में उन्होंने अपने काव्य के गुण दर्शाए हैं। यहां 570 ग़ज़लें, सौ से अधिक मसनवियां, 63 क़सीदे, क़ते व रुबाईयां शामिल किए गए हैं। यहां अनेक रचनाएं अलाउद्दीन ख़िलजी से संबंधित हैं।

5. निहायतुल कमाल

'कमाल की सीमा'; इस दीवान में क़तों व रुबाईयों के अलावा ग़ज़लें व पहेलियां भी देखने को मिलती हैं। यह उनका अंतिम दीवान है। कुछ ग़ज़लों में दो–दो भाषाओं के प्रयोग से नवीनता आ गई है।

मसनवियां

मसनवी को आप साहित्य की जीवंत विधा कह सकते हैं। इस लंबी नज़्म में हर शेर के दोनों मिसरे एक ही क़ाफिये के होते हैं। यहां खुसरो की कुछ मसनवियों के उदाहरण लें।

1. किरानुस्सादैन

'दो शुभ सितारों का मिलन' नामक इस मसनवी में 3944 शेर हैं। इसे ही 'मसनवी दर तारीफ़ देहली' के नाम से जाना जाता है। एक ऐतिहासिक घटना पर आधारित इस मसनवी में दिल्ली व दिल्लीवासियों की भूरि–भूरि प्रशंसा की गई है। इस मसनवी के लिए खुसरो को **'मलिकुशओश'** की उपाधि से विभूषित किया गया।

2. मुफ़ताहुल फ़ुतूह

'विजयों की कुंजी' नामक इस प्रसिद्ध मसनवी में जलालुद्दीन की जीत, मलिक छज्जू का विद्रोह व दण्ड तथा अवध की जीत आदि का वर्णन है। यह इतिहास की अच्छी जानकारी देती है।

ख़मसाए ख़ुसरो

इसमें खुसरो की पांच मसनवियां शामिल हैं : उन्होंने कवि निज़ामी गंजवी के ख़म्स के जवाब में इन्हें लिखा है।

1. **'मतला-उल-अनवार'** में धार्मिक, नैतिक व आध्यात्मिक विषयों पर चर्चा की गई है। इस मसनवी में वे अपनी पुत्री को सीख देते हैं–

दो को तोजन गुज़ाश्तन न पल अस्त
हालते-परदा पोकिंशहो बदन अस्त
पाक दामने आफ़ियत तद कुन
रुब व दीवारो पुश्त बर दर कुन
गर तमाशाए-रोज़नत हवस अस्त
रोज़नत चश्मे तोज़न तो बस अस्त

(बिटिया! चरख़ा कातना व सीना-पिरोना न छोड़ना। इसे छोड़ना अच्छी बात नहीं, क्योंकि यह परदापोशी का अच्छा तरीक़ा है। औरतों के लिए यही सही है कि घर में दरवाज़े की तरफ पीठ करके सुकून से बैठें। इधर-उधर ताक-झांक न करें। झरोखे में से झांकने की साध को सुई के नकुए से देख कर पूरा करो। जब राहगीरों को तकने का मन करे तो ऊपरी मंजिल में परदा डाल कर, सुई के धागा डालने वाले छेद पर आंख लगा कर बाजार का नज़ारा देख करो)

संभवत: तत्कालीन परिस्थितियों ने ही खुसरो को यह सीख देने के लिए विवश किया हो। क्योंकि सुलतान व अमीर व्यक्ति आम घरों की बहू-बेटियों से कैसे पेश आते थे, यह कटु सत्य किसी से भी छिपा नहीं है।

2. **'शीरीं व ख़ुसरो'** के माध्यम से खुसरो ने कवि निज़ामी की रचना का प्रत्युत्तर दिया है। इसमें प्रेम व रोमानियत के जो भाव उभरे हैं; वे वास्तव में अन्यत्र दुर्लभ हैं।

3. **'मजनूं व लैला'** का एक-एक शेर काबिल-ए-तारीफ है। प्रिय-प्रिया का विरह, उनके प्रेम की तड़प, उनकी शारीरिक व मानसिक भावदशा अतुलनीय हैं।

4. **'सिकंदरनामा'** में खुसरो ने अपने छोटे लड़के को सीख दी है। इसमें सिकंदर व ख़ाक़ाने चीन की लड़ाई का वर्णन है।

उन्होंने इस मसनवी के माध्यम से सिद्ध कर दिखाया कि वे वीर रस प्रधान मसनवी भी लिख सकते थे।

5. **'हश्त-बहिश्त'** को फारसी की सर्वश्रेष्ठ कृतियों में स्थान प्राप्त है। यहां खुसरो की लेखन शैली का चमत्कार देखते ही बनता है। यह ईरान के बहराम ग़ोर व चीनी हसीना की काल्पनिक प्रेमगाथा पर आधारित है।

6. ख़िज्र ख़ां व देवलरानी

इस मसनवी में ख़िज्र ख़ां व देवलरानी की प्रेमकथा का मार्मिक चित्रण किया गया है। ख़िज्र भी निज़ाम का चेला था। उसके कहने पर ही ख़ुसरो ने यह मसनवी लिखी। इसमें उसकी मृत्यु के बाद, मृत्यु का वर्णन भी शामिल कर दिया गया। इसे **'इश्किया'** नाम से भी जाना जाता है। इस मसनवी में भारतीय वस्तुओं के नाम भी शामिल किए गए हैं। इसमें भारत के प्राकृतिक सौंदर्य की प्रशंसा भी शामिल है।

7. नुह सिपहर

'नौ आसमान' नामक इस मसनवी के लिए क़ुतुबद्दीन ने ख़ुसरो को एक हाथी के बराबर सोना तौल कर इनाम दिया था। मसनवी के हर अध्याय में नए तरह के छंदों का प्रयोग किया गया है। इस ऐतिहासिक मसनवी में औलिया, भारतीय नगर, बादशाह की जीत, लोगों के धर्म संस्कृति व रीति-रिवाज आदि का विशद वर्णन मिलता है। इसी मसनवी में ख़ुसरो का देशप्रेम विशेष रूप से सामने आता है। उन्होंने अपने ही दृष्टिकोण से भारतीय भाषाओं का सर्वेक्षण भी प्रस्तुत किया है।

"सच पूछो तो हिंदुस्तान की रंगारंग सरज़मीं बड़ी ही मनमोहक है। आदमी यहां के ज़हीन, हुनरमंद, हाथ का काम करने वाले बेमिसाल, एक से एक नाज़ुक शाल और बावफ़ा नमकीन, क्या क़ंधार, क्या समरक़ंद....।"

—नुह सिपहर

8. मसनवी शिकायत नामा मोमिनपुर पटियाली

इस मसनवी में पटियाली की शिकायतों व अफ़ग़ानों के ज़ुल्मों का वर्णन है।

9. तुग़लक़नामा

तुग़लक़नामा में काफी हिंदी शब्द प्रयोग में लाए गए हैं। इसमें सुलतान ग़्यासुद्दीन की जीवनी व उसकी जीत के ब्यौरे प्रस्तुत किए गए हैं। ऐतिहासिक दृष्टि से भी इसका बहुत महत्त्व है।

ग़ज़लें

इस अरबी शब्द का अर्थ है 'स्त्रियों से बातें करना'। पहले-पहल यह सीमित अर्थ में ही थी, किंतु बाद में इसका विस्तार होता चला गया। यद्यपि ख़ुसरो ने कभी भी अपनी ग़ज़लों को गंभीरता से नहीं लिया व न ही उनके सिलसिलेवार संग्रह पर ध्यान दिया, किंतु आज भी उनकी ग़ज़लें बेहद चाव से गाई जाती हैं व महफ़िलों की रौनक़ें बनती हैं। ख़ुसरो को फ़ारसी कविता के तीन श्रेष्ठ ग़ज़लकारों में से एक माना जाता है। बाक़ी दो नाम हैं-सादी व हाफ़िज़।

खुसरो की ग़ज़लों में छिपा दर्द हो या विरह, संयोग हो या प्राकृतिक सौंदर्य; एक-एक शब्द पर लाखों न्यौछावर किए जा सकते हैं। ग़ज़लें इतनी असरदार होती थीं कि अरसिक व्यक्ति भी सुन कर झूम-झूम जाता था। वे स्वयं इस विषय में कहते हैं-

ग़ज़ल रा चुना जलवा दादम बकाम।
के बस्तम ग़ज़ालां सहरा तमाम।

(ग़ज़ल को मैंने इच्छानुसार रूप दिया। यहां तक कि जंगल के हिरण भी आवाज़ की डोर में बंध कर रह गए।)

फ़ारसी ग़ज़ल का एक उदाहरण लें :

काफ़िरे-इश्कम मुसलमानी मरा दर कार नीस्त है,
हर रगे मन तार गशता, हाजते जुन्नार नीस्त।

अज़ सरे बालीने मन बर ख़ेज़ ऐ नादां तबीब।
दर्द मंद इश्क का दारो-बख़ैर दीदार नीस्त।

मां व इश्क यार, अगर पर किब्ला, गर दर बुतकदा,
आशिकान दोस्त रा बकुफ्री-ईमां कार नीस्त।

ख़ल्क़ मी गोयद के ख़ुसरो बुत परस्ती भी कुनद,
आरे-आरे मी कुनम बा ख़लक़ो-दुनिया कार नीस्त।

अमीर खुसरो की पहेलियां

1.
हाड़ की देही उज्जल रंग,
लिपटा रहे नारी के संग।
चोरी की ना ख़ून किया,
वा का सिर क्यों काट लिया।

2.
हर सिर पेड़ सुहावन पात,
क्यों बस साम और रात।
जब नांहि से वा का नांव,
बूझ पहेली छोड़ो गांव।

3.
हिंदी में नारी कहें,
फ़ारसी में नर कहलाए।
अगन तो निबेड़े नहीं,
पर अपही से जल जाए।

4.
है वो नारी सुंदर नार,
नार नहीं पर वो है नार।
दूर से सबको छब दिखलावे,
हाथ किसी के क्यूं न आवे।

5.
नर नारी कहलाती है,
और बिन वर्षा जल जाती है।
पुरुख से आवे पुरुख में जाए,
न दी किसी ने बूझ बताए।

6.
नर नारी कहलाता है,
और नर-नारी को आता है।
गर ज़िंदगी हो मर जाता है,
पर लाग़र सा कर जाता है।

7.
वह पंछी है जगत में,
जो बसत भवें से दूर।
रेत को उनको बीना देखा,
दिन को देखा सूर।

8.
मैं मोठी मोरे पिया अकास,
कैसे जाऊं पी के पास।
बैरी लोग मुंह दिखावें,
पी चाहें तो आपी आवें।

9.
नारी में नारी बसे, नारी में नर दोए,
दो नर में नारी बसे, बूझे बिरला कोए।

10.
नारंगी रंगरेज़ की और रंगी है करतार,
सगरी दुनिया लेत है झून्टा नांव पुकार।

11.
नर नारी में कुश्ती है,
कुश्ती है बे पुश्ती है।
बूझ पहेली जो कोई जावे,
बैकुंठों में बसता पावे।

12.
नारी से तो नर भई और,
श्याम बरन भी सबो।
गली–गली कूकत फिरें,
कोई लो, कोई लो, कोई लो।

13.
नर से पैदा होवे नार,
हर कोई उससे रक्खे प्यार।
एक ज़माना उस को खावे,
ख़ुसरो पेट में वह न जावे।

14.
नर नारी को जोड़ी डीठी,
जब बोले तो लागे मीठी।
एक हाए एक तापन हारा,
चल ख़ुसरो कर कूच नक्कारा।

15.
मुसलमान के बहत्तर समझें,
हिंदू के अवतार।
तपशिया करे नाहर भजे,
बांस खावे मार।

16.
मन खोले जब गिया आई,
ढीले हो गए सब सिपाही।
कोई सोना लेने जाता है,
वह सोना आप ही आता है।

17.
नई की ढीली, पुरानी की तंग,
बूझो तो बूझो, नहीं तो चलो मेरे संग।

18.
नारी से नारी मिले,
और जन्म भी लेवे नारी।
उसके संग की टूटती देखी,
उसको देखा सारी।

19.
नार जगत की जीवन मूल,
देही रही है वा की फूल।
छेद नहीं है ना का जैसे,
पवन पेट में वाके कैसे।

20.
नर नारी को जो नर भाए,
यह दुःख उस पर होवे हाय।
टुकड़े हो और कुछ न कहे,
सीस कटे तो पड़ा रहे।

21.
हाथ में लीजिए देखा कीजिए,
हाथ में लीजिए देखा कीजिए।

22.
हर रूप है निज वह बात,
मुख में धरे दिखावे जात।
तीन बस्तों में अधिक प्यार,
जानत है सबसे नर–नार।
हर एक सभा का रखे मान,
चतुराई की ता पहचान।

23.
नर नारी है जग में एक,
देही देखी बाकी नेक।
जिसके मुंह से सीधे आए,
खाए–पीए बिन मस्त हो जाए।

24.
खेत में उपजे हर कोई खाए,
घर में होवे घर खा जाए।

25.
कई पति की नार कहाए,
भोजन कारण वेधी जाए।
दूजी बारी काम न आए,
बाम्हन या जजमान बताए।

26.
कर जड़वा के होत है और,
पवन देत है हल।
ऐसा बर्वा कौन-सा कि,
जाके बंजिया फल।
27.
मोटा पतला सब को भावे,
दो मीठों का नाम धरावे।
28.
गोल-मोल और छोटा-मोटा,
हर दम वह तो ज़मीन पे लोटा।
खुसरो कहे यह नहीं है छोटा,
जो न बूझे अक्ल का खोटा।

29.
माटी रोंदू चक धरूं फेरू बारम्बार,
चातुर हो तो जान ले मेरी जात गंवार।

30.
गौरी सुंदर पातली कैसर काले रंग,
ग्यारह देवर छोड़ कर चले जेठ के संग।
31.
खाने को वह बने नहीं पर खाते हैं,
जल उपजे बेसंगी नहीं बनाते हैं।
32.
कर अशनान सभा में बैठी,
नीची थी पर ऊंची बैठी।
ऐसी नार करम की होनी,
जिन देखा तिन थू-थू कीनी।
33.
कोई चातुर बूझ के देखे,
कर सों नारी चलते देखें।
34.
माता नांव धराए के और,
गर्ब दियो फैलाए।
डाईन से कुछ कम नहीं,
जो पेट में धरती जाए।
35.
मिला रहे तो नर रहे, अलग होए तो नार,
सोने का सा रंग है, चतुरा करे बिचार।
36.
मैन मेरव सब तज दियो,
और बैठो ध्यान लगाए।
अपने रस के काटने
सो आए कंठ बंधाए।
37.
मीठी-मीठी बात बनावे,
ऐसा पुरुख कि सबको भावे।
बूढ़ा बाला जो कोई आए,
उसके आगे सीस नवाए।
38.
गला कटे वह चूं न करे,
और मुंह रक्त बहाए।
सो प्यारी बातें करें,
फिक्र कथा दिखलाए।
39.
घूमघाम के आई है
और मेरे मन को भाई है।
देखी है पर चाखी नहीं,
अल्लाह की क़सम खाई है।
40.
लुके-लुके एक त्रिया आई,
जो कुछ उसने करी कमाई।
गर तू चाहे अपनी गत,
पिया को हरगिज़ छोड़े मत।
41.
काजल की कजलौटी, उधो का सिंगार,
हरी डाल पे मैना बैठी, है कोई बूझनहार।
42.
काला मुंह कर जग दिखलावे,
भूला-बिसरा याद दिलावे।
रेना दिना चातुर ग़म खाता,
मूर्ख को लेखा नहीं आता।

43.
गोल गात और सुंदर मूरत,
काला मुंह तिस पर ख़ूबसूरत।
उसको जो हो महरम बूझे,
सीना देख पिरोना सूझे।

44.
कर से कहूं तो आरसी आवे,
जो मारूं तो मार न खावे,
जो मैं करूं, वह कर दिखलावे,
बूझ पहेली जो बूझी जावे।

45.
अजब तरह की है एक नार,
वा का मैं क्या करूं विचार।
दिन में रही व्यक्ति के संग,
लाग रही निस वाके अंग।

46.
घूम घुमेला लहंगा पहने,
एक पांव से खड़ी रहे।
आठ हाथ है उस नारी के,
सूरत उसकी लगे परी।
सब कोई उसकी चाह करे हैं,
ग्रब्रो मुसलमां हिंदू छतरी,
खुसरो ने यह कही पहेली,
दिल में अपने सोच ज़री।

47.
करते तो बैठता नहीं और,
पग से चूक न जाए।
राह बार में चलते-फिरते,
चरनों से लग जाए।

48.
कीली पर खेती करे और,
पेड़ में देदे आग।
रास ढोए घर में रखे,
वहां रह जाए राख।

49.
श्याम बरन और दंत अनेक,
लचकत जैसे नारी।
दोनों हाथों से ख़ुसरो खींचे,
औ यूं कहें तू आ री।

50.
क्या जानूं वह कैसा है,जैसा देखो वैसा है।
अर्थ तो उसका बूझेगा,मुंह देखो तो सूझेगा।

51.
सावन-भादो बहुत चलत है,
माघ पूस में थोरी
अमीर ख़ुसरो यूं कहें,
तो बूझ पहेली मोरी।

52.
सर पर जाली और पेट से खाली,
पसली एक-एक देख निराली।
फ़िक्र मुझे है यही परेख,
हाथ न गर्दन मूढ़ा एक।

53.
स्याम बरन और सोहनी,
फूलन छाई पीठ।
सब सूरन के गले पड़त है,
ऐसी बन गई ढीठ।

54.
रात समय एक सोहा आया,
फूलों-पातों सब को भाया।
आग दिये वह होए रूख,
पानी दिए वह जावे सूख।

55.
रैन-दिना वह रोता है,
और किसी-किसी के होता है।
जब रोने से बंद हो जाए,
आगे से भी बहुत सताए।

56.
सोने की एक नार कहावे,
बिना कसौटी बान दिखावे।
57.
सूली चढ़े रक्त कटे, स्याम बरन एक नार।
दो से, दस से, बीस से मिले एक ही बार।
58.
रीढ़ पर चाम सब देह उघाड़ी,
पीठ पर सींग पेट में दाढ़ी।
हाथ न पांव न वाके कल,
चले फिरे दाढ़ी के भल।
59.
सर पर जटा गले में झोली,
किसी गुरु का चेला है।
भर-भर झोली घर को धावें,
इस का नाम पहेला है।
60.
सुख के कारज बना एक मन्दर,
पवन न जावे वा के अंदर।
उस मन्दर की रीत दीवानी,
बिछावें आग और आढ़ें पानी।
61.
स्याम बरन पीतांबर कांधे,
मुरली धरनी होए।
बिन मुरली वह नाद करत है,
बिरला बूझे कोए।
62.
रैन पड़े भोजन करे,
और दोनों वक़्त नहीं पौन।
उल्टे लटके तपशिया करें,
जोगी नहीं वह कौन।
63.
दोसर का है एक ही नाम,
बीच में उनके रहता काम।
बोल न जाने सुनते संग,
उन दोनों के बीच सुरंग।

64.
डाला था सब के मन भाया,
टांग अड़ा कर खेल बनाया।
कमर पकड़ के दिया ढकेल,
जब हुआ वह पूरा खेल।
65.
दूध में दिया दही में लिया,
दूध में दिया दही में लिया।

66.
जल बल गई पिया के पास,
तक को और जनम की आस।
जब सुंदर ने आन कही,
तब वह त्रियाजान गई।

67.
जो त्रिया को भरता जाए,
दो ही पुरुख भरताए बनाए।
माल दाम रख सब तक लाए,
घाना-घाना नाम कहाए।
68.
चार अंगुल का पेड़, सवा मन का पत्ता,
फल लगे अलग-अलग, पक जाएं इकट्ठा।

69.
दो सरे का एक पुरुख कहाए,
नर नारी के आन समाए।
शाम से लेकर ताबे भोर,
बांधा रहे नहीं वो जोर।
70.
दानाई से दांत उस पर लगाता नहीं कोई,
सब उसको भुनाते हैं, पर खाता नहीं कोई।

71.
देही न देखी नरम कहाए,
बुरी लगे और हंसी-सी आए।

72.
दस नारी का एक ही नर,
बस्ती बाहरवा का घर।
पीठ सख़्त और पेट नर्म,
मुंह मीठा तासीर गर्म।

73.
दो त्रियां मिल पुरुख कहाई,
और पता कब पशम बुनाई।

74.
देख सखी पी की चतुराई,
हाथ लगावत चोरी आई।

75.
धूपों से वह पैदा होवे,
छांव देख मुरझाए।
ऐ री सखी मैं तुझ से पूछूं,
हवा लगे मर जावे।

76.
चारों दिसा की सोलह रानी,
तीन परुख के हाथ बिकानी।
मरना-जीना उनके साथ,
कभी न सोवें वह एक साथ।

77.
जिसके पैरों वो पड़ी,
उसका जी घबराए।
बहुत दुःखों से कदम उठे,
और राह न निबेड़ी जाए।

78.
जल-जल जावे फिर बसे,
और नित उजड़े वह गांव।
घाट-घाट पर वा का ठांव,
बूझ फिक्र से नांव।

79.
जल का उपजा देखा जल में,
कांटे हैं वाके कल-कल में।
गीला हो तो हाट बिकाए,
सूखे से कई काम में आए।

80.
जल कर उपजे जल में रहे,
आंखों देखा ख़ुसरो कहे।

81.
चाम मास वा के नहीं नेक,
हाड़ मास में वा के छेक।
मोहे अचम्बो आवत ऐसे,
वा में जीव बसत है कैसे।

82.
दो त्रियां मिल भेंट करें,
वह होती है संग सार।
काले मुंह का पुरुख मिले,
तब जन्म ले सुंदर नार।

83.
दो नर में है एक ही नार,
यही रहे हैं सब के दुवार।
दो नर से वो नारी जूझे,
जब जसूं जब चट-पट बूझे।

84.
चालीस मन की नार रखावे,
सूखी जैसी तीली।
कहन को परदे की बीबी,
पर वह है रंग-रंगीली।

85.
तल ऊपर के दो हैं भाई,
उनका है यह काम।
लड़ें-भिड़ें आपस में दोनों,
मिल कर करें कलाम।

86.
जब तरुवर उपजा एक,
पात नहीं पर डाल अनेक।
इस तरुवर की शीतल छाया,
नीचे एक बैठ नहीं पाया।

87.
टूटी टूट के धूप में पड़ी,
ज्यों-ज्यों सूखी हुई बड़ी।

88.
जल तो जीवन मोल है,
और बिन जल सो कुम्हलाए।
फिक्र अगन वह कौन-सी,
जो पवन लगे मर जाए।

89.
झिलमिल का कुंआ, रतन की कियारी।
बताओ तो बताओ, नहीं तो दूंगी गारी।

90.
तेली का तेल, कुम्हार का हंडा।
हाथी की सूंड, नवाब का झंडा।

91.
पवन चलत वह देह बढ़ावे,
जल पीवत वह जीव गंवावे।
है वह पियारी सुंदर नार,
नार नहीं पर है वो वार।

92.
ताना बाना जल गया,
जला नहीं एक तागा।
घर का चोर पकड़ा,
घर मोरी में से भागा।

93.
तीन टांग का देखा पिया,
दो कर सीस छाती दिया।
हर एक दुआरे भीख कहे ला,
चतुर मानुस बूझ पहेला।

94.
ठोर नीर पर होत है,
और भीतर से जल जाए।
हाथी घोड़ा ऊंट शलीता,
वाही के बल जाए।

95.
विरह का मारा गया चमन में,
इशक छिना है सियाह बरन में।
जोर गुलों के सहता है,
पर बोले बिन नहीं रहता है।

96.
फूल तो वा का ओखद सहाए,
फल सब जग के काम में आए।
उजड़ी खेती जावे नास,
जब देखो जब पास का पास।

97.
बहा करे नदी नहीं नाला,
रोवे आप रुलाने वाला।
वा की हैबत सब को आई,
शैर नहीं न सूर सिपाही।

98.
बनी रंगीली शर्म की बात,
बेमौसम आई बरसात।
यही अचंभा मुझको आए,
खुशी के दिन क्यों रोती जाए।

99.
जा घर लाल बलाय जाए,
ता के घर में दुंद बचाए।
लाखन मन पानी पी जाए,
घरा-ठका सब घर कर खाए।

100.
पान फूल वा के सरमाहें,
लड़ें कटें जब मद पर आएं।
चिट्टे काले वाके बाल,
बूझ पहेली मेरे लाल।

101.
भांत-भांत की देखी नारी,
नीर भरी है गोरी कारी।
ऊपर बसें व जग को धावें,
रच्छा करें जब नीर बहावें।

102.
बंद किए से निकला जाए,
छोड़ दिये से जावे आए।
मूर्ख को देही नहीं सूझे,
ज्ञानी हो इक दम में बूझे।

103.
बाला था जब सबको दिया,
बढ़ा हुआ कुछ काम न आया।
खुसरो कह दिया उसका नांव,
अर्थ करो नहीं छोड़ो गांव।

104.
पत्नी जैसी कामनी और,
देह लचकत है सारी।
मुंह नहीं और दांत घनेरे,
काट खात है नारी।

105.
पी के नाम से बिकत है,
कामन गोरी गात।
एक बेर दो बेर सती
भई, पिया न पूछे बात।

106.
बिल्क-बिल्क भोजन करे,
और कास-कास में बीठ।
जानवर है पर जी नहीं,
लेत सवारी पीठ।

107.
बांस बरेली से एक नारी,
आई अपनी बंद कटारी।
पी ने कुछ उसके कान में फूंकी,
बोली वह सुन पी के मुंह की।
आह पिया यह कैसी दीनी,
आग विरहा की भड़का दीनी।

108.
भोजन था सो जल गया,
और या मैं मीन न मेख़।
छेड़ छाड़ जाती रही,
सो कांटा खटकत देख।

109.
बिन पर को पंछी मेरो,
घट अंदर वा किया बसेरो।
परदार का सा वाका नांव,
वा पंछी के हाथ न पांव।

110.
बाल नोचे कपड़े फटे,
मोती लिए उतार।
यह बिपता कैसी बनी,
जो नंगी कर दई नार।

111.
एक त्रिया है नेक चढ़ी,
और हाड़-सी सारी देह।
तालन की रानी कहिए,
नैनन साथ सनेह।

112.
एक नार दो नांख रीसी,
नर टेढ़ी और मांग सीधी।

113.
आग लगाई फुन्स सो,
और जल गई बाकी जड़।
एक बरुआ नख खोलता,
सो बूझन हारा नर।

114.
एक नार भंवरा-सी काली,
बिन कानों वह पहने बाली।

115.
आधा बकरा सारा हाथी,
हाथ बंधा देखा एक साथी।

116.
अंदर चिलमन बाहर चिलमन,
बीच कलेजा धड़के।
अमीर ख़ुसरो यूं कहें,
वह दो-दो अंगुल सरके।

117.
बिन नाक वह सूंघे फूल,
जितना अर्ज़ उत्ता तूल।

118.
बिधना ने एक पुरुख बनाया,
त्रिया दी और नेह लगाया।
चूक भई कुछ वासे ऐसी,
देस छोड़ा भयो परदेसी।

119.
बालों बांधी एक छिनाल,
नित वह रहवे खोले बाल।
पी को छोड़ नफ़र से राजी,
चतुरा हो सो जीते बाजी।

120.
ऊपर से वह भीगी होए,
और भीतर से जल जाए।
फ़िक्र जगत में नाजी,
बूझे बैकुंठी बतलाए।

121.
एक नार है घेर घुमेली,
भीतर वा के लकड़ी मेली।
फिरा करे चलने की आन,
इसकी इसमें बूझ आसान।

122.
ऊपर से एक रंग,
और भीतर चित्तीदार।
सो प्यारी बातें करे,
फ़िक्र अनोखी नार।

123.
इस्म है उसके जिस्म नहीं है,
जिनवर की भी किस्म नहीं है।
चतुरा मानुस वा को खाए,
मूर्ख उसके पास न जाए।

124.
एक नार मुंह बाए आए,
अपने ही अन ओखत आए।
जब नारी ने ली उबकाई,
तोपे देखे न मोही दिखाए।

125.
आई थी भोजन करन,
और भोजन हो गई आप।
पिछलों से कहती गई,
कि भोजन नहीं यह पाप।

126.
एक नार है ऐसी खासी,
भोजन खली तेल की प्यार।
हाथ लिए ऐसे इतराए,
मुंह लगाए सरे चढ़ जाए।

127.
देही में दीदे घने,
और तन में दिया बला।
घर-घर मांगत फिरत,
है पा लग सीस चढ़ा।

128.
जे कारन पी जल गए,
और जी का करने काल।
घर बिन जी तड़पन,
लगे सो कैसा यह जंजाल।

129.
बाघ तो कहने में कहलावे,
और सुकून उससे आलम पावे।

130.
पानी में निस दिन रहे,
जाए हाड़ न मास।
काम करे तलवार का,
फिर पानी में बास।

131.
उल्टी-सीधी चले फिरे,
और कमर से बांधे चाम।
लाख जतन से उसे,
बनाया नहीं भूलती काम।

132.
एक नारी में जब नर जाए,
काला मुंह कर उल्टा आए।
छाती घाव अपनी सहे,
मन के वचन पर आए कहे।

133.
अंदर बहे और बाहर बहे,
जो देखे सो मोरी कहे।

134.
एक मन्ढ़ी जोगी के हाथ,
फिक्र फिरें हैं बालक साथ।
खोद बदन पर काड़े है,
आपने आप को मारे हैं।
खोद देही पर अपनी खाए,
गावे जोगी मन्ढ़ी बजाए।

135.
एक पुरुख उ बारों नाम,
देखे नहीं सुबह और शाम।
बरस दिन में जाता है,
रैन पड़े भी आता है।

136.
चटाख पटाख कब से,
हाथ पकड़ा जब से।
आह आवे कब से,
आधा गया जब से।
चुपचाप कब से,
सारा गया जब से।

137.
एक नार वह औषध खाए,
जिस पर थूके वह मर जाए।
उसका पी जब छाती लाए,
अंधा नहीं काना हो जाए।

138.
एक कहानी मैं कहूं,
तू सुन ले मेरे पूत।
बिना परों वह उड़ गया,
बांध गले में सूत।

139.
एक जानवर रंग रंगीला,
बिन मारे वह रोवे।
उसके सिर पर तीन तलाके,
बिना बताए सोवे।

140.
एक नार दखिन से आई,
है वह नर और नार कहाई।
काला मुंह कर जग दिखलावे,
मोय हरे जब वाको पावे।

141.
अंबर चढ़े न भू गिरे,
धरती धरे न पांव।
चांद-सूरज ओझल बसे,
वाका क्या है नांव।

142.
एक पुरूख ने ऐसी करी,
खूंटी ऊपर खेती करी।
खेती बारी दई जलाए,
वाई के ऊपर बैठा खाए।

143.
आदि कटे तो सबको पाले,
मध्य कटे तो सबको घाले।
अंत कटे से सबको मीठा,
खुसरो वाको आंखों दीठा।

144.
गांठ गंठीला रंग रंगीला,
एक पुरुख हम देखा।
मरद इस्तरी उसको रखें,
उसका क्या कहूं लेखा।

145.
जब काटो तब ही बढ़े,
बिन काटे कुम्हलाए।
ऐसी अद्भुत नार का,
अंत न पायो जाए।

146.
चंद्र बदन ज़ख्मी तन,
पांव बिना वह चलता है।
अमीर ख़ुसरो यूं कहें,
वह हौले-हौले चलता है।

147.
आधा मटका सारा पानी,
जो बूझे सो बड़ा गिआनी।

148.
एक नारी के सर पर नार,
पीके लगत में खड़ी लाचार।
सीस धुनै और चले न जोर,
रो-रो कर वह करे हैं भोर।

149.
लोहे के चने, दांत तले पाते हैं उसको,
खाया वह नहीं जाता, पर खाते हैं उसको।

150.
स्याम बरन एक नार कहावे,
तांबा अपना नाम घरावे।
जो कोई वाको मुख पर लावे,
रत्ती से सेर हो जावे।

151.
एक नारी के दो हैं बालक,
दोनों एकहि रंग।
एक फिरे एक ठाढ़ा रहे,
फिर भी दोनों संग।

152.
एक पुरुख बहुत गुन भरा,
लेटा जागे सोवे खड़ा।
उल्टा होकर डाले बेल,
य देखो कुदरत का खेल।

153.
तीनों तेरे हाथ में,
मैं फिरूं तेरे घात में।
मैं हर फिर मारूं तेरी,
तू इस पहेली मेरी।

154.
एक कन्या ने बालक जाया,
वा बालक ने जगत सताया।
मारा कारे न काटा जाए,
वा बालक को नारी खाए।

155.
एक नार करतार बनाई,
सूहा जोड़ा पहिन के आई।
हाथ लगाए वह शरमाये,
या नारी को चतुर बताये।

156.
एक नार दो सींगों से,
नित खेले उठ धींगों से।
जाके द्वार जाम के अड़े,
मानुस लिए बिना नहिं टले।

157.
एक अचंभा देखो चल,
सूखी लकड़ी लागा फल।
जो कोई इस फल को खावे,
पेड़ छोड़ कहीं और न जावे।

158.
जल से गाढ़ो थल धरो,
जल देखे कुम्हलाए।
लाओ व सुंदर फूंक दें,
जो अमर बेल हो जाए।

159.
एक गांव में सहदा कुएं,
कुएं-कुएं पनिहार।
मूरख तो जाने नहीं,
चतुरा करे विचार।

160.
एक गुनी ने यह गुन कीना,
हरियल पिंजरे में दे दीना।
देखा जादूगर का हाल,
डाले हरा निकाले लाल।

161.
एक राजा की अनोखी रानी,
नीचे से वह पीवे पानी।

162.
उज्जल बरन अधीन तन,
एक चित्त दो ध्यान।
देखन में तो साधु है,
पर निपट पाप की खान।

163.
आगे से वह गांठ गठीला,
पीछे से है टेढ़ा।
हाथ लगाए कहर खुदा का,
बूझ पहेला मेरा।

164.
एक बुढ़िया शैतान की ख़ाला,
सिर सफ़ेद और मुंह है काला।
लौंडे घेरे है वह नार,
लड़के रखे हैं उससे प्यार।
उछले-कूदे नाचे वो,
आग लगे उस बुढ़िया को।

165.
आग लगे फूले-फले,
सींचत जावे सूख।
मैं तैंहि पूछौं ऐ सखी,
फूल के भीतर रूख।

166.
एक नार पिया को मानी,
तन वाको सगरा ज्यों पानी।
आब रखे पर पानी नांह,
पिया को राखे हरदय मांह।
जब पी को वह मुख दिखलावे,
आपहि सगरी पी हो जावे।

167.
एक नार दो को ले बैठी,
टेढ़ी हो के बिल में पैठी।
जिसके पैठे उसे सुहाये,
ख़ुसरो उसके बल-बल जाये।

168.
एक थाल मोती से भरा,
सबके सिर पर औंधा धरा।
चारों ओर वह थाल फिरे,
मोती उससे एक न गिरे।

169.
एक नार जाके मुंह सात,
सो हम देखी बेडीं जात।
आधा मानुस निगले रहे,
आंखों देखी ख़ुसरो कहे।

170.
एक नार कुएं में रहे,
वारा नीर खेत में बहे।
जो कोई वाके नीर को चाखे,
फिर जीवन की आस न राखे।

171.
एक नार नौरंगी चंगी,
वह भी नार कहावे।
भांति-भांति के कपड़े पहिने,
लोगों को तरसावे।

172.
एक पुरुष और सहसों नार,
जले पुरुष देखे संसार।
बहुत जले औ होवे राख,
तब तिरियों की होवे साख।

173.
आवे वो अंधेरी लावे,
जावे तो सब सुख ले जावे।
क्या जानूं वह कैसा है,
जैसा देखो वैसा है।

174.
उज्जल अति वह मोती बरनी,
पाए केत, दिए मोहि थरनी।
जहां घटी थी, वहां न पाई,
हाट-बाज़ार सभी ढूंढि आई।
सुनो सखी अबे कीजै क्या,
पी मांगे तो दीजै क्या।

175.
आगे-आगे बहना आई,
पीछे-पीछे भइया।
दांत निकाले बाबा आए,
बुरका ओढ़े मइया।

176.
एक पुरुख और नौलख नारी,
सेज चढ़ी वह तिरिया सारी।
जले पुरुख देखे संसार,
इन तिरियों का यही सिंगार।

177.
गोल गात और सुंदर मूरत,
काला मुंह तिल पर खूबसूरत।
उसका जो हरे महरम बूझे,
सीना देख पिरोना सूझे।

178.
क्या करूं बिन पांव के,
तुझे ले गया बिन सर का।
क्या करूं लंबी दुम के,
तुझे खा गया बिन चोंच का लड़का।

179.
एक नार पानी पर तरे,
उसका पुरुख लटका मरे।
ज्यों-ज्यों खंदी गोता खाए,
त्यों-त्यों भडुआ मारा जाए।

180.
एक मंदिर के सहस्त्र दर,
हर दर में तिरिया का घर।
बीच-बीच वाके अमृत ताल,
बूझ है इनकी बड़ी महाल।

181.
तरुवर से एक तिरिया उतरी,
उसने बहुत रिझाया।
बाप का उससे नाम जो
पूछा, आधा नाम बताया।
आधा नाम पिता पर वाका,
बूझ पहेली मोरी।
अमीर खुसरो यों कहें,
अपने नाम निबोली।

182.
एक तरुवर का फल है तर,
पहले नारी पीछे नर।
वा फल की यह देखो चाल,
बाहर खाल औ भीतर बाल।

183.
एक नार तरवर से उतरी
मां, सो जन्म न पायो।
बाप को नांव जो वासे
पूद्यो, आधो नांव बतायो,
आधौ नांव बताओ खुसरो,
कौन देश की बोली।
वाको नांव जो पूछ्यौ मैंने,
अपने नांव न बोली।

184.
ऐन-मैन है सीप की सूरत,
आंखें देखीं कहती है।
अनखावे ना पानी पीवे,
देखे से वह जीती है।
दौड़-दौड़ जमीं पर दौड़े,
आसमान पर उड़ती है।
एक तमाशा हमने देखा,
हाथ-पांव नहीं रखती है।

185.
मुझको आवे यही परेख,
पैर न गर्दन मोढ़ा एक।

186.
एक नार हाथे पर खासी,
जानवर बैठा बीच खवासी।
अत्ता-पत्ता मत पूछो हमसे,
कुछ तो मरहम होगी उससे।

187.
पान फूल वाके सर मां हैं,
लड़े-कटें जब मद पर आहैं।
चिट्टे काले वाके बाल,
बूझ पहेली मेरे लाल।

188.
एक नार करतार बनाई,
ना वह क्वारी ना वह ब्याही।
सूहा रंगहि वाकौ रहे,
भाबी-भाबी हर कोई कहै।

189.
एक नार जब बन कर आवे,
मालिक अपने ऊपर बुलावे ।
है वह नारी सबके गौं की,
खुसरो नाम लिए तो चौकी।

190.
एक पेड़ रेती में होवे,
बिन पानी ही हरा रहे।
पानी दिये से वह जल जाए,
आंख लगे अंधा हो जाए।

191.
एक नार चरन वाके चार,
स्याम बरन, सूरत बदकार,
बूझो तो मुश्क है, न बूझे तो गंवार।

192.
सरकंडों के ठट्ट बंधे,
और बंद लगे हैं भारी,
देखी है पर चाखी नहीं,
लोग कहे हैं खारी।

193.
स्याम बरन की है एक नारी,
माथे ऊपर लागै प्यारी।
जो मानुस इस अरथ को खोले,
कुत्ते की वह बोली बोले।

194.
इधर को आवे उधर को जावे,
हर-हर फेर काट वह खावे।
ठहर रहे जिस दम वह नारी,
ख़ुसरो कहे बरे को आरी।

195.
उकड़ूं बैठ के मारन लागा,
बीच कलेजा धड़के।
अमीर ख़ुसरो यों कहे,
वह दो-दो अंगुल सरके।

196.
लाल रंग वह चिपटा-चिपटा,
मुंह को करके काला।
थूक लगा कर दाब दिया,
जब ख़सम का नाम निकाला।

197.
अचरज बंगला एक बनाया,
ऊपर नींव तले घर छाया।
बांस न बल्ली बंधन घने,
कहो ख़ुसरो घर कैसे बने।

198.
एक राजा ने महल बनाया,
एक थम पर वा ने बंगला छाया।
भोर भई जब बाजी बम,
बंगला नीचे ऊपर थम।

199.
एक नारी के सिर पर नार,
पी की लगन में खड़ी लाचार।
सीस धुने और चले न ज़ोर,
रो-रो कर वह करे है भोर।

200.
ऊपर से वह सूखी-साखी,
नीचे से पन्हाई।
एक उतरी और एक चढ़ी,
एक ने टांग उठाई।
मोटा डंडा खाने लागी,
यह देखो चतुराई।
अमीर ख़ुसरो यूं कहें,
तुम अर्थ दिया बताई।

201.
एक मन्ढ़ी जो कि थी सूनी,
भीतर वा के बाली धूनी।
भवें पर गिरते ही जल जाए,
यह अचरज धूनी बल जाए।

202.
झूठी-सच्ची बांधी जाए रूप,
वरन और सती नारी।
लोगन देखा गले लिपट गई,
ऐसी डरी बिचारी।

203.
सब सरवन का पिया प्यारा,
सब में है और सब सों नियारा।
वा की आन मुझे यह भा,
जाकी है बिन देख चा।

204.
सब्ज़ रंग जंगल की बूटी,
बात करावे सच्ची-झूठी।
गुन-अवगुन सब फ़िक्र भुलावे,
पिया लाए जब मौज दिखाए।

205.
सांप सर की चुटिया ने के नाहरिया गुर्राए,
कहिए राजा भोग से यह कोन जिनावर जाए।

206.
कोठे तले कचनाल पुकारे,
हाय दईय्या मुझे बामन मारे।

207.
अंधा बहरा गूंगा बोले गूंगा आप कहावे,
देख सफेदी होत अंगारा गूंगे से भिड़ जावे।
बांस का मंदिर वा का बाशा का वह राजा,
संग मिले तो सर पर रखें वा को रानी राजा।
सी-सी कर के नाम बताया ता में बैठा ए,
उल्टा सीधा हिर-फिर देखो वही एक का एक।
भेद पहेली मैं कहूं तू सुन ले मेरे लाल,
अरबी हिंदी फ़ारसी तीनों करो ख़्याल।

208.
एक नार तरवर से उतरी,
सर पर वाके पांव।
ऐसी नार कुनार को,
मैं ना देखन जांव।

209.
सब कोई उसको जाने हैं,
पर एक नहीं पहचाने हैं।
आठ घड़ी में लेखा है,
फ़िकर किया उन देखा है।

210.
कमाई अपनी फेंक दे और,
जी पर नहीं मलाल।
वा से क्यों हठ जात है,
जो रोज़ी खाए हलाल।

211.
काठ का घोड़ा लोहे की लगाम,
चल मियां घोड़े यही तेरा काम।

212.
दो नर में है एक ही नारी,
चटपट इसे हल्का-भारी।
ख़ास वचन नहीं कहती है,
और चुटिया कर में रहती है।

213.
रंग में है सराबोर, यह देखो कान नहीं है,
कहलाता है ख़ान, भले पठान नहीं है।
बद को रखे बांध, उसे पहचान नहीं है,
यहां से वहां तक देख, जरी तूफान नहीं है।

214.
दाना-दाना नाते में,
सबका लेखा खाते में।
कर चारी वा नारी से,
हर को भजो विचारी से।

215.
पानी में प्यासी रहे और नहीं कंत से भेंट,
सचमुच बच्चे देत है, कहां रखाया पेट।

216.
शिकारी अपना जाल लगाए,
आन पखेरू गला बंधाए।
अधर में अटकी उसकी सांस,
आन फंसा जा लागा पास।

217.
एक जगह पर बांस बरेली,
एक जगह पर कुआं।
एक जगह पर आग लगी,
एक जगह पर धुंआ।

218.
एक जानवर ऐसा, जिसकी दुम पर पैसा।
सर पर है ताज भी, बादशाह जैसा।

219.
महफ़िल में आये दो भाई,
आते ही हो गयी ठुकाई।
मुंह पर लगे तमाचे खाने,
दोनों लग गये तान लगाने।

220.
बीसों का सिर काट दिया,
ना मारा न खून किया।

221.
एक नार चातर कहलावे,
मूरख को ना पास बुलावे।
चातर मरद जो हाथ लगावे,
खेल सतर वह आप दिखावे।

222.
हाथी घोड़ा ऊंट नहीं
खाये न दाना घास।
सदा हवा पर ही रहे,
होय न कभी उदास।

223.
एक नाहर हम ऐसा देखा,
आधा आदमी दाबे बैठा।
चले फिरे करे ना बात,
उस नाहर के मुंह में सात।

224.
वह ऊपर से तो हरा, अंदर से है लाल।
उतना मीठा रस भरा, जितनी मोटी खाल।

225.
एक गोड़ दो बहियां, मोड़ सुसर के हैया।

226.
एक जानवर असली,
ना हड्डी ना पसली।

227.
एक पुरुष और चार हैं नार,
इन में देखा क्या ही प्यार।
मन में बूझ और दिल में सूझ,
हाथों हाथ पहेली बूझ।

228.
अगन कुड चिकनौट घाट,
बत्तीस रूख और एक पात।

229.
एक नार की चाल है झूठी,
बे सिर काटे रहे वह रूठी।
जब करे उसका मुंह काला,
काम बनाये सब से आला।

230.
एक डिब्बे में बत्तीस दाने,
बूझने वाले बड़े सयाने।

231.
एक नारी का मैला रंग,
लगी रहे वह पी के संग।
रोशनी में संग विराजे,
अंधेरे में छोड़ के भागे।

232.
एक परिंदा बे पांव फिरे,
सीने बीच बरछी धरे।
जो कोई उससे पूछने जाए,
सबको सबकी राह दिखाये।

233.
एक नार ऐसी सुकबान,
सुबह उठ के करे स्नान।
और गात पर चंदन लावे,
सूरज देवता पूजन जावे।
दिल में अपने करो विचार,
कठपुतली-सी सुन्दर नार।

234.
एक नार सौ पुरुष की,
सीता सती कहाये,
बोझ भार सौ मन का राखे,
मुट्ठी बीच समाये।

235.
एक जानवर अजब निराला,
झील किनारे बैठा है।
चमक चोंच से देखे दुनिया,
दुम से पानी पीता है।

236.
एक तलैया रस भरी,
बेल पड़ी लहराये।
फूल खिला है खुशनुमां,
फूल बेल को खाये।

237.
एक राजा की अनोखी रानी,
दुम के रास्ते पीती पानी।

238.
एक नार का यह भूगोल,
नीचे चपटी ऊपर गोल।
जब वह सिर पर आग लगाये,
जो देखे सबके मन भाये।

239.
एक समय वे पंछी आयें,
टुक देखे और छुप-छुप जायें।
बिन आग के जल-जल जायें,
सबके मन को खूब लुभायें।

240.
अंगूठे-सी जड़, चौड़ा-सा पात
छोटे-बड़े फल, एक ही साथ।

241.
इधर से आऊं या उधर से आऊं।
दांतों से कुतरूं, कुछ भी न खाऊं।

242.
एक घर में अंधा नर,
कंधे ऊपर काठ का घर।
बाहर कोस की मंजिल करे,
फिर भी घर-का-घर में फिरे।

243.
एक औरत ने ऐसा किया,
सांप मार के ताल में दिया।
उल्टा सांप ताल को खाये,
कैसा अजब तमाशा हाय।

244.
एक नार वह दांत दंतीली,
दुबली-पतली छैल-छबीली।
रोज सुबह से लागे भूख,
सूखे हरे चबाये रूख।
क्यों री सखी, कहां वह पाऊं?
आ री इधर तुझे समझाऊं।

245.
एक जान देखी बेजान,
बोले है पर नहीं जबान।
बीच बजार करे व्यापार,
करे झूठ का बंटाधार।
घड़ी बड़ी फांसी पर लटके,
सच कहने में कभी न अटके।

246.
एक नर सवा लाख नारी,
चढ़े सेज पर एक ही बारी।
नर जले नारी करें सिंगार,
कितना बड़ा अचम्भा यार।

247.
सूखे पत्तों में नग-सी जड़ी,
सोने से रंग की रसभरी।

248.
आस कट कर पास कट कर,
बीच पांचों यहीं से लौटो,
हम जाते हैं दूर।

249.
एक शख्स ने ऐसी करी,
खूंटी ऊपर खेती करी।
खेती करके दई जलाये,
बेच जली को बैठा खाये।

250.
एक शख्स को फिरते देखा,
कह ऐ बाबू जोगी होगा।
नहीं गुरुजी माथे सूत,
कह ऐ बाबू जुलाहा होगा।
नहीं गुरुजी मुंह में लोहा,
कह ऐ बाबू घोड़ा होगा।

251.
एक नार का सस्ता रेट,
लम्बी गर्दन मोटा पेट।
पहले खुद का पेट भरे,
फिर सबको शीतल करे।

252.
एक नार के सिर पर नार,
पी की लगन में खड़ी लाचार।
सिर को धुने चले ना जोर,
जल-जल कर करती वह भोर।

253.
एक शख्स बहुत गुन भरा,
बैठा जागे सोवे खड़ा।

254.
एक जानवर ऐसा देखा,
छह टांगें दो सुम।
कैसा अजब जानवर है यह,
बीच पीठ में दुम।

255.
एक चीज ऐसी कहलाये,
हर मजहब का आदमी खाये।

256.
अनगिन डाली पत्ता एक,
हुआ अचम्भा उसको देख।
सिर परसजे सलोना रूप,
ना कुम्हलाये बर से धूप।

257.
हरी-हरी पूंछ, हरे-हरे अंडे,
नहीं बताओगे तो पड़ें डंडे।

258.
पीली-पीली नदिया में गोल-गोल अंडे,
नहीं बताओगे तो पड़ें डंडे।

259.
आठ काठ का पिंजरा,
बिना सिरे की डोर।
लगी नाचने बीनणीं,
दीखै ओर न छोर।

260.
आस पास मोती की लड़ी,
बीच में उसके कोयल खड़ी।
देखो लोगों इसका हिया,
अपना रंग औरों को दिया।

261.
एक औरत के पेट न आंत,
ऊपर नीचे दांत-ही-दांत।
दांतों से ले जा निकाल,
कस कर सिर पर पड़े बवाल।

262.
एक पुरुष का देखा हिया,
फांक-फांक तन अपना किया।
कुछ नहीं खाये, खाये तेल,
नर-नारी से करता खेल।

263.
एक नार बहुत काम आती,
जितने दांत उतना ही खाती।
दांतों से ही काम बनाती,
बिना दांत के काम न आती।

264.
एक नार दो सींगों से,
रोज लड़े दो धींगों से।
जिसके घर पे जाके अड़े,
एक दो मानस लेके टले।

265.
जंगल में मैका, गांव में ससुराल,
गांव आयी दुल्हन, उठ चला बवाल।

266.
एक नार के पेट में कीली,
कीली बिन हो जाये ढीली।
पांवों तक वह रहे उघाड़ी,
ना चोली-लहंगा, ना साड़ी।
दबा टांग जो लेय दबाये,
अनायास कटकर रह जाये।

267.
रहे अकेली मर्द कहाये,
जुड़ जाने से तिरिया।
जो ना बूझे यह पहेली,
पुरु नहीं वह तीरिया।

268.
हरी थी मन भरी थी,
नौलाख मोती जड़ी थी।
राजा जी के बाग में,
दुशाला ओढ़े खड़ी थी।

269.
एक फूल है काले रंग का,
सर पर सदा सुहाये।
तेज धूप में खिल जाता है,
छाया में मुरझाये।

270.
इक नागन लहराती जाये,
फुंकारों से दिल दहलाये।
निगले उगले लाखों मन,
सौंपे तन-मन लेकर धन।

271.
एक मां के जाये दो भाई,
दोनों की है एक लुगाई।
नारी से हैं दोनों गोरे,
बिन मां के ये नटखट छोरे।

272.
बाप खुरदुरा, बेटा चिकना,
पोते के बाल, पड़ोते की सिर्फ खाल।

273.
एक मन्दिर में बहत्तर दर,
हर दर में तिरिया का घर।
हर घर में अमृत का ताल,
जो पावे सो होय निहाल।

274.
अगल-बगल घास-फूस,
बीच में तबेला।
दिन भर तो भीड़-भाड़,
रात में अकेला।

275.
अगर कहीं मुझको पा जाता,
बड़े प्रेम से तोता खाता।
बच्चे, बूढ़े, गर खा जाते?
व्याकुल हो आंखें भर लाते।

276.
अंदर बाल ऊपर चाम,
बीच बजार के बिके मुदाम।
उसको खाये खास व आम,
तुम बतलाओ उसका नाम।

277.
एक पहेला सदा नवेला,
जो बूझे सो जिन्दा।
जिन्दा में से मुर्दा निकले,
मुर्दा में से जिन्दा।

278.
एक पुरु और एकै बांह,
पांच सींग वाके सिर मांह।
सींग पांव से बंधे रहें,
बिन मुख वचन पेट से कहें।

279.
इधै खूंटा उधै खूंटा,
गाय मरखनी दूध मीठा।

280.
एक ही शक्ल और एक ही नाम,
बीच में उनके रहता काम।
बोल न जाने सुनते संग,
उन दोनों के बीच सुरंग।

281.
एक किले में बुर्ज हज़ार,
बुर्ज-बुर्ज में पहरेदार।
कैसा अजीब किला बनाया,
ना मिट्टी, ना चूना लगाया।

282.
एक घर और हजार कुएं,
कुएं-कुएं पनिहार।
मूरख तो जाने नहीं,
चतुरा करे विचार।

283.
एक सींग की ऐसी गाय,
जितना दो उतना ही खाये।
खाते-खाते गाना गाये,
पेट नहीं उसका भर पाये।

284.
एक घर में बारह खाने,
हर एक में तीस-इकतीस दाने।

285.
एक पेड़ का अनोखा लेखा,
मोती फलते आंखों देखा।
जहां से उगे वहीं पे समाये,
जो फल गिरे सो जल जाये।

286.
ऊंची नहीं पर लम्बी थी,
नीचे-नीचे आई थी।
देखी है पर चखी नहीं,
कसम खुदा की खाई थी।

287.
एक किले में नौ-दस परियां,
आपस में सिर जोड़ के खड़ियां।

288.
एक पहेली मैं बुझाऊं,
सर को काट नमक छिड़काऊं।

289.
एक नार की बात दिवानी,
लहू मिला तो छोड़ा पानी।

290.
कटोरे पे कटोरा,
बेटा बाप से भी गोरा।

291.
एक तिरिया देस से न्यारी,
रास्ते बीच पड़ी बेचारी।
आंख, नाक, मुख उसके संग,
प्राण गये प्रीतम के संग।

292.
एक नार मैं देखी भारी,
बच्चा जने हर दिन वह नारी।
बच्चा होते मां को खाये,
बच्चा मरे तो मां जी जाये।

293.
एक दर्जी ने जामा सींचा,
बिना धागा बिन सुई।
जगह-जगह पैबंद लगे,
यह क्या हिम्मत हुई।
294.
एक नार भौंरा-सी काली,
उसके घर हरदम खुहाली।
मेहनत करके काम बनाये,
खुद से दूना बोझ उठाये।
295.
आधा पास कुम्हार के,
आधा सबके पास।
सारी भी मिल जायेगा,
जा जंगल के पास।
296.
ऊंट की बैठक हिरन की चाल,
अजब जानवर दुम न ना खाल।
297.
नाम बहूटी, क्वांरी है,
लगती आंखों को प्यारी है।
298.
दिन को सोये रात को गाये,
उसका गाना सुन घबराये।
299.
एक सुनहरा चिकना पत्थर,
संग छूटे तो जाये मर।
देखो तन की मूरत उसमें,
पहचानो निज मन का मरमर।
300.
एक गुनी ने कमाल किया,
हरियल मार पिंजरे में दिया।
देखो जादू का कमाल,
डाला हरा निकाला लाल।
301.
बिन पाती का डाकिया, बैठ मुंडेरी जाये,
कोई घर पर आ रहा, कौन समझ न आये।
302.
असलता मसलता, हरदम रहे फिसलता।
303.
एक नार नौरंग चंगी, छह नारे लटकाये।
नांक में नकसीर पहने, दोनों कान बिंधाये।
सत्य धर्म का सौदा करती, जितना हो बतलाये।
304.
एक पेड़ की तीस डाली,
आधी सफेद आधी काली।
305.
औघट घाट नहीं डूबे,
हाथी खड़ा नहाये।
पीपल पेड़ फुनग तक डुबे,
चिड़िया प्यासी जाये।
306.
ऐ सखी, मैं कहूं एक बात,
अंदर दिन बाहर रात।
307.
साथै आये साथै जाये,
भागै दौड़े कुछ ना खायें।
कुछ ना रेल कीर करै सहाये,
साथ लिये बिन रेल न जाये।
308.
आगे से वह गांठ गठीला,
पीछे से वह टेढ़ा।
हाथ लगाये कहर खुदा का,
बूझ पहेला मेरा।
309.
एक बुढ़िया शैतान की खाली,
बाल सफेद, लेकिन मुंह काला।
लड़के पीछे-पीछे भागे,
लेकिन बुढ़िया उनसे आगे।

310.
आगे-आगे बहना आई,
पीछे-पीछे भैया।
दांत निकाले बाबा आये,
बुरका ओढ़े भैया।
311.
एक लड़का जनम का हीना,
जिन देखा, तिन थू-थू कीना।
312.
अल्लाह का दीया सर पर।
313.
एक तिरिया जल में तिरे,
रहत है सबके पास।
चली जाये सूझे नहीं,
ना हड्डी ना मांस।
314.
इतना-सा फितना, जी जलाया कितना,
प्यार से तो हाथ लगाया, जुल्म किया कितना।
315.
एक अनोखी सुन्दर नार,
बहुत रखे बूढ़ों से प्यार।
बिन सर, बिन धड़ नैन दिखावे,
जो देखे वो नाक चढ़ावे।
316.
एक पहेली मैं कहूं, बूझो सब मिलसंग,
जीते जी चिपटा रहे, जाये मरे के संग।
317.
एक तिरिया जो सोर मचाये,
जिस पर थूके वह मर जाये।
ऐसा उसका अजब चरित्तर,
एक आंख का ही भाता नर।
318.
एक पेड़ के दो तने, दो शाखें दस फलियां,
ऐसा पेड़ कहीं ना देखा, खोजी सारी गलियां।
319.
बे जीन की घोड़ी सवारी लेवे पीठा,
घड़ी-घड़ी खाना खावे, लम्हे-लम्हे नीर।
320.
बारह छोड़ तीस गरारी,
तीन सौ पैंसठ चली सवारी।
321.
बारह माशे का कहलाये,
जो देखे उसको वह भाये।
चोर सेठ सबने वह घूरा,
उसके बिन हर काम अधूरा।
322.
बेजुबान फिर भी मैं बोलूं,
सारी दुनियां दिल पर ढोलूं।
मैं लोगों का दिल बहलाता,
अब बोलो, मैं क्या कहलाता।
323.
बहुत काम का है एक नर,
आधे धड़ में उसका घर।
कुबड़ा होकर घर में बैठे,
सीधा होकर कान समेटे।
324.
बड़े जतन से इसे बनाई,
धागे-धागे गांठ लगाई।
हाथ सनम के भेजी तुमको,
पहुंची हो तो लिखो हमको।
325.
बाबी बाकी जल भरी,
ऊपर जारी आग।
जबै बजाये बांसुरी,
निकले काला नाग।
326.
बेले से वह पैदा होवे,
रंग में वह भूरी है।
अब तो बूझ पहेली भैया,
अधूरी नहीं पूरी है।

327.
बुझ बराती फल एक सुन्दर,
फूल पान सब इसके अंदर।
328.
बोये रोड़े उगे झाड़,
लगे नींबू खिले अनार।
329.
बूझ पहेली सखी सयानी,
आधा फूल आधा पानी।
330.
पर्वत उतरे या चढ़े,
कदम-कदम बल खाये।
ऐ री सखी बता तो भैना,
कौन जानवर जाये?

331.
भोजन करने मैं चली,
भोजन हो गयी आप।
पिछलियों से कहती गयी,
यह भोजन है, पाप।

332.
बिन दारे का पोता,
दरो-दीवार से मिल रोता।

333.
बसें सामने अन्दर भेद,
रंग है इनका स्याह सफेद।
दौलत देख लुभाई है,
क्या सोने लेने आई है?

334.
बांध-बूंध कर मैंने जकड़ा,
एक गधा और एक है बकरा।
नर-नारी खाये सदा,
आधा बकरा आधा गधा।

335.
बन्दा पहेली बज़्म में अब ऐसी कहेगा,
जिसमें कि रहे नाम परवाना करेगा।
336.
पहले तो पिया मुंह से लगाये,
फिर पीछे से आग लगाये।
337.
उसका घर फौलादी चादर,
जल के भीतर जल के बाहर।
संग हर जगह जाता है,
कभी छूट ना पाता है।
338.
पिच्छू-पिच्छू सबके धावै,
जित अंधियारा उत ना जावै।
339.
पांव पानी सिर पर आग,
पी के कारण लिया बैराग।
340.
पांव बेड़ी तौक गरदन,
कमर में जंजीर है।
दिन को बिछड़े रात मिले,
इश्क दामन गीर है।
341.
पर और बाजू कुछ नहीं रखें,
खाना खाये ना पानी चखे,
गोस्त पोस्त के वह नहीं पास,
पल में चढ़के उड़े अकास।
342.
पतली-दुबली कमानी, चिकना -चुपड़ा गात।
अपने पी के बिरह में, जलती सारी रात।
343.
पैदा हुई जब तीस गज,
फेर घटी गज चार।
फिर जो घटती चली गयी,
कैसी है वह नार।

344.
धरती से निकला दरख्त एक,
पात वहीं पर डाल अनेक।
इस दरख्त की ठंडी छाया,
उसमें कोई बैठ न पाया।

345.
पहलवान एक औरत देखी,
जग में मर्द कहाती।
उस औरत का जब सिर फोड़ो,
तब वह दूध पिलाती।

346.
पहले थी मैं भोली-भाली,
फिर चिकनी चोली सिलवा ली।
फिर बदला वह सुर्ख जो जोड़ा,
आ खलकत ने मुझको तोड़ा।

347.
पैर नहीं पर चलती है,
कभी न राह बदलती है।
दिन की उमर बताती है,
और उसी को खाती है।

348.
तीन पांव हैं हाथ नहीं,
तन है बड़ा कठोर
आती-जाती कहीं नहीं
खड़ी रहे निज ठौर।

349.
खड़े तो खड़े, बैठे तो खड़े।

350.
तेली का तेल, कुम्हार का हंडा,
हाथी की सूंड, नवाब का झंडा।

351.
तन उसका छलनी हुआ,
लगी कलेजे आग।
पांव में सेहरा बंधा,
अच्छे उसके भाग।

352.
तीन छोटे दो बड़े,
गिर्द बगिर्द हैं यार।
पीछे गला मरोड़िये,
आगे छोड़े तारे।

353.
तन गोरा मुख चांद-सा,
कोई न कहे अधूरी।
तोला माशा तोड़ लो,
फिर भी पूरी-की-पूरी।

354.
जंगल में खड़ा एक स्वांग,
सर पर छतरी अकेली टांग।

355.
जड़ कहे मैं अबर खबर,
पेड़ कहे मैं रानी।
फूल कहे मैं राव का पोता,
फल लागे सुल्ताजी।

356.
जब थी मैं भोली-भाली,
तब पहनी चोली हरियाली।
जब भाये सर नये बार,
तब पहना मोतियों का हार।

357.
जल से निकला थल धरा,
थल जाये कुम्हलाये।
लाओ आग फूंक दूं,
उमर बेल बढ़ जाये।

358.
जला के हमने उसे बनाया,
आंखों में वह खूब समाया।
अभी न बता और चल,
सूखे का सूखा और जल का जल।

359.
चार खूंट का नगर बसाया,
चार कुएं बिन पानी।
चोर अठारह इस में बैठे,
लिये संग एक रानी।
उन सबको जब मजा चखाने,
एक दरोगा आया।
मारपीट कर उसने सबको,
कुओं बीच गिराया।

360.
चूमू तो बात करे,
नहीं तो चुपका बैठा रहे।

361.
चढ़े चाक पर पकड़े कान,
बोलो बच्चों कौन शैतान।

362.
छोटी-सी छोकरी, लालबाई नाम है,
पहने वह घाघरा, एक पैसा दाम है,
मुंह में सबके आग लगाये आता है रुलाना।

363.
चढ़ चौकी पर बैठे रानी,
सिर में आग बदन में पानी।
बार-बार सिर उसका जलता,
पता न कोई पाये उसका।

364.
झुक-झुक उसको सलाम करें,
सब सुबह शाम का मेला है।
शाम सबेरे जाकर झुकें,
उसका नाम पहेला है।

365.
छोटी-सी नार डुबकी मारे पार।

366.
चांद-सा मुखड़ा सब तन जख्मी,
बिन पैरों वह चलता है।
राज-दुलारा सबका प्यारा,
किस्मत से वह मिलता है।

367.
छोटे-बड़े सभी को भाये,
बूझ सके तो बुझ।
गोलमटोल, रंग है पीला,
पेट में दाढ़ी-मूंछ।

368.
चढ़ चौकी पर बैठे रानी,
सर पर आग बदन में पानी।
बार-बार सर काटे जाका,
कोई नाम बतावे वाका।

369.
छोकरी तो छोटी, इतनी लम्बी चोटी।

370.
छिपकर देखी अमीन ने,
छोटी-सी तू जान।
छत पर रहती
चलती-फिरती,
बे अकली तू जान।

371.
चंचल नार सभा में आये,
आते कोई देख न पाये।
मिल-जुल कर वह सभा से जाये,
कहिये तो वह क्या कहलाये।

372.
छम-छम करके शोर मचाये,
सोतों को वह आन जगाये।
एक पलक में शान जताये,
रोते को वह आन हंसाये।

373.
चार अंगुल का पेड़, सवा मन का पत्ता,
फल लगे अलग-अलग पक जाये इकट्ठा।

374.
चुन-चुन कलियां सेज सजाये,
कभी न पी के धोरे जावे।
जब पी देखे आंख उघाड़,
चंचल जाये आंचल झाड़।

375.
चमड़ा गोश्त उसके नहीं,
हड्डी-हड्डी में छेद।
फिर उसमें जान कैसे रहे,
यह बतलाओ भेद।

376.
छोटी चपाती बड़ी चपाती,
लड़ती छका छक।
बड़े मियां बाहर भागे,
करते फका फक।

377.
चांदपुर से चलकर आयी,
कानपुर में पकड़ी गयी।
हाथरस के फैसले से,
नाखूंपुर में मारी गयी।

378.
चिड़िया नहीं लेकिन उड़ता है आसमान पर।
रखता जबान नहीं है, पर बोलता है फर-फर।

379.
हाथ से बने मुंह से बुले,
इससे बड़े-बड़े भेद खुले।

380.
चार खड़े चार पड़े,
एक-एक के मुंह में दो-दो पड़े।

381.
छोटी-सी डिबिया डब-डब करे,
मांग से उसकी मोती गिरे।

382.
चार खूंट चौदह चौबारे,
जिसमें खेलें दो बंजारे।

383.
खुद-ब-खुद नार बैठी,
फूलों की सेज खिलार।
ज्योंही आया उसका खाविंद,
सेज को लेकर उड़ गई नार।

384.
खरबूजा या बागर बूजा,
लोहे का कोट, मलाई का कूजा।

385.
दो तालाब और कितनी तिरियां,
जब देखो तब नंगी खड़ियां।
ताल के ऊपर दिन भर भटके,
नज़रों में वे सबकी खटकें।

386.
दो पांव और दो ही सर,
ऐसी नार रहे हर घर।
जो कोई उसके बीच में आये,
कट-कट, कट-कट कटता जाये।

387.
धड़ काटा तो मन मिला,
सर खोया तो कान।
पैर काट उल्टा किया,
काम बना पहचान।

388.
देह काठ मुंह आठ, सूरत जानी-पहचानी।
मुंह में जीभ नहीं है, लेकिन बोले मीठी बानी।

389.
दिन भर छुपा कहीं यह सोता,
तारीकी में ज़ाहिर होता।
आसमान में दौड़ लगाता,
नहीं किसी के मन को भाता।

390.
दस नारी और एक ही नर,
बस्ती बाहर बाका घर।
पीठ सख्त और पेट नरम,
मुंह मीठा तासीर गरम।

391.
धूप लगे सूखै नहीं, छांव लगे कुम्हलाये।
उल्टी उसकी बात है, हवा लगै भर जाये।

392.
दुम लम्बी लंगूर नहीं, सब रंगों का गेह।
सर कलगी मुरगा नहीं, चार पांव का टोह।
393.
दांत चुहिया चोंच चिड़िया, बंदर जैसा मुख।
यह पखेरू दूध पिलाये, कभी न पाये सुख।
394.
दानाई से दांत उस पर, लगाता नहीं कोई।
सब उसको भुनाते हैं, पर खाता है नहीं कोई।
395.
दो उंगल की सड़क,
उस पर रेल चले बेधड़क।
396.
दूध में दिया दही में आया,
पेड़ पै लगा सबने खाया।
397.
देखो उस नारी का दिया,
फांक-फांक तन अपना किया।
काले भौंरे से जाके लड़े
मुंह में पकड़े सीधा करे।
398.
देस-विदेश फिरे एक नारी,
जिसने देखी चीरी फाड़ी,
देखो लोगों उल्टा दौर,
गूंगी हो मचवावै सोर।

399.
जरा-सी हल्दी, सारे घर में मल दी।
400.
जरा-सी बिटिया गज भर की चुटिया।
401.
जरा-सी डिबिया कोसों फिरै,
जा पांचों में खबर करै।
402.
जरा-सी फुदकी फुदकती जाये,
सौ-सौ अंडे देती जाये।
403.
रात समय कुछ मोती आयें,
धूप के आते ही मिट जाये।
404.
रात समय एक मेवा आया,
फूलों पातों सबको भाया।
आग दे वह होवे रूख,
पानी दो तो जाये सूख।
405.
रंग बदामी शक्ल में अंडे,
उबाल के उनको करते ठंडे।
छिलके उनके उतारे जाते,
डाल मसाला खूब बनाते।
406.
रत्ती भर का पेट,
खा गई सारा खेत।
407.
रहे हमेशा पानी में,
उसके हड्डी न मांस।
काम करे तलवार का,
फिर पानी में बास।
408.
सोने की वह चीज है, बिके हाट बाज़ार।
एक अजूबा और है, हाथ हैं उसके चार।
हल्की-फुल्की भी नहीं, कई मिलों का भार।
पांव भी उसके चार हैं, चलने से लाचार।

409.
सब सखियन का पिया पियारा,
सब में है और सबसे न्यारा।
बाकी आन मुझे गई भा,
जा की है बिन देखी चाह।

410.
सच्चा दोस्त वही है भाई,
कट पड़े पर तजे न साथ।
खड़े होकर धूप में देखो,
देगा कौन तुम्हारा साथ।

411.
सोने का एक शेर कहावै,
बिना काम का सबको भावै।

412.
सेहरा बांधा पांव में,
साथी हुए बराती।
पेट में उसके आग लगा दी,
और चढ़ा दिया फांसी।

413.
सफेद जमीन काला बीज,
बोने वाला गाये गीत।

414.
सोने की एक नार कहावै,
बिना कसौटी बान दिखावै।

415.
सिल टूटे सिलबट्टा टूटे,
पर वह चीज कभी ना टूटे।

416.
सर काटा और तना मुआ,
पंजर दिया सुखाय।
अपने पी के वास्ते,
स्वयं सती हो जाये।

417.
संग रास चालीस सेर,
धड़ है उसके आठ।
आगे उसके क्या कहूं,
पांव एक सौ आठ।

418.
सर तेरा मकेश का,
और गोरा है मन गात।
खड़ी-खड़ी रोये-हंसे,
कन्त न पूछे बात।

419.
सफेद मुर्गी के हरे-हरे पर,
बताओ-तो-बताओ वरना जाओ घर।

420.
सुर्ख सफेद है इनका रंग,
लाग रखें तिरियों के संग।
चोरी की न खून किया,
इनका सिर क्यों काट दिया।

421.
सर है, दुम है, मगर पांव नहीं उसके,
पेट है, आंख है, कान नहीं उसके।
बिना ही पांवों के भागता है ऐसा,
गोया मौत ने किया है पीछा।

422.
सफेद मुर्गी हरी पूंछ,
तुझे न आये तो काले से पूछ।

423.
सांय-सांय सैली, रंगत की पीली,
चटाख चुमा ले गयी बड़ा दुःख दे गयी।

424.
सख्त-सख्त गोल दुनिया बे अकल,
एक चीज ऐसी जिसके गुठली न बकल।

425.
सब्ज रंग के सर की पगड़ी,
अलबेली का बेला है,
पांव से वह पानी पीवे,
उसका नाम पहेला है।

426.
सब्ज रंग की देखी नार,
बात-बात की रखे आर।
नर-नारी जो हाथ लगावे,
बदन सिकोड़ तुरंत कुम्हलाये।

427.
श्याम बरन पीताम्बर कांधे,
ना वह मुरली धरे हुए।
बिन मुरली वह तान सुनाता
उन कलियों में घिरे हुए।

428.
सर में जटा गले में कफन,
नये गुरु का चेला है।
छील छाल के हाथ में दिया,
यह भी एक पहेला है।

429.
सदा तुम्हारे घर वह आये,
भौंकत हैं पर कुत्ते नायं।
लकड़ी सूली नांव है उनका,
चलें फिरें वे अपने पांव।

430.
चार पेड़ इधर-उधर, फल गिरे एक तरफ।

431.
श्याम बरन एक है नारी,
माथे ऊपर लगै प्यारी।
जो कोई हमारी पहेली बूझै,
उसको कुत्ते की बोली सूझै।

432.
सीधी बसे बहिश्त में,
उल्टी तेरे पास।
सीधी तुझ को जब मिले,
जब तू हो खुद शनास।

433.
सदा जिलाये जगत को,
एक मरद बड़ भाग।
रात-दिन उसके पेट में
सुलगती रहती है आग।

434.
सौ मन का वह बोझ उठाये,
दो उंगल का लड़का।
जो कोई यह पहेली बुझाएं,
वह बन्धु है हर का।

435.
सर जाली, पेट खाली,
पसली एक-से-एक निराली।
बिना भेद के सब को सहता,
राजा होबे या कंगाली।

436.
सांपों भरी एक पिटारी,
सबके मुंह में दो चिंगरी।
जोड़े हाथ तो निकले घर से,
फिर घर पर सर दे दे पटके।

437.
सारी बस्ती एक ही चादर।

438.
सिर पर पत्थर मुंह में उंगली।

439.
शशों की कोठरी कांटों की बार,
सफेद, काला रंग है अंदर से यार।

440.
चार कोण का चौंतरा,
चौंसठ घर ठहराये।
चतुर-चतुर सौदा करै,
मूरख फिर-फिर जाये।

441.
शुकर करें जब हमको आएं,
वह भी उसको अशुभ बताएं।

442.
शाम-सवेरे गंगा नहाये,
कमर पे मेरी चढ़के आये।
डब-डब डुबकी लगाये,
देओ मेरी पहेली बुझाये।

443.
सुबह उठकर लगे भूख,
सूखे हरे चबाये रूख।

444.
ताक में बैठा उल्लू,
भर-भर मांगे चुल्लू।
बिन उसके अंधियारा है,
इससे सबको प्यारा है।

445.
चार नरम, चार गरम, चार बालूशाही।
जो कोई मेरी बात बता दे उसको सेर मिठाई।

446.
काली उसकी वर्दी, धीमी उसकी चाल,
हर घर में ऐसे फिरे, जैसे कोतवाल।

447.
इश्क छिपा है स्याह बरन,
बिरह का मारा गया चमन।
दीद गुलों की सहता नहीं,
पर बिन बोले रहता नहीं।

448.
कद है सरो सब्ज रंग,
खुले बाल और मोती अंग।
शौक का मारा आग लगाये,
तब वह पी के मुंह तक आये।

449.
कुफल कुंजी ताला, मां गोरी बेटा काला।

450.
कौन-सी वह दुनिया,
जहां शहर तो है प्राणी नहीं।
है तो समुन्दर भी लम्बे-चौड़े,
उन में बूंद भी पानी नहीं।

451.
काला कलूटा पानी,
बीच में नहाये चन्द्रारानी।

452.
खाते हैं उसको सब
लेकिन, स्वाद न कोई बता सका।
लोग खिलाते भी हैं
लेकिन, उसे न कोई चखा सका।

453.
कच्चा था जब रस मसा,
और गद्दर मीठा होय।
ऐसा फल है कौन-सा,
जो पक कर मीठा होय।

454.
काली पूना सफेद धागा,
कटने लगा तो झागा-झागा।

455.
काले-काले बैंगन पिटारा भरे जाये।
राजा भी जो मांगे तो दिये भी न जाये।

456.
खेत में उगे हर कोई खाये।
घर में आवै नाश हो जाये।

457.
काठ के गिलाफ़ में बैठे हैं सुर्ख रंग।
जिगर इनका देखिये तो दूध-सा रंग।

458.
काला है कौआ नहीं, सिर बड़ा हाथी नहीं।
कमर पतली चीता नहीं, पेड़ चढ़े बंदर नहीं।

459.
कमर पतली पर सुहाने
कहीं गये होंगे बीन बजाने।

460.
काली थी, कलूटी थी,
काले वन में रहती थी।
लाल शराब पीती थी,
सफेद अंडे देती थी।

461.
बच्चा बबलू दूध गिराता,
पक्का तोड़ो जीव उड़ाता।
इसको कोई बूझ ना पाता,
इसका अर्थ बता दे माता।

462.
काले मुंह की भरे कुलांचे,
उल्टी हो उंगली पर नाचे।
जब वह कुएं में मारे डुबकी,
दिल का हाल बता दे चुपकी।

463.
काली मुर्गी सफेद अंडे,
खींचे डोरी बजाए डंडे।

464.
कड़वी उसकी बेल है,
लम्बे उसके पात।
फल उसका तीरथ करै,
रहे संतों के हाथ।

465.
कभी ओढ़नी पूरी ओढ़े,
कभी ओढ़ता आधी।
कभी खोलकर पूरा चेहरा,
सूत कातती दादी।

466.
काला-काला मेरा रूप,
भाती मुझको कभी न धूप।
सूरज छिपते मैं आ जाता,
सारी जगहों पर छा जाता।

467.
कमाई अपनी फेंक दे,
जी पर नहीं मलाल।
यह उस ही का काम है,
जो रोजी खाये हलाल।

468.
काठ का एक घर बनाया,
जल में दिया उतार।
सबको अपने दिल में बैठाया,
कर दिया सबको पार।

469.
काम ले सकता वही मुझसे,
जो जानता हो काम।
राजा हो या रंक सिपाही,
सब करते मुझे सलाम।

470.
खाट नहीं, पीढ़ी नहीं,
नहीं पीऊं नहीं चोग।
मैं तुझसे पूछूं ऐ सखि,
वह चार पाव का लोग।

471.
खिलाये मिठाई और आग में जले,
तेरे मेरे मुंह को लगे।
इसके बगैर रहा न जाये,
जल्द पहेली दो बतलाए।

472.
क्या जानू वह कैसा है,
जैसा देखो, वैसा है।
मतलब उसका सूझेगा,
मुंह देखो तो बूझेगा।

473.
कोई कहे मर्द, कोई कहे नार,
मुंह उसके तीन और चार।
दो मुंह आगे, दो मुंह पीछे,
एक मुंह ऊपर, दो मुंह नीचे।

474.
कांच का घड़ा, कचनार की कली,
शरबत का प्याला, मिसरी की डली।

475.
कुएं में डालो, काम निकाले,
हाथ लगे तो खूब रूलाये।

476.
काली नदी सुहावनी, पीले अंडे देय,
जो आये आदमी, सभी समेट लेय।

477.
गर्दन मोड़ पेट रख ले,
फिर भी वह कछुआ न।
इस ढंग से वह छिपे पेट में,
फिर भी वह बटुआ न।

478.
गोल चकरी गली-गली में रस,
पहेली बताओ तो रुपये दूंगा दस।

479.
गोल-गोल हूं, नरम-नरम हूं,
आधी फल हूं, आधी फूल।
जिसने मुझको खाकर देखा,
कभी न पाया मुझको भूल।

480.
घी में गरम, मजे में मीठा,
बिन बेगुन वह बेला है।
कहे बीरबल, अकबर शाह से,
यह भी एक पहेला है।

481.
घर तालियां बजी, फिर थालियां सजी।

482.
डील को मोटे, मुंह के भारी,
कुंए से निकली इनकी सवारी।

483.
धूम धुम्बा लहंगा पहने,
एक पांव से रहे खड़ी।
आठ साथ में उस नारी के,
सूरत उसकी लगे परी।

484.
गले जनेऊ माथे बिन्दी,
चाल चले अलबेली।
जिसका लोग तमाशा देखें,
उसका नाम पहेली।

485.
लुंडा कौआ खड में बोले,
नाज न खाये पानी तोले।

486.
लाल फल कांटों भरा है,
खावै जग संसार।
बेर-बेर मैं कहत हूं,
अब क्या बूझै यार।

487.
लग-लग कहे तो ना लगे,
मत लग कहे लग जाये।
कहे पहेली बीरबल,
बूझे अकबर शाह।

488.
लकड़ी का घोड़ा, रबड़ की लगाम,
पंडित जी के चाटे पांव।

489.
लाल डिबिया पीले गोल,
बिन बेले यह बेला है।
घी में तर मजे में मीठा
इस का नाम पहेला है।

490.
लालम ला कुछ गोलम गोल,
बिन बेले यह बेला है।
घी में तर मजे में मीठा,
इसका नाम पहेला है।
491.
लाल फूल, मां हरियल रानी,
बाप सब्ज, बेटा सुल्तानी।
492.
मैं हूं एक शमशीर, जौहर आबदार,
काट से जिसकी नहीं दिल को करार।
नरम, नर्मी से मैं हो जाती हूं जब,
मेरे दुश्मन दोस्त बन जाते हैं तब।
सरद महरी से कहीं बदला जो रंग,
दोस्त दुश्मन का पकड़ लेते हैं ढंग।
अब बताये शौक से हर खासो आम,
कौन हूं मैं और क्या है मेरा नाम?
493.
दो मीठों का नाम मिलाया,
बिन खोजे फिर मुझ को पाया।
494.
मिट्टी का एक पुरु बनाया,
पहले तो चक्कर कटवाया।
ठोक-ठाक कर खूब सुखाया,
पक जाने पर नाम धराया।
हिन्दू पूजैं दिन-त्यौहार,
दुनिया करे यूं ही व्यौहार।
495.
मैंने देखी ऐसी नारी,
पेट में लकड़ी नंगी सारी,
दुनिया को रास्ता दिखाये,
दूसरे के हाथ से खाना खाये।
496.
मखमल-सी पीठ, मूंगा-सा पेट,
हाथ लगाते ही वह लेवे लपेट।
497.
मुंह बड़ा शेर नहीं, पतली कमर नहीं चीता,
कभी उठाये बोझ, कभी आ जाये रीता।
498.
महता रे महता, तू कौन गली रहता,
ढेकड़ी का पानी पीता, पत्तों में छुप रहता।
499.
मखमल की थैली में सीसी के बीज,
बनाने वाले ने बनायी क्या चीज।
500.
मारे से वह जी उठे, बिन मारे मर जाये,
गला पड़े घूम फिरे, सबै खबर पड़ जाये।
501.
मुंह हैं तीन गले में डोरी,
नाम दिलाये हांसी।
निगल जाये आधे नर को,
और लगा दे फांसी।

502.
मुंह पर सुलगा अंगारा तो,
मिला पूंछ से पानी।
उतनी ज्यादा भड़की वह तो,
जितना ज्यादा पानी।
अगर बताने में मुश्किल हो,
तो सुन लो एक निशानी।
बल खाती नागिन-सी नाचे,
वह जानी-पहचानी।
503.
चौपाया न दोपाया मैं,
सब उल्टे हैं मेरे काम।
मुझ से सब नफरत करते हैं,
लेना न चाहें मेरा नाम।
504.
वाह रे खुदा तेरा काम,
बाहर हड्डी अंदर चाम।

505.
सात, पांच, नौ, तेरह,
साढ़े तीन, अढ़ाई।
जोड़-जाड़ हमको रखो,
तुम को राम दुहाई।

506.
काली चादर में चावल बंधे,
दिन को गायब रात मिले।

507.
नहला धुला के मिट्टी नली,
और बदन को कर दिया चिट्टा।
एक हाथ से काल फेरी,
एक से पकड़ लिया चुट्टा।

508.
निराला उसका ताना-बाना,
मुमकिन नहीं उसका धोया जाना।
सिले ऐसे कि सुई न लगे,
कोई उसे पहन न सके।

509.
न वह बुनी न वह काती,
न उसे सिये दर्जी होशियार।
बारह महीने पहनकर,
कोरी दी उतार।

510.
नीली सेज पे पूरी नारी,
धूम धड़ाके से आये सवारी।
रोये तो वह सबको भाये,
हंस दे तो कहर बरपाये।

511.
नर के ऊपर नारी सोचे,
नर को लेय छिपाये।
जब नारी पर छींट पड़े,
तो छींट-छींट छितराये।

512.
नौ गज से भी ऊंचा झंडा,
उस पर वे कुम्हार का हंडा।
बिन जामन के जमा दही,
मरद के पेट में औरत रही।

513.
नर चढ़े बांस बढ़े नर उतरे घट जाये।
कितनी अजीब बात है, नर ही बांस को खाये।

514.
नारी में नारी बसै, और नारी में नर दोय।
नारी में नर दो को भैया, बूझ न पाया कोय।

515.
नीला जहर भरा है जिसमें,
जीभ है जिसकी दो।
सांप नहीं वह भी चलता है,
झट से उत्तर दो।

516.
नर बत्तीस एक है नारी,
जग में देखो सबकी प्यारी।
मन में कर लो सोच-विचार,
पुरुष मरे पर जीवे नार।

517.
वह नार देखने में हरी,
पर अंदर लहू से भरी।
जो कोई उसकी संगत करे
अपने हाथ लहू से भरे।

518.
हल पतला जमीन चौड़ी,
माली चतुर सुजान,
जब उसकी खेती उगी,
उपजा ज्ञान-ही-ज्ञान।

519.
हर बरस वह देश में आये,
मुंह से मुंह मिला रस पिलाये।
उसकी खातिर खरचे दाम,
आप बतायें उसका नाम।

520.
हाथ लिये दस-दस को काटे,
जब बिगड़े तो पत्थर चाटे।

521.
हाथ काटे, पांव काटे, काला-काला रंग।
जिन्दा ऊपर मुर्दा नीचे, देख मुए का ढंग।

522.
हरी डिबिया सफेद दाने,
उसमें बैठे कुछ दीवाने।

523.
हैं दो नारी एक ही अंग,
कभी न छूटे उनका संग।
दो-दो चांद पूंछ में उनके
एक-एक सींग ऊपर है तन के।

524.
हरा आटा, लाल परांठा,
सखियों ने मिल-जुलकर बांटा।

525.
हरा-भरा लम्बा आकार,
है तरकारी कांटेदार।
कच्चा तरकारी कहलाता,
पकते ही यह फल बन जाता।

526.
हरी-हरी एक सुन्दर नार,
सबका करती है सिंगार।
जब कोई उसको अंग लगावे,
लाल सुरख फौरन हो जावे।

527.
हरी टोपी, लाल दुशाला,
उसके पेट में दानों की माला।

528.
हरी हांडी में लाल भात,
सर पर नाक पेट में दांत।
भीगा बकरा उसका नाम,
भूख-प्यास का काम तमाम।

529.
जस देखा तस पाइये, कभी न बोले झूठ।
हंसते के संग हंसत हैं, रूठे के संग रूठ।

530.
हंसते ही वे लुट गई, पड़ा छोड़ना देस।
क्या कुछ न बनना पड़ा, बदल-बदल के भेस।

531.
हरी धरती खूब चढ़ती, नई जोबन वालियां।
कान छोटे पूंछ लम्बी, पीठ घूनी धारियां।

532.
आड़क टेढ़ा दम्भक दार,
बड़े काम का यह हथियार।
लोहे का इसका है दांत,
मगर काठ का सारा गात।

533.
हवा में ही नींव खोदी, हवा में दरवाजा।
झूलता-सा महल बनाये, नन्हा-सा राजा।

534.
हाथों टोपी धूप पड़ी,
सूख साख के होय बड़ी।

535.
सूरज से नित आंख मिलाये,
मिलता-जुलता नाम धराये।

536.
यहां नहीं वहां नहीं,
खानम के बाज़ार नहीं।
छीलो तो छिलका नहीं,
चूसो तो गुठली नहीं।

537.
प्यार करूं तो घर चमका दूं,
वार करूं तो ले लूं जान।
जंगल में मैं मंगल कर दूं,
कभी शहर कर दूं वीरान।

538.
एक खेत में ऐसा हुआ,
आधे में बगुला आधे में सुआ।

539.
एक अचम्भा हमने देखा, मुर्दा हुक्म चलाये।
उसकी बात सुने जग सारा, कोई टाल न पाये।

540.
ब्रह्मा का पिता, चन्दा का साला,
खिला-खिला कीचड़ उसको पाला।

541.
कहलाती है रात की रानी,
आग जले टपकाती पानी।

542.
पेड़ नसे पर पक्षी नहीं,
दूध देय पर गाय नहीं।
तीन नेत्र पर शंकर नहीं,
जटा धरे पर जोगी नहीं।

543.
मंजिल से अनभिज्ञ हैं, ये तीनों मासूम।
जाना इनको है कहां, नहीं इन्हें मालूम।
नहीं इन्हें मालूम कि फिर भी सबके प्यारे।
कदम-कदम पर ये चेतायें, रहकर साथ हमारे।

544.
रंग-बिरंगी देह हमारी, भरें पेट में फाहा।
जाड़े की शीतल रातों में, सबने हमको चाहा।

545.
एक कुएं में घाट हजार,
घाट-घाट घुसे पनिहार।

546.
चार घड़े हैं रस के भरे,
बिन ढक्कन के औंधे धरे।

547.
कर बोले कर ही सुने, कान सुने नहिं ताहि।
कहे पहेली बीरबल, बूझे अकबर साहि।

548.
कांधे धनुष और हाथै बान,
चले घर से ऐसे जैसे दिल्ली सुल्तान।

549.
चार अहक चार वहक, चार सुरमेदानी।
नौरंग तोता उड़ गया, तो रह गई बिरानी।

550.
कमर बांध कोने में खड़ी,
हर घर इसकी जरूरत पड़ी।

551.
माता राम घर में कुढ़ें,
पूत कोठे-कोठे फिरै।

552.
थाली भरे खील-बताशे, गिने भी न जायें।
देखने में भले लगें, खाये तो न जायें।

553.
गाना गाता शोर मचाता,
काट-काट कर गाल सुजाता।
ऐसा प्रेमी किये सुहाये,
जो सोती को देय जगाये।

554.
रंग हरा है मुंह पर लाली,
गले हार है शान निराली।

555.
एक मां के दो हुए पूत,
दोनों की अलग-अलग करतूत।
भाई को भाई से लाग,
एक है ठंडा दूसरा आग।

556.
वह पाले ना भैंस या गाय,
फिर भी दूध मलाई खाये।
घर बैठे ही करे शिकार,
गया शेर भी उससे हार।

557.
एक चीज ऐसी कहलाये,
हर कोई मजबूरी खाये।
पर कैसी मजबूरी हाय,
खाकर भी भूखा रह जाये।

558.
काला डारे लाल किनारे,
उकड़ूं बैठ पटा पर मारे।

559.
चल सुंदरि घूमें फिरें, तुझ बिन चला न जाये।
तेरे बिन जब चले फिरे, वे दिन दिये गंवाये।

560.
एक पेड़ हट्टा-कट्टा,
उसका फल न कोई पत्ता।
पत्ता है सो वह भी लत्ता,
उसको बूझ कहो अलबत्ता।

561.
सर-सर बेल कहीं तक मेल,
टूट गई बेल तो खत्म हुआ खेल।

562.
तीन चरण आकाश में एक चरण पाताल।
गर्मी में शीतल करै, राख सकै खुशहाल।

563.
हम मां-बेटी, तुम मां बेटी, चलो बाग में जायें।
तीन संतरे तोड़कर, साबुत-साबुत खायें।

564.
बिना बुलाये डॉक्टर आये,
चोरी छुपे इंजेक्शन लगाये।

565.
एक गवैया घर में आये,
गोल तबे को सिर पर उठाये।
कान उमेठो, चक्कर खाये,
चक्कर खाकर गाता जाये।

566.
गोलमटोल लटधारी चूजा,
लोहे का कोट, मलाई का कूजा।

567.
हरी डंडी हरा दाना,
खाने के बाद मांगकर खाना।

568.
वह क्या है बताओ,
चाहो पियो, चाहो खाओ।

569.
चांद-सा चकला पान-सा पतला,
जो न बताये उसकी आंख में तकला।

570.
गोरा-गोरा प्यारा-प्यारा,
दर-दीवार करे उजियारा।
आग लगे उसको पानी से,
जा बूझो उसको ज्ञानी से।

571.
दिन को सोये, रात को रोये।
जितना रोये, उतना खोये।।

572.
मिला रहा तो नर रहा, बिछुड़ भये दो नार।
सोने जैसा रंग है, है कोई बूझन हार।

573.
डिब्बा देखा एक निराला,
जिसका ढकना और न ताला।
पेंदा उसका और न कोना,
बंद है उसमें चांदी-सोना।

574.
कद है छोटा, दुम लम्बी है,
सिर के बल वह चलती है।
कपड़ों से है प्यार उसे,
पर धोबी से वह जलती है।

575.
एक घर में सोना रखा, चांदी की दीवार।
जाने को रास्ता नहीं, बाहर से ही पुकार।

576.
बाप और बेटी, मां और बेटा।
बहन और भाई, कितने हुए भाई?

577.
जल-जल चलता बसता गांव,
बस्ती में ना वाका ठांव,
खुसरो ने दिया वाका नांव
बूझ अर्थ नहीं छोड़ो गांव।

578.
सुन्दर मूरत दांत अनूप, लचके जैसे नारी।
दो खुसरो ऐंचें- और कहै आरी।

579.
एक नार वह दंत-दंतीली,
पतली-दुबली छैल-छबीली।
जब वा तिरियहिं लागे भूख,
रूखे हरे चबावे रूख।
जो बताये वाही बलिहारी,
खुसरो कहे बरे को आरी।

580.
फारस बोली आई न,
तुर्की ढूंढी पाई न।
हिन्दी बोली आरसी आए,
खुसरो कहे कोई न बताए।

581.
पौन चलत वह देह बढ़ावै,
जल पीवत वह जीव गवावै।
है वह प्यारी सुन्दर नार,
नारी नहीं पर है वह नार।

582.
चार महीने बहुत चलत है,
और महीने थोरी।
अमीर खुसरो यूं कहे,
तू बूझ पहेली मोरी।

583.
अंदर है और बाहर बहे,
जो देखे सो मोरी कहे।

584.
खड़ा भी लोटा, पड़ा भी लोटा,
है बैठा और कहे है लोटा,
खुसरो कहे समझ का टोटा।

585.
एक जानवर जल में रहे,
औ मन में वाके खींच।
उछल वार खांडा करे,
जल का जल के बीच।

586.
एक रूख में अचरज देखा,
डाल घनी दिखलावे।
एक है पत्ता वाके ऊपर,
माथ छुवे कुम्हलावे,
सुन्दर वाकी छांव है,
और सुन्दर वाको रूप।
खुला रहे और नहिं कुम्हलावे,
ज्यों-ज्यों लागे धूप।

587.
बिन सिर का निकला चोरी को,
बिन हथ पकड़ा जाये।
दौड़ा वह बिन पांव में,
बिन सिर का लिए जाये।

588.
छाती से छाती मिलीं,
मिले पेट से पेट।
रगड़-रगड़ होनी लगी,
तो निकला सफेद-सफेद।

589.
दुह मुंह छोट एक मुंह बड़ा,
आधा मानुस लीले खड़ा।

590.
आना-जाना उसका भाये।
जिस घर जावे लकड़ी खाये।

591.
जा घर लाल बलैया जाये,
ताके घर में दुन्द मचाया।
लाखन मन पानी पी जाये,
घरा ढका सब घर का खाये।

592.
एक पुरुख जब मद पर आये,
लाखों नारी संग लपटाये।
जब वह नारी मद पर आये,
तब वह नारी नर कहलाये।

593.
अरथ तो उसका बूझेगा।
मुंह देखो तो सूझेगा।

594.
सामने आय कर दे दो,
मारा जाये न जख्मी हो।

595.
आग लगे फूले फले,
सींचत जावे सूख,
मैं तो हे पूछूं ऐ सखी,
फूल के भीतर रूख।

596.
एक नार ने अचरज किया,
सांप मार ताल में दिया।
ज्यों-ज्यों सांप ताल को खाये,
ताल सूखे और सांप मर जाये।

597.
एक नार दो सींगों से,
नित खोले उठ धींगों से।
जा के द्वार जाय के अड़े,
मानुस लिये बिना नहिं टले।

598.
तीनों तेरे हाथ में, मैं फिरूं तेरी घात में।
मैं हिर फिर मारूं तेरी, तू बूझ पहेली मेरी।

599.
सुख के कारण बना एक मन्दर,
पौन न जावे वाके अन्दर।
इस मन्दर की रीत दिवानी,
बुझावे आग और ओढ़े पानी।

600.
ऐन पहेली तीन का गुच्चा,
जिसमें एक सुन्दर है।
ऐ सखी मैं तुझ से पूछूं,
दो बाहर एक अंदर है।

601.
श्याम बरन और सोहनी,
फूलन छाई पीठ।
सब सूरन के गले पड़त है
ऐसी बन गई ढीठ।

602.
जब काटो तब ही बढ़े, बिन काटे कुम्हलाये।
ऐसी अद्‌भुत नार का, अंत न पायो जाये।

603.
एक पुरुख का अचरज लेखा,
मोती फलते आंखों देखा।
जहां से उपजे वहीं समाये,
जो फल गिरे सो जल-जल जाये।

604.
नारी काट के नर किया, सबसे रहे अकेला।
चलो सखी वां चल के देखें नर-नारी का मेला।

605.
बांस करे ठांय-ठांय, नद्‌दी को कंगु आये।
कंवल का-सा फूल जैसे, अंगुल-अंगल जाये।

606.
पंसारी का तेल, कुम्हार का बर्तन,
हाथी की सूंड, नवाब की पताका।

607.
अग्नि कुंड में घिर गया,
औ जल में किया विकास।
परदे-परदे आवता
अपने दिया के पास।

पहेलियों के उत्तर

1. नाखून 2. गुल-ए-लाला 3. नदी 4. बिजली 5. नदी 6. बुढ़ापा 7. चमगादड़ 8. कबूतर 9. नथ 10. नारंगी 11. नफ़स व रूह 12. कोयल 13. धूप 14. नक़्क़ारा 15. शेर 16. ख़्वाब 17. चिलम 18. चक़मक़ 19. नाज़ 20. कपड़ा 21. आईना 22. पान 23. राग 24. फूट 25. पतरी 26. बाद कश 27. शकरक़ंद 28. लोटा 29. कुम्हार 30. अरहर 31. बही खाता 32. उग़ालदान 33. नब्ज़ 34. ज़मीन 35. चना 36. मछली पकड़ने का कांटा 37. नाई 38. पान 39. खाई 40. रूह 41. जामुन 42. बही खाता 43. छतरी 44. आईना 45. परछाई 46. छतरी 47. ठोकर 48. कुम्हार 49. आरी 50. आईना 51. मोरी 52. मूढ़ा 53. ढाल 54. अनार 55.नासूर 56. पलंगड़ी 57. दांत की मिस्सी 58. कूंची 59. भुट्टा 60. हमाम 61. भंवरा 62. चमगादड़ 63. कान 64. झूला 65. जामिन 66. सती 67. चरख़ा 68. कुम्हार का चाक 69. इज़ारबंद 70. रुपया 71. गुदगुदी 72. ख़रबूज़ा 73. दोशाला 74. ओला 75. पसीना 76. चौसर 77. पांव की बेड़ी 78. नाव 79. सिंघाड़ा 80. काजल 81. पिंजरा 82. चक़मक़ व पत्थरी 83. जंज़ीर

व कुंडा 84. चिलमन 85. लब 86. फ़व्वारा 87. बड़ियां 88. चिराग़ 89. अस्सी 90. शमा 91. आग 92. जाल 93. टेसू 94. पुल 95. भंवरा 96. कपास 97. नासूर 98. दुल्हन 99. आग 100. लाल 101. बदली 102. दम 103. दिया 104. आरी 105. दियासलाई 106. ढेकली 107. बांसुरी 108. मछली का कांटा 109. हलक़ का कौआ 110. भुट्टा 111. ऐनक 112. नथ 113. हुक़्क़ा 114. सिपर 115. गजरा 116. कैंची 117. बुलबुल 118. आदमी 119. चोनरी 120. सक़्क़ा 121. सान 122. सुपारी 123. फ़िक्र 124. तोप 125. मछली के शिकार की छड़ 126. कंघी 127. झुनझनिया 128. मछली का जाल 129. पतंग 130. कुम्हार का डोरा 131. सान 132. क़लम दवात 133. मोरी 134. डुगडुगी 135. बारिश 136. शीशे की चूड़ी 137. बंदूक़ 138. पतंग 139. मोर 140. नगीना 141. गूलर का कीड़ा 142. कुम्हार 143. काजल 144. कंठा 145. दीये की बाती 146. रुपया 147. काजल 148. दीये की बाती 149. रुपया 150. मिस्सी 151. चक्की 152. चरख़ा 153. चौसर 154. जाड़ा 155. वीरबहूटी 156. डोली 157. जामुन 158. ईंट 159. शहद का छत्ता 160. पान 161. दीये की बत्ती 162. बगला 163. बिच्छू 164. आक़ की बुढ़िया 165. आतिशबाज़ी का अनार 166. आईना 167. पायजामा 168. आसमान 169. पायजामा 170. तलवार 171. बदली 172. हंडिया 173. आंख 174. ओला 175. भुट्टा 176. हंडिया 177. छाती 178. .... 179. जाल 180. घड़ी और घंटा 181. निबोली 182. शहद का छत्ता 183. निबोली 184. पतंग 185. मूढ़ा 186. अंगिया 187. लाल चिड़िया 188. वीरबहूटी 189. चौकी 190. आक़ 191. कस्तूरी 192. टोकरी 193. भौं 194. आरी 195. जादू-टोने की मूठ 196. नगीना 197. बया का घोंसला 198. राई 199. शमा 200. नाव 201. ग़ुब्बारा 202. जुगनी 203. हम्द-ए-इलाही 204. भंग 205. ढोल 206. घड़ियाल 207. ताल 208. मैना 209. परमात्मा 210. हलाल की खाने वाला 211. खुरपा 212. तराज़ू 213. लकड़लाल खां 214. माला 215. सीपी 216. मकड़ी का जाला 217. हुक्का 218. मोर 219. तबले 220. नाखून 221. पुस्तक 222. साइकिल 223. पायजामा 224. तरबूज 225. लंगोट 226. जोंक 227. चार अंगुलियां, एक अंगूठा 228. बत्तीस दांत, एक जीभ

229. कलम 230. दांत 231. परछाई 232. कुतुबनुमा 233. तख्ती 234. माला 235. दीया 236. चिराग 237. दीया 238. दीप शिखा 239. जुगनू 240. चाक 241. आरा 242. कोल्हू का बैल 243. दीये की बाती 244. आरी 245. तराजू 246. भट्टा और ईंटें 247. रसभरी 248. निगला 249. कुम्हार 250. लट्टू 251. सुराही 252. दीये की लौ 253. चरखा 254. तराजू 255. कसम 256. छाता 257. मटर 258. कढ़ी पकौड़े 259. चरखा 260. मिस्सी 261. कंघी 262. कंघा 263. कंघी 264. डोली 265. झाड़ू 266. कैंची 267. चक्की 268. मूहा (छल्ली) 269. छाता 270. रेल 271. नथ के मोती 272. आम 273. शहद का छत्ता 274. कुआं 275. हरी मिर्च 276. आम 277. अंडा 278. सितार 279. सिंघाड़ा 280. कान 281. शहद का छत्ता 282. शहद का छत्ता 283. चक्की 284. साल, महीने और दिन 285. फव्वारा 286. खाई 287. नारंगी 288. खीरा 289. जोंक 290. गोला 291. सांप की कैचुल 292. रात-दिन 293. सांप की कैचुल 294. चींटी 295. खरगोश 296. मेंढक 297. वीरबहूटी 298. मच्छर 299. संगमरमर 300. पान 301. डाकिया 302. साबुन 303. तराजू 304. महीना, दिन-रात 305. ओस 306. कसेरू 307. घरघराहट 308. बिच्छू 309. आक के डोडे से निकली रुई 310. भुट्टा 311. पीकदान 312. चांद 313. आंख 314. बिच्छू 315. चश्मा 316. कपड़ा 317. बंदूक 318. आदमी 319. सेंवई निकालने की मशीन 320. वर्ष, मास और दिन 321. रुपया 322. रेडियो 323. चाकू 324. पहुंची (राखी) 325. हुक्का 326. पूरी 327. अनार (आतिशबाजी) 328. कपास 329. गुलाब 330. पहाड़ी पगडंडी 331. मछली 332. पोता (पोया) 333. आंखें 334. खरबूजा 335. परवाना 336. सिगरेट 337. कछुआ 338. परछाई 339. हुक्का 340. दरवाजा 341. पतंग 342. शमा 343. परछाई 344. फव्वारा 345. नारियल 346. बेर 347. घड़ी 348. तिपाई 349. सींग 350. दीया 351. कदील 352. चर्खा 353. पूरी 354. ताड़ 355. खजूर 356. भुट्टा 357. ईंट 358. काजल 359. कैरम बोर्ड 360. हुक्का 361. चश्मा 362. मिर्च 363. हुक्का 364. कुआं 365. सुई 366. रुपया 367. आम 368. दीया 369. सुई 370. छिपकली 371. हवा 372. बारिश 373. चाक के बर्तन 374. रात-दिन 375. पिंजरा 376. चक्की 377. जू 378. पतंग

379. शब्द 380. चारपाई 381. आंख के आंसू 382. आसमान 383. रात, तारे और सूरज 384. नारियल 385. पलकें 386. कैंची 387. मकान 388. बांसुरी 389. चमगादड़ 390. खरबूजा 391. पसीना 392. गिरगिट 393. चमगादड़ 394. रुपया 395. दियासलाई 396. जामन 397. कंघी 398. चिट्ठी 399. दीये का प्रकाश 400. सुई 401. चिट्ठी 402. सुई 403. ओस 404. आतिशबाजी 405. आलू 406. दीमक 407. कुम्हार की डोरी 408. चारपाई 409. ईश्वर 410. परछाई 411. पलंग 412. कंदील 413. कवि 414. चारपाई 415. परछाई 416. गन्ने की खोई 417. मन, धड़ी, पंसेरी 418. शमा 419. मूली 420. नाखून 421. सांप 422. मूली 423. ततैया 424. ओला 425. गेंदा 426. छुई-मुई 427. भंवरा 428. भुट्टा 429. चोबदार 430. थन 431. भौं 432. हूर, रूह 433. चूल्हा 434. माला 435. मूढ़ा 436. माचिस 437. आकाश 438. अंगूठी 439. गुलाब का फूल 440. आंख 441. छींक 442. घड़ा 443. दरांती 444. दीया 445. तीनों ऋतुएं 446. कौआ 447. भौंरा 448. भुट्टा 449. खिरनी 450. दुनिया का नक्शा 451. कड़ाही में पूरी 452. कसम 453. आदमी 454. भैंस के थन 455. आंखें 456. फूट 457. बादाम 458. चींटी 459. मच्छर 460. जूं 461. गूलर 462. कलम 463. जुलाहे की नली 464. तुम्बी 465. चांद 466. अंधेरा 467. भंगी 468. नाव 469. कलम 470. सेर 471. हुक्के का तम्बाकू 472. शीशा 473. पायजामा 474. तरबूज 475. कांटा 476. पकौड़े 477. चाकू 478. जलेबी, 479. गुलाब जामुन 480. मालपुआ 481. रोटी पोना 482. कुएं का चरख 483. छतरी 484. लट्टू 485. डोल 486. बेर 487. होंठ 488. खड़ाऊं-चट्टियां 489. अनार 490. पूआ, गुलगुला 491. केला 492. जबान 493. शकरकंद 494. कोरा घड़ा 495. मशाल 496. वीरबहूटी 497. चींटी 498. बैंगन 499. मिर्च 500. ढोल 501. पायजामा 502. दीया 503. चमगादड़ 504. कछुआ 505. चालीस सेर एक मन 506. तारों भरा आकाश 507. तख्ती 508. मकड़ी का जाला 509. सांप की कैचुली 510. बादल 511. काई 512. नारियल 513. मकड़ी और जाल 514. नथ के मोती 515. फाउन्टेनपेन 516. जीभ और दांत 517. मेहंदी 518. लेखनी, लेखक और पुस्तक 519. आम 520. नहन्ना

521. मश्क 522. शरीफा 523. खड़ाऊं 524. मेहंदी 525. कटहल 526. मेहंदी 527. मिर्च 528. तरबूज 529. दर्पण 530. कपास 531. गिलहरी 532. हल 533. बया का घोंसला 534. बड़ियां 535. सूरजमुखी 536. ओला 537. बिजली 538. मूली 539. मुनादी 540. कमल 541. मोमबत्ती 542. नारियल 543. घंटा, मिनट और सेकेंड की सुइयां 544. रजाई 545. शहद का छत्ता 546. गाय, भैंस के थन 547. नाड़ी 548. धुना 549. चारपाई 550. झाड़ू 551. आग, धुआं 552. तारे 553. मच्छर 554. तोता 555. चंदा-सूरज 556. बिल्ली 557. कसम 558. धोबी 559. छड़ी 560. झंडा 561. पतंग 562. फव्वारा 563. मां, बेटी और नातिन 564. मच्छर 565. ग्रामोफोन 566. नारियल 567. सौंफ 568. तम्बाकू 569. पापड़ 570. चूना 571. उल्लू 572. चना दाल 573. अंडा 574. सुई 575. अंडा 576. चार 577. नाव 578. आरी 579. आरी 580. आरसी, आईना 581. आग 582. मोरी 583. मोरी, नाली 584. लोटा 585. कुम्हार का डोरा 586. चुनरी 587. जाल 588. चक्की 589. पायजामा 590. आरी 591. आग 592. आम 593. आईना 594. आईना 595. आतिशबाजी 596. दीये की बाती 597. पालकी 598. चौसर 599. गुसलखाना 600. डोली 601. ढाल 602. दिये की लौ 603. दिये की बाती 604. कुआं 605. नाव 606. दीया 607. हुक्के का धुआं।

अमीर खुसरो की मुकरियां

हुमक-हुमक पकड़े मोरी छाती,
हंस-हंस मैं वा खेल खिलाती।
चौंक पड़ी जो पाया खड़का,
ऐ सखि साजन, ना सखि लड़का।
–लड़का

बेर-बेर सोवत ही जगावै,
ना जागूं तो काट खावै।
व्याकुल हुई मैं हक्की-बक्की,
ऐ सखि साजन, ना सखि मक्खी।
–मक्खी

आधी रात आयो दइ मारो,
सब आभरन मेरे तन से उतारो।
इतने में सखि हो गई भोर,
ऐ सखि साजन, न सखि चोर।
–चोर

हरा रंग मोहि लागत नीको,
वा बिन जग लागत है फीको।
उतरत चढ़त मरोरत अंग,
ऐ सखि साजन, ना सखि भंग।
–भंग

सोलह मुहर वा सेज पे लावे,
हड्डी-से-हड्डी खटकावे।
खेलत खेल है बाज़ी बढ़ कर,
ऐ सखि साजन, ना सखि चौसर।
–चौसर

अति सरंग है, रंग रंगीलो,
ओ गुणवंत बहुत चटकी लो।
राजभवन बिन कभू न सोता,
ऐ सखि साजन, ना सखि तोता।
–तोता

वा बिन मो को चैन न आवे
वह मेरी तिस आन बुझावे।
है वह सब गुन बारह बानी,
ऐ सखि साजन, ना सखि पानी।
–पानी

लौंडी भेज उसे बुलवाया,
नंगी होकर मैं लगवाया।
हमसे उससे हो गया मेल,
ऐ सखि साजन, ना सखि तेल।
–तेल

सोभा सदा बढ़ावन हारा,
आंखों ते छिन होत न न्यारा।
आए फिर मेरे मन रंजन,
ऐ सखि साजन, ना सखि अंजन।
–अंजन

नंगे पांव फिरन नहीं देत,
पांव से मिट्टी लगन नहीं देत।
पांव का चूमा लेत निपूता,
ऐ सखि साजन, ना सखि जूता।
–जूता

मेरा मां से सिंगार करावत,
आगे बैठ के मान बढ़ावत।
बाते चिक्कन न कोई दीसा,
ऐ सखि साजन, ना सखि सीसा।

–सीसा

सगरी रैन मोरे संग जागा,
भोर भई तब बिछुड़न लागा।
इसके बिछड़े फाटत हिया,
ऐ सखि साजन, ना सखि दिया।

–दिया

सुरख सफेद है वाका रंग,
सांझ फिरी मैं वाके संग।
गले में कंठा स्याह ते गेसू,
ऐ सखि साजन, ना सखि टेसू।

–टेसू

टप-टप चूसत तन को रस,
वापे नाहीं मेरा बस।
लट-लट के हो गई मैं पिंजरा
ऐ सखि साजन, ना सखि जरा।

–जरा

देखत में है बड़ उजियारी,
है सागर से आती प्यारी।
सिगरी रैन मैं संग ले सोती,
ऐ सखि साजन, ना सखि मोती।

–मोती

बरसा बरस वह देश में आवे,
मुंह में मुंह लगा रस प्यावे।
वा खातिर मैं खरचे दाम,
ऐ सखि साजन, ना सखि आम।

–आम

सगरी रैन छतियन पर राखा,
रंग रूप सब वाका चाखा।
भोर भई जब दिया उतार,
ऐ सखि साजन, ना सखि हार।

–हार

नीला कंठ और पहिरे हरा,
सीस मुकुट नाचे वह खड़ा।
देखत घटा अलापै जोर,
ऐ सखि साजन, ना सखि मोर।

–मोर

वक्त-बेवक्त मोहे वाकी आस,
रात-दिन वह रहत मेरे पास।
मेरे मन को करत सब काम,
ऐ सखि साजन, ना सखि राम।

–राम

सब्ज़ रंग महेंदी पर आवे,
कर छूवत नैन चढ़ आवे।
बैठत-उठत मरोड़त अंग,
ऐ सखि साजन, ना सखि भंग।

–भंग

मुख मेरा चूमत दिन-रात,
होठें लगत कहत नहीं बात।
जासे मेरी जगत में पत,
ऐ सखि साजन, ना सखि नथ।

–नथ

सरब सलोना, सब कुछ नीका,
वा बिन सब कुछ लागे फीका।
वाके सिर पर होवे कौन,
ऐ सखि साजन, ना सखि नौन।

–नौन

एक तो वह देह का भारू,
छोटे नैन सदा मत वारू।
वह पीठ मेरे सेज का साथी,
ऐ सखि साजन, ना सखि हाथी।

–हाथी

देखन में वह गांठ गंठीला,
चाखन में वह अधिक रसीला।
मुख चूमूं तो रस का भांडा,
ऐ सखि साजन, ना सखि गांडा।

–गांडा

सेज पड़ी मेरी आंखों आया,
डाल सेज मोहि मेज दिखाया।
किस से कहूं मज़ा मैं अपना,
ऐ सखि साजन, ना सखि सपना।

—सपना

मेरे घर में दीनी सेंद,
ढुलकत आवे जैसे गेंद।
वाके आए पड़त है शोर,
ऐ सखि साजन, ना सखि चोर।

—चोर

द्वारे मोरे अलख जगावे,
भभूत विरह के अंग लगावे।
सिंगी फूंकत फिरै वियोगी,
ऐ सखि साजन, ना सखि जोगी।

—जोगी

रात समय वह मेरे घर आवे,
भोर भए घर से उठ जावे।
यह अचरज है सबसे न्यारा,
ऐ सखि साजन, ना सखि तारा।

—तारा

सोभा सदा बढ़ावन हारा
आंखन ते छिन होत न न्यारा।
आए फिर मेरे मन रंजन,
ऐ सखि साजन, ना सखि अंजन।

—अंजन

मद ज़ोर हमें दिखावे,
मुफ़्त मेरी छाती चढ़ आवे।
छूट गया अब पूजा-जाप,
ऐ सखि साजन, ना सखि ताप।

—ताप

एक सजन वह गहरा प्यारा,
जा से घर मेरा उजियारा।
भोर भई तब विदा किया,
ऐ सखि साजन, न सखि दिया।

—दिया

बाट चलत मोरा अचरा गहे,
मेरी सुने न अपनी कहे।
ना कुछ मोसो झगड़ा टांटा,
ऐ सखि साजन, ना सखि कांटा।

—कांटा

जब मोरे मंदिर में आवे,
सोते मुझ को आन जगावे।
पढ़त फिरत वह विरह के अच्छर,
ऐ सखि साजन, ना सखि मच्छर।

—मच्छर

अति सुंदर जग चाहे जाको,
मैं भी देख भुलानी वाको।
देख रूप माया जो टोना,
ऐ सखि साजन, ना सखि सोना।

—सोना

छटे छमासे मेरे घर आवे,
आप हिले और मोही हिलावे।
नाम लेत मोहे आये संखा,
ऐ सखि साजन, ना सखि पंखा।

—पंखा

चढ़ छाती मोरो लचकावत,
धोय हाथ मो पर चढ़ि आवत।
सरम लगत देखत सब नगरी,
ऐ सखि साजन, ना सखि गगरी।

—गगरी

मेरा मुंह पूछे मो को प्यार करे,
गरमी लगे तो बयार करे।
ऐसा चाहत सुन यह हाल,
ऐ सखि साजन, ना सखि रूमाल।

—रूमाल

मो खातिर बाज़ार से आवे,
करे सिंगार तब चूमा पावे।
मन बिगड़े नित राखत मान,
ऐ सखि साजन, ना सखि पान।

—पान

आप हिले व मोहे हिलावे,
वाका हिलना मोको भावे।
हिल-हिल के वह हुआ न संखा,
ऐ सखि साजन, ना सखि पंखा।

–पंखा

अंगों मेरे लिपटा आवे,
वाके खेत मोरे मन भावे।
कर गहि, कुच गहि, मोरि माला,
ऐ सखि साजन, ना सखि बाला।

–बाला

सब्ज़ रंग व मुख पे लाली,
उस पीतम गल कंठी काली।
भाव-सुभाव जंगल में होता,
ऐ सखि साजन, ना सखि तोता।

–तोता

दीहल छोड़ कहीं नहीं सुना
ऐ सखि-साजन, न सखि कुत्ता।

–कुत्ता

लपट-लपट के वाके सोई
छाती से पांव लगा के रोई।
दांत से दांत बजे तो ताड़ा,
ऐ सखि साजन, ना सखि जाड़ा।

–जाड़ा

आठ पहर मेरे ढिग रहे,
मीठी प्यारी बातें कहे।
स्याम वरन और राती नैना,
ऐ सखि साजन, ना सखि मैना।

–मैना

छोटा-मोटा अधिक सुहाना,
जो देखे सो होय दीवाना।
कभी वह बाहर कभी वह अंदर,
ऐ सखि साजन, ना सखि बंदर।

–बंदर

द्वार मोरे खड़ा रहे,
धूप-छांव सब सर पर सहे।
जब देखो मोरि जाए भूख,
ऐ सखि साजन, ना सखि रूख।

–रूख

उछल-कूद कर जो वह आया,
धरा-ढका सभी कुछ खाया।
दौड़-झपट जा बैठा अंदर,
ऐ सखि साजन, ना सखि बंदर।

–बंदर

वह आवे तब शादी होय,
वा बिन शादी करे न कोय।
मीठे लागे वाके बोल,
ऐ सखि साजन, ना सखि ढोल।

–ढोल

बन-ठन कर सिंगार करे,
धरे मुंह पर मुंह प्यार करे।
प्यार से मो पै देत है जान,
ऐ सखि साजन, ना सखि पान।

–पान

आंख चलावे मुंह मटकावे
नाच-कूद कर खेल खिलावे।
मन में आवे ते जाऊं अंदर,
ऐ सखि साजन, ना सखि बंदर।

–बंदर

एक साजन मोरे मन को भावे,
जासे मजलिस खड़े सुहावे।
सूत सुनूं उठ दौड़ जाग,
ऐ सखि साजन, ना सखि राग।

–राग

देखत के दो घड़ी उजियारी,
सब सागर से आती प्यारी।
सगरी रैन मैं संग लै सोती,
ऐ सखि साजन, ना सखि मोती।

–मोती

हीलत झूमत नीको लागै,
अपने ऊपर मोहि चढ़ावै।
मैं बाकी वह मेरा साथी,
ऐ सखि साजन, ना सखि हाथी।

–हाथी

उमड़-घुमड़ कर वह जो आयो,
अंदर मैंने पलंग बिछायो।
मेरा वाका लागा नेह,
ऐ सखि साजन, ना सखि मेह।

–मेह

टट्टी तोड़ के घर में आया,
अरतन-बरतन सब कर आया।
खा गया पी गया दे गया बुत्ता,
ऐ सखि साजन, ना सखि कुत्ता।

–कुत्ता

अंगों मेरे लिपटा रहे
रंग-रूप का सब रस पिए।
मैं भर जनम न वाको छोड़ा,
ऐ सखि साजन, ना सखि चूड़ा।

–चूड़ा

नित मेरे घर आवत है,
रात गए फिर जावत है।
फंसत अमावस गोरी के फंदा,
ऐ सखि साजन, ना सखि चंदा।

–चंदा

रात-दिन जाको है गौन,
खुले द्वार वह आवे मौन।
वा को हर एक बतावे कौन,
ऐ सखि साजन, ना सखि पौन।

–पौन

कस के छाती पकड़े रहे,
मुंह से बोले न बात कहे।
ऐसा है कामिनी का रंगिया,
ऐ सखि साजन, ना सखि अंगिया।

–अंगिया

वा को रगड़ा नीकौ लागै,
चढ़े जोवन पर मज़ा दिखावे।
उतरत मुंह का फीका रंग,
ऐ सखि साजन, ना सखि भंग।

–भंग

ऊंची अटारी पलंग बिछायो,
मैं सोई मेरे सिर पर आयो।
खुल गई अंखियां भई आनन्द,
ऐ सखि साजन, ना सखि चंद।

–चंद

अकड़ू बैठ के बनावत है,
सौ-सौ चक्कर दे के घुमावत है।
तब वाके रस की क्या देत बहार,
ऐ सखि साजन, ना सखि कुम्हार।

–कुम्हार

अपने आये देत जमान,
है सोते को यहां जगान।
रंग औ रस का फाग मचाया,
आप भिजै औ मोह भिजाया।
वाके कौन न चाहे नेह
ऐ सखि साजन न सखि मेह।

–मेह

उठा दोनों टांगन विच डाला,
नप तोल के देखा-भालाा।
मोल तोल में है वह महंगा,
ऐ सखि साजन, न सखि लहंगा।

–लहंगा

धमक चढ़ै सुध-बुध सिरावै,
दावत जांध बहुत सुख पावै।
अति बलवंत दिनन का थोड़ा,
ऐ सखि साजन, न सखि घोड़ा।

–घोड़ा

आठ अंगुल का है वह असली।
उसके हड्डी न उसके पसली।
लटाधारी गुरु का चेला,
ऐ सखि सान, न सखि केला।

—केला

दुर-वुर करूं तो भाग जाये,
छन बाहर छन अन्दर आये।
देहलि छोड़ कहीं नहीं सुत्ता,
ऐ सखि साजन, न सखि कुत्ता।

—कुत्ता

रैन पड़े जब घर में आवे,
वाका आन मो को भावे।
लै पर्दा मैंने घर में दिया,
ऐ सखि साजन, न सखि दिया।

—दिया

जोर भरी है जवानी दिखावत,
हुमुकि-हुमुकि मोपै चढ़ जावत।
पेट में पाऊं दे-दे मारा,
ऐ सखि साजन, न सखि जाड़ा।

—जाड़ा

हाट चलत में पड़ा जो पाया,
खोटा-खोरा मैं न परखाया।
न जानू वो होगा कैसा,
ऐ सखि साजन, न सखि पैसा।

—पैसा

बन में रहे वह तिरछी खड़ी,
देख सके मेरे पीछे पड़ी।
उन बिन मेरा कौन हवाल,
ऐ सखि साजन, न सखि बाल।

—बाल

पड़ी थी मैं अचानक चढ़ आयो,
जब उतरो तो पसीना आयो।
सहम गई नहिं सकी पुकार,
ऐ सखि साजन? न सखि बुखार।

—बुखार

घर आवे मुख फेर धरें,
दे दुहाई मन को हरें।
कभू-कभू करत है मीठे बैन,
कभू करत है रुखे नैन।
ऐसा जग में कोई होता,
ऐ सखि साजन, न सखि तोता।

—तोता

मोको तो पूरा ही भावे,
घटे-बढ़े पर मोय न सुहावे।
ढूंढढूंढ के लाई पूरा,
ऐ सखि साजन, न सखि चूड़ा।
तन मन धन का है वह मालिक,
वा ने दिया मेरे गोद में बालक।
वा ते निकसत जी कौ काम,
ऐ सखि साजन, न सखि राम।

—राम

वाकी मोको तनिक न लाज,
मेरे सब वह करत है काज।
मुड़ से मोको देखत नंगी,
ऐ सखि साजन, न सखि कंघी।

—कंघी

बैसाख में मेरे ढिंग आवत,
मोको नंगी सेज पै डारत।
न सोवत न सोने देत अधरमी,
ऐ सखि साजन, न सखि गरमी।

—गरमी

जब मसंगू तब जल भर लावे,
मेरे मन की तपन बुझावे।
मन का भारी तन का छोटा,
ऐ सखि साजन न सखि लोटा।

—लोटा

गीत

काहे को ब्याही विदेस रे,
लखि बाबुल मोरे
हम तो बाबुल तेरे बागों की कोयल
कुहकत घर-घर जाऊं, लखि बाबुल मोरे।
हम तो बाबुल तोरे खेतों की चिड़िया,
चुग्गा चुगत उड़ि जाऊं, लखि बाबुल मोरे।
हम तो बाबुल तेरे बेले की कलियां,
जो मांगे चली जाऊं, लखि बाबुल मोरे।
हम तो बाबुल तोरे खूंटे की गैयां
जित हांको हंक जाऊं, लखि बाबुल मोरे।
लाख की बाबुल गुड़िया जो हाड़ी,
छोड़ि सहेलिन का साथ, लखि बाबुल मोरे।
महल तले से डोलिया जो निकली,
भाई ने खाई पछाड़, लखि बाबुल मोरे।
आम तले से डोलिया जो निकली,
कोयल ने की है पुकार, लखि बाबुल मोरे।
तू क्यों रोवे है, हमारी कोइलिया,
हम तो चले परदेस, लखि बाबुल मोरे।
नंगे पांव बाबुल भागत आवै,
साजन डोला लिए जाय लखि, बाबुल मोरे।

काहो को ब्याही विदेस रे
लखि बाबुल मोरे।
भइया को दी है बाबुल महल-दुमहला,
हम को दी है परदेस, लखि बाबुल मोरे।
मैं तो बाबुल तोरे पिंजड़े की चिड़िया
रात बसे उड़ि जाऊं, लखि बाबुल मोरे।

ताक भरी मैंने गुड़िया जो छोड़ी,
छोड़ा दादा मियां का देस, लखि बाबुल मोरे।
प्यार भरी मैंने अम्मा जो छोड़ी
छोड़ी दादी जी की गोद, लखि बाबुल मोरे।
कोठे तले से पलकिया जो निकली
बिरना ने खाई पछाड़, लखि बाबुल मोरे।
परदा उठा के जो देखी,
आए बेगाने देस, लखि बाबुल मोरे।

बहुत रही बाबुल घर दुलहिन, चल तेरे पी ने बुलाई।
बहुत खेल खेली सखियन सों अंत करि लरिकाई।।
नहाय धोय के बस्तर पहिरे, सब ही सिंगार बनाई।
विदा करने को कुटुंब सब आए, सिगरे लोग लुगाई।
चार कहारन डोली उठाई, संग परोहित नाई।
चले ही बनेगी होत कहा है, नैन नीर बहाई
अंत विदा है चलि है दुलहिन, काहू की कछु न बसाई।
मौज खुसी सब देखत रह गए, माता-पिता और भाई।
मोरि कौन सन लगन घराई, धन-धन तेरि है खुदाई।
बिन मांगे मेरी मंगनी जो दीन्हीं, पर घर की जो ठहराई।।
अंगुरि पकरि मोरा पहुंचा भी पकरे, कंगना अंगूठी पहिराई।
नौशा के संग मोहि कर दीन्हीं, लाज-संकोच मिटाई।।

(ऐ हो), जो पिया आवन कह गए
अजहूं न आए स्वामी हो,
ए जो पिया आवन कह गए
आवन-आवन कह गए आए न बारह मास
(ए हो) जो पिया आवन कह गए।

बहुत कठिन है डगर पनघट की
कैसे मैं भर लाऊं मधवा से मटकी।
मोरे अच्छे निज़ाम पिया - कैसे मैं भर लाऊं मधवा से मटकी
जरा बोलो निज़ाम पिया,
पनिया भरन को जो मैं गई थी
दौड़ झपट मोरी मटकी-पटकी। बहुत कठिन है -
खुसरो निज़ाम के बलि-बलि जाइये

लाज राखे मोरे घूंघट पट की

अम्मा मोरे बाबा को भेजो जी
कि सावन आया
बेटी तेरा बाबा तो बूढ़ा री
कि सावन आया
अम्मा मेरे भाई को भेजो जी
कि सावन आया
बेटी तेरा भाई तो बाला री
कि सावन आया
अम्मा मेरे मामूं को भेजो जी
कि सावन आया
बेटी तेरा मामूं तो बांका री
कि सावन आया।

परदेसी बालम धन अकेली मेरा बिदेसी घर आवना
बिर का दु:ख बहु कठिन है प्रीतम अब आजावना
इस पर जमुना उस पर गंगा बोल चंदन का पेड़ ना
इस पेड़ ऊपर कागा बोले कागा का वचन सुहावना।

वह गए बालम वह नदिया पार
आप पार उतर गए, हम तो रहे इस पार।
हम रे मल्लाहो हम कूं पार उतार।
हाथ का देऊंगी मुंदरा गल का देऊं हार।
देख मैं अपने हाल कू रोंऊ ज़ार-ज़ार
वी गुणवंता बहुत पीं हम भी औगनहार।
बाबुल भेजो मैं वनज कूं तादा कूं फूल
पूंछवन बावला जिया में लाया मोल।।

आज घिर आई दई मारी घटा कारी
बन बोलन लगे मोर दैया री बन बोलन लगे मोर
रिमझिम-रिमझिम बरसन लागी छाप री चहूं ओर।
आज बन बोलन लागे मोर।
कोयल बोल डार-डार पर पपीहा मचाए शोर,
ऐसे समय साजन परदेस गए विरहन छोड़।

हज़रत ख़्वाजा संग खेलिए धमाल
बाइस ख़्वाजा मिल बन-बन आयो तामें,
हज़रत रसूल साहब जमाल
अरब यार तोरी बसन्त मनायो
सदा रखि लाल गुलाल
हज़रत ख़्वाजा...

बन के पंछी भये बावरे
ऐसी बीन बजाई सांवरे
तार-तार की तान निराली
झूम रही सब वन की डाली
पनघट की पनिहारी ठाडी
भोली ख़ुसरो पनिया भरन को

मोरा जोबना नवेलरा भया है गुलाल,
कैसे घर दीनी बकस मोरी माल।
निज़ामुद्दीन औलिया को कोई समझाये
जों-जों मनाऊं वह तो रूठो ही जाये।
मोरा ज़ोबना...
चूड़ियां फोड़ूं, पलंग पे डोरुं,
इस चोली को मैं दूंगी आग लगाय।
सूनी सेज डरावन लागे,
विरहा अग्नि मोहे डस-डस जाये।
मोरा जोबना...

दइया री मोहे भिजोया री
शाह निजाम के रंग में
कपड़े रंगन ते कुछ ना होत है
या रंग में मैं न तन को डुबोया री
दइया री मोहे...
वाही के रंग से सुन वे शोख रंग
खूब ही मल-मल के धोया री,
पीर निज़ाम के रंग में भिजोया री
दइया री मोहे...

औलिया तेरे दामन लागी।
पढ़ियो मेरे ललना।
औलिया तेरे दामन लागी।
ख़्वाज़ा हसन को मैं मुजरे मिली
ख़्वाजा क़ुतुबुद्दीन
औलिया तेरे दामन लागी।

आज रंग है ऐ मां रंग है री,
अरे अल्लाह तू है हर, मेरे महबूब के घर रंग है री
मोहे पीर पायो निज़ामुद्दीन औलिया - निज़ामुद्दीन औलिया-
अलाउद्दीन औलिया
अलाउद्दीन औलिया-फ़रीदुद्दीन औलिया, फ़रीदुद्दीन औलिया,
क़ुतबुद्दीन औलिया
क़ुतबुद्दीन औलिया, मुईनुद्दीन औलिया, मुईनद्दीन औलिया,
मुहैय्या औलिया
ओ मुहैय्योद्दीन औलिया, मुहैय्योद्दीन औलिया।
वो तो जहां देखो मोरे संग है री।
अरे ऐ री सखी, वो तो जहां देखो मोरो संग है री
मोहे पीर पायो, निज़ामुद्दीन औलिया, आहे, आहे, आहे वा
मुंहमांगे बर संग है री, वो तो मुंहमांगे बर संग है री।
निज़ामुद्दीन औलिया जग उजियारो, जग उजियारो, जगत उजियारो
वो तो मुंहमांगे वर संग है री। मैं पीर पायो निज़ामुद्दीन औलिया
गंज शकर मोरे संग है री। मैं तो ऐसो रंग और नहीं देखयो सखी री
मैं तो ऐसी रंग देस-बदेस में ढूंढ फिरी हूं, देस-बदेस में
मुंहमांगे वर संग है री। सजन मिलावरा इस आंगन में।
सजन सजन तब सजन मिलावरा। इस आंगन में उस आंगन में
अरे इस आंगन में उस आंगन में
अरे वो तो जहां देखो मोरे संग है री, आज रंग है मां, रंग है री
ऐ तोरा रंग मन भायो निज़ामुद्दीन। मैं तो तोरा रंग मन भायी
निज़ामुद्दीन
मुंहमांगे वर संग है री। मैं तो ऐसो रंग और नहीं देखी सखी री
ऐ महबूबे इलाही मैं तो ऐसो रंग और नहीं देखी। देस-बदेस में ढूंढ
फिरी हूं
आज रंग है ऐ मां रंग है ही। मेरे महबूब के घर रंग है री।

कव्वाली

निज़ाम तोरी सूरत पे बलिहारी
सब सखियन में चुनर मेरी मैली
देख हंसे नर-नारी
अब के बहार चुनर मोरी रंग दे
निज़ाम पिया रख ले लाज हमारी
निज़ाम तोरी...
सदक़ा बाबा गंज शकर का
रख ले लाज हमारी
मेरे घर निज़ाम पिया
निज़ाम तोरी सूरत की बलिहारी
क़ुतुब फ़रीद मिल आए बाराती
ख़ुसरो राज दुलारी
निज़ाम पिया रख ले लाज हमारी

बहुत दिन बीते
पिया को देखे
अरे कोई जाओ
पिया को बुलाय लाओ।
मैं हारी वो जीते
पिया को देखे
बहुत दिन बीते
सब चुनरिन में
चुनर मोरी मैली
क्यों चुनरी नहीं रंगते?
बहुत दिन...
खुसरो निज़ाम के बलि-बलि जइये

क्यों दरस नहीं देते?
बहुत दिन...

आंखों में तसव्वुर जो,
वो माहें-मदीं है।
आंखों में तसव्वुर जो,
वो आहें-मुदीं है।
दुनियावी हंसी है मेरी
कुछ ब़ाकी हंसी है।
तमग़ीले-हरम हुक्मे-अज़ल
शम्मे-मदीं है।
अल्लाह का महबूब
हसीनों की हंसी है
मिलता है खुदा भी जहां
महबूबे-खुदा भी
वो गुंबद-ए-ख़िज़रा है,
मदीने की ज़मीं है।
कुछ इस तरह आता है नज़र
अहले-नज़र को
खुस रोज़-ए-पुरनूर में
वो पर्दानशीं है।
आंखों में तसव्वुर जो,
तो माहें-मदीं है।

छाप तिलक तज दीन्हीं रे, तो से नैना मिला के।
प्रेम वटी का मदवा पिला के,
मतवारी कर दीन्हीं के, मो से नैना मिला के,
'खुसरो' निज़ाम पै बलि-बलि जइए,
मोहे सुहागन कीन्ही के मोसे नैना मिला के।

निस्बतें

(1)
हलवाई और पायजामे में क्या निस्बत है?

–कुंदा

(क) कुंदा - मावा, खोया।
(ख) कपड़ा पीटने का कुंदा (मोगरी)।

(2)
मुश्क और आदमी में क्या निस्बत है?

–दाहान

(क) सूराख़ (कस्तूरी के दाने निकालने के लिए उसमें सूराख़ होता है)।
(ख) मुंह (हर आदमी का मुंह होता है)।

(3)
आदमी और गेहूं में क्या निस्बत है?

–बाल

(क) केश।
(ख) गेहूं की बाली।

(4)
मकान व कपड़े में क्या निस्बत है?

–लट्ठा

(क) कपड़े की एक माप व प्रकार है लट्ठा।
(ख) मकान का लट्ठा (बल्ली)।

(5)
घोड़े और बजाज में क्या निस्बत है?

–थान, जीन

(क) घोड़ा - हाथी बांधने का स्थान (ख) कपड़े का थान

(क) घोड़े का चार जामा (ख) एक तरह का मोटा कपड़ा

(6)
कपड़े और नदी में क्या निस्बत है?

–पाट

(क) चौड़ाई।
(ख) कपड़े व नदी, दोनों की चौड़ाई पाट कहलाती है।

(7)
दामन और अंगरखे में क्या निस्बत है?

–पर्दा

(क) दामन पर्दानुमा होता है।
(ख) अंगरखे के छाती का हिस्सा परदा कहलाता है, जिसे तन्नियों से बांधा जाता था।

(8)
अंगरखे व पेड़ में क्या निस्बत है?

–कली

(क) कलीनुमा तिकोना कपड़ा।
(ख) पेड़-पौधों पर लगने वाली कली।

(9)
बादशाह और मुर्ग़ में क्या निस्बत है?

–ताज

(क) मुकुट।
(ख) कलग़ी, बादशाह व मुर्ग़ा दोनों का ही ताज होता है।

(10)
गोटे और आफताब में क्या निस्बत है?

–किरन

(क) झालनुमा गोटा - किरण।
(ख) सूरज की किरण।

(11)
मकान और पायजामे में क्या निस्बत है?

–मोरी

(क) नाली।
(ख) पायजामे की मोरी।

(12)

बंदूक़ और कुएं में क्या निस्बत है?

—कोठी

(क) बंदूक़ में बारूद भरने की जगह कोठी कहलाती है।
(ख) कुएं की दीवार का वह हिस्सा, जो पानी के भीतर होता है, कोठी कहलाता है।

(13)

दरिया और गहने में क्या निस्बत है?

—मगर

(क) घड़ियाल (मगर)।
(ख) मगर जैसे मुख वाले कंगन व अन्य गहने

(14)

आम और ज़ेवर में क्या निस्बत है?

—कैरी (कीरी)

(क) कैरी, कीरी - मीठा आम।
(ख) कीरी - हाथ में पहना जाने वाला पंजाबी गहना।

(15)

मकान और अनाज में क्या निस्बत है?

—कंगनी

(क) छत के नीचे दीवार में उभरी लकीर।
(ख) एक तरह का अनाज।

(16)

गहन और दरख्त में क्या निस्बत है?

—पत्ता

(क) पत्ते की शक्ल का गहना।
(ख) पेड़-पौधे का पत्ता।

(17)

बज़ाज़ और फल में क्या निस्बत है?

—कमरख़

(क) मोटा कपड़ा।
(ख) फल।

(18)
हलवाई और दबकई में क्या निस्बत है?

—कुंदा

(क) शकरक़ंद।
(ख) सोने-चांदी के पत्तर पीटने का कंदा।

(19)
जानवर और बंदूक़ में क्या निस्बत है?

—मक्खी, घोड़ा, तोता, कुत्ता

(क) जानवर (मक्खी, घोड़ा, तोता, कुत्ता)।
(ख) ये चारों जानवर भी हैं तथा बंदूक़ के विभिन्न हिस्सों के नाम भी हैं।

(20)
घोड़े और हरफ़ों में क्या निस्बत है?

—लाभ

(क) घोड़े का साज़।
(ख) फ़ारसी का एक हर्फ़ 'लाभ'।

(21)
हलवाई और बज़ाज़ में क्या निस्बत है?

—कुंद (कंद)

(क) कंद (चीनी/मिश्री)
(ख) कपड़ों पर चमक लाने के लिए बज़ाज़ कुंद किया करते थे।

(22)
आम/शलजम व कपड़े में क्या निस्बत है?

—जाली

(क) आम/शलजम के रेशे।
(ख) तरह-तरह के छेदों वाला वस्त्र।

दो सुखने

(1)
दीवार क्यों टूटी?
राह क्यों लूटी?

–राज न था

(क) राजगीर।
(ख) राज व्यवस्था।

(2)
जोरू क्यों मारी?
ईख क्यों उजाड़ी?

–रस न था

(क) प्रेम।
(ख) गन्ने का मधुर रस।

(3)
खाना क्यों न खाया?
जामा क्यों न धुलवाया?

–मेल न था

(क) मेल - इच्छा।
(ख) मैल - गंदगी।

(4)
पंडित क्यों न नहाया?
धोबिन क्यों मारी गई?

–धोती न थी

(क) पहनने की धोती नहीं थी।
(ख) धोबिन कपड़े नहीं धोती थी।

(5)
गोश्त क्यों न खाया?
नर्तकी ने क्यों न गाया?

–गला न था

(क) गोश्त में बोटी कच्ची थी, गली न थी।
(ख) नर्तकी का गला सुरीला न था।

(6)
घर क्यों अंधियारा?
फ़कीर क्यों बिगड़ा?

–दिया न था

(क) चिराग़ नहीं था।
(ख) भीख में कुछ नहीं दिया था।

(7)
अनार क्यों न चखा?
वज़ीर क्यों न रखा?

–दाना न था

(क) अनार में दाना न था।
(ख) वजीर दाना (बुद्धिमान) न था।

(8)
पोस्ती क्यों रोया?
चौकीदार क्यों सोया?

–अमल न था

(क) अफीम उस के पास नहीं थी।
(ख) पहरे के समय सोया था।

(9)
राजा प्यासा क्यों?
गधा उदास क्यों?

–लोटा न था

(क) लोटा नहीं था।
(ख) गधा जमीन पर नहीं लोटा था।

(10)
खिचड़ी क्यों न पकाई?
कबूतरी क्यों न उड़ाई?

–छड़ी न थी

(क) छड़ी न थी (कूट कर साफ न की थी)।
(ख) छड़ी नहीं थी।

(11)
जोगी क्यों भागा?
ढोलकी क्यों न बाजी?

–मढ़ी न थी

(क) रहने को स्थान न था।
(ख) मढ़ी हुई न थी।

(12)
रोटी जली क्यों?
घोड़ा अड़ा क्यों?
पान सड़ा क्यों?

–फेरा न था

(क) रोटी पलटी नहीं थी।
(ख) घोड़ा चलना नहीं सीखा था।
(ग) पान का पत्ता पलटा न था।

(13)
ककड़ी क्यों छोटी?
लकड़ी क्यों टूटी?

–बोदी थी

(क) बौनी थी।
(ख) बोदी यानी खोखली थी।

(14)
क्यारी क्यों न बनाई?
डोमनी क्यों न गाई?

–बेल न थी

(क) मिट्टी खोदने का औज़ार।
(ख) बेल (सारंगी जैसा वाद्ययंत्र)।

(15)

गोश्त क्यों न खाया?
डोम क्यों न गाया?

—गला न था

(क) गला हुआ।
(ख) अच्छा गला।

(16)

पानी क्यों न भरा?
हार क्यों न पहना?

—गढ़ा न था

(क) गड्ढा न था।
(ख) बना नहीं था।

(17)

समोसा क्यों न खाया?
जूता क्यों न चढ़ाया?

—तला न था

(क) समोसा कच्चा था।
(ख) जूते में तला न था।

(18)

सितार क्यों न बजा?
औरत क्यों न नहाई?

—परदा न था

(क) सितार का परदा।
(ख) कपड़े का परदा।

(19)

गढ़ी क्यों छिनी?
रोटी क्यों मांगी?

—खाई न थी

(क) वहां खाई नहीं थी।
(ख) रोटी खाई नहीं थी, इसलिए मांगी।

(20)

दरबार क्यों गए?
ज़मीन पर क्यों बैठे?

—चौकी न थी

(क) रक्षा-व्यवस्था नहीं थी।
(ख) बैठने की चौकी न थी।

(21)

दही क्यों न जमी?
नौकर क्यों न रखा?

—जामिन न था

(क) दही का जामिन न था।
(ख) नौकर का ज़ामिन न था।

(22)

रोटी क्यों सूखी?
बस्ती क्यों उजड़ी?

—खाई न थी

(क) खाई नहीं थी।
(ख) खाई की सुरक्षा नहीं थी।

फ़ारसी व हिंदी मिश्रित

(1)
अज़ ख़ुदा ये बायद तलबीद?
विरहिन की क्या मिनती?

—काम

(क) कामना।
(ख) वासना की पूर्ति।

(2)
माशूक़ रा ये भी बायद कर्द?
हिंदुओं का रख कौन है?

—राम

(क) राम (आज्ञापालन)।
(ख) भगवान राम।

(3)
दुआ चे तौर मुस्तजाब शबद?
लश्कर में कौन बैठे?

—बाज़ारी

(क) बाज़ारी (नम्रता से)।
(ख) बाज़ारवाला।

(4)
शिकार बचे भी बायद कर्द
क़ूव्वते मग़ज़ को क्या चाहिए?

—बादाम

(क) बादाम - जाल।
(ख) बादाम नामक मेवा।

(5)

क़ूबते रूह चीस्त?
प्यारी को कब देखिए?।

–सदा

(क) सदा - आवाज़, शब्द
(ख) हमेशा।

(6)

दर जहन्नुम चीस्त?
कामी को क्या चाहिए?

–नार

(क) नार - आग।
(ख) स्त्री।

(7)

शिकारी रा चे मी बायद?
मुसाफिर को क्या चाहिए?

–दाम

(क) दाम - जाल।
(ख) पैसा, धन।

(8)

तिश्नः रा चे भी बायद?
मिलाप को क्या चाहिए?

–चाह

(क) चाह - कुआं।
(ख) चाह - इच्छा, प्रेम।

(9)

बार बर्दारी रा चे मी बायद?
कलावंत को क्या चाहिए?

–गाओ

(क) बोझ ढोने के लिए गाव - बैल।
(ख) गाओ - गाना।

(10)

कोह ये भी दारद?
मुसाफ़िर को क्या चाहिए?

–संग

(क) पहाड़ में संग - पत्थर।
(ख) संग - साथ।

(11)

दर आईनः चे मी बीनंद?
दुखिया को क्या न कहिए?

–रू, रो

(क) रो - चेहरा।
(ख) रो - रोना।

(12)

सौदागर बच्चः राचे मी बायद?
बूचे को क्या चाहिए?

–दोकान

(क) दुकान।
(ख) बूचा (बिना कान वाला) - दो कान।

फ़ारसी ग़ज़लें व भावार्थ

(1)

ज. इश्क़त बेक़रारम बा के गोयम,
ज़ हिज़रत ख़्वार ओ जाइम, बाके गोयम?

न मी पुरसी ज़ अहवालम कि चुनी,
परेशां रोज़गारम बा के गोयम?

हमीं ख़्वाहम बि फ़िरिस्तम सलामे,
चूं यक महनम न दारम, बा के गोयम?

दिल बुर्दी ग़म कारम न ख़र्दी
ख़राबस्त रोज़गारम बा के गोयम?

नदारद जुज़ तमन्नाए तो ख़ुसरो,
जमालत दोस्त दारम, बा के गोयम?

भावार्थ : इश्क की पीड़ा से बेचैन हूं, मैं किससे कहूं? तेरे वियोग में मेरे प्राण निकल रहे हैं, पर किससे कहूं? तुम तो हाल तक नहीं पूछते। रात-दिन परेशान हूं, किससे कहूं? दिल तो चाहता है कि तुम्हें सलाम भेजूं, परंतु मेरे दिल की बात जानने वाला कोई नहीं, किससे कहूं? मेरी परवाह तक न की और मेरा दिल ले गए, मेरी दुनिया वीरान कर दी, किससे कहूं? तुम्हारे सिवा तो ख़ुसरो को किसी दूसरे की इच्छा भी नहीं, तुम्हारे सौंदर्य पर मर-मिटा हूं, किससे कहूं?

(2)

हर रोज़ दीदे बर रहे-बादे-सबबा नहम,
बर दीदगान ख़ाके-दरश तूतिया नहम।

ज़ऊ सद जफ़ा कशम कि न्यारम बरूए गुफ़्त,
कर्हन दर्दे-ख़ुद थगूने बर आन बे-वफ़ा नहम।

बदहम बरून ग़मश कि मिरा खुद बसूख़्त ग़म,
दिल हाए-दिगरान ये दिगर दर बला नहम।

गुफ्तंद याद भी कुनदत दिल नमी रहद,
कईन तोहमते-दुरूग़ बर आन आशना नहम।

शाहान मज़ाल नीस्त कि सर बर दरश नहंद,
युन मन गदा रसीदे कि कासे कुजा नहम।

ज़र्हन गूने कज़ लबत सुखनी नीस्त रूज़ईयम,
मिस्मार बर जराहत ख़ुसरो दवा नहम।

भावार्थ : प्रतिदिन मेरी आंखें सुबह चलती हुई समीर के रास्ते पर लगी रहती हैं। उसकी दहलीज़ (चौखट) की धूल को मैं काजल जान आंखों में लगाता हूं। उसके सैकड़ों ज़ुल्म सहने पर भी मुख से कुछ नहीं कहता। अपनी यह पीड़ा उस ज़ालिम को कहूं भी तो कैसे? उसके दुःख को दिल से निकाल भी दूं, पर अब तो मैं ही उस दुःख से जल गया हूं, इसलिए दूसरों के दिलों को मुश्किल में क्यों डालूं?

लोग कहते हैं कि वह मुझे याद करता है, तो प्रेम क्यों नहीं करता? पर मैं उस मित्र पर यह झूठा इल्ज़ाम भी तो नहीं लगा सकता।

जब बादशाहों तक में इतना साहस नहीं कि उसकी दहलीज़ (चौखट) पर सिर रखें तो भला मुझ जैसे तुच्छ भिखारी की इतनी हिम्मत कैसे होगी कि मैं वहां अपना कटोरा ले जा रखूं। इस तरह मेरे मुंह से, तेरे लिए कोई भी बात नहीं निकल पाती।

(3)

तुर्क सफ़ेद व सीम चश्म व लाला रंग,
मसलश नज़ाद मादर अयाम शोख़ो रांग।

या तीर चश्म जादू व अब्रूई यूं कमान,
दारी कदी कशीदा तर अज़ क़ामत खुद नंग।

आहू सिफ्त शिकार दिल आशिक़ान कुनद;
आं शेर गीर आहूई चश्म तू चूं पलंग।

दर संग सेम बाशद व श्वन तरफ़ा तर के तू,
दारी दरूं सीना सीमीं दिली चूसंग।

आब हया तुम अज़ लब व द ददां खां शुद,
गर बोसा इ ब बन्दा दही ज़ अन दहान तंग।

भावार्थ : मेरा प्यारा तुर्क गोरा, काली आंखों वाला और लाला जैसे फूल वाले शरीर का स्वामी है। परमात्मा ने उसके जैसी कोई चंचल प्रेमिका बनाई ही नहीं। उसकी जादू भरी आंखों के तीर व कमान जैसी पलकें हैं। उसका कद तो तीर से भी सीधा है। तू हिरण की तरह प्रेमियों के दिल का शिकार करता है, शेर का शिकार करने वाला तेरी आंखों का हिरण, चीते की तरह जान पड़ता है। वैसे चांदी पत्थर में होती है, पर कैसा अचरज है कि तेरे चांदी जैसे वक्ष में पत्थर जैसा दिल है। अगर तू तंग मुंह का एक बोसा दे दे तो मेरे होठों से अमृत बह निकले।

(4)

नमी दानम च मंज़िल बूद शब जाए कि मन बूदम,
बहरसू रक्स-ए-बिस्मिल बूद शब जाए के मन बूदम।

परी पेकर निगारे-सर्व-कदे-लाला रूखसारे-
सरापा आफ़ते-दिल बूद शब जाए के मन बूदम।

रक़ीवां गौश बर आवाज़ो-दर-नाज़ नहन तरसां,
सुख़न गुफ़्तन च मुश्किल बूद शब-जाए कि मन बूदम।

ख़ुदा ख़ुद मीर मजलिस बूद अंदर ला मकां ख़ुसरो,
मुहम्मद शमा-ए-महफ़िल, बूद शब जाए के मनबूदम।

भावार्थ : मैं नहीं जानता कि मैं कल रात कहां था? मैं कल रात जहां था, वहां चारों तरफ घायल जां ब-लब लोगों का नृत्य था।

अप्सरा से चेहरे, सरो जैसे लंबे कद वाला, लाला फूल-सा सुंदर मुखड़े वाला महबूब भी कल वहीं था, जो सबके दिलों के लिए एक आफ़त था।

उस सर्वव्यापी वातावरण में शत्रुओं के कान हर आवाज पर लगे थे। वहां कुछ कहना भी कितना कठिन था।

ख़ुसरो कहता है कि कल रात जहां मैं था, ख़ुदा स्वयं उस सभा का अध्यक्ष था और मुहम्मद साहिब उस सभा की शमा थे।

(5)

जान ज़ तन बुर्दी व दर जानी छनोज़,
दर्द हा दादी वा दरमानी हनोज़।

आशकारा सीना अम बिशिगाफ़ती,
हम चुनां दर सीना पिनहानी हनोज़

हर दो आलम क़ीमत-ए-खुद गुफ्ताई,
निर्ख़ बाला कुन कि अर्ज़ानी हनोज़।

बाज़ गिरिया यूं नमक बगुदाख़्तम,
तू ज़ ख़न्दां शकर सितानी हनोज़

पीरी-ओ शाहिद परस्ती ना खुश,
अस्त खुसरवा तो के परेशानी हनोज़।

भावार्थ : शरीर से प्राण निकाल लिए व जान में ही छिपे हो? दर्द भी तुमने दिए हैं और दवा भी तुम्हीं हो। तुमने खुलेआम मेरा सीना चाक किया और फिर इसी सीने में अपनी जगह भी बना ली। तुमने कहा था कि दो जहां देकर मुझे ले लो। अपना मोल बढ़ाओ, तुम सस्ते मालूम देते हो। हम रो-रो कर नमक की तरह घुल गए और तुम हंस-हंस कर मिश्री की डली होते जा रहे हो। यह बुढ़ापा और इश्क़बाज़ी। कोई अच्छी चीज़ नहीं, खुसरो! तुम कब तक इन उलझनों में पड़े रहोगे?

(6)

कज कुलहा, सितम गरा, तंग क़बाए कीस्ती?
लाबा गरा, और दिलबरा, इश्वानुमाए कीस्ती?

ज़ेरे कुलाहाए जुअदत्तू बर कमरत कशीदे सर,
बस्ते बियाबुक़ी कमर, चुस्त क़बाए कीस्ती?

मुर्क़बे-नाज़ कर्दे ज़ीन, दादे बतेग ग़मज़ा कीन,
साख़ते-आमदे, चुनीन बाज़ बराए कीस्ती?

सीनाए-बन्दा जाए तू, दीदे बि ज़ीरे पाए तू,
मा हेमा दर हवाए तू, तू बि हवाए कीस्ती?

ता रुख़े ख़ुद नमूदे ई जान ज़ तनम इ बूदा ई,

आतिशे-मन फ़िज़ूदेई महर फ़िज़ाए कीस्ती?

खुसरवे ख़िस्ते रा सुख़न, बस्ते शुद अज़ तू दर दहन
तूतीए-शक्करीने-मन-नग़्ज़ निदाए कीस्ती?

भावार्थ : ऐ तिरछी टोपी वाली! ऐ ज़ालिम, ऐ लंबी पोशाक वाली तू कौन है? ऐ नाज़ोअदा दिखाने वाली चित्तचोर तू कौन है? कूल्हे के नीचे से तेरी चोटी कमर तक आ रही है। तूने चंचलता पर कमर बांध रखी है। ऐ चुस्त वस्त्र पहनने वाली तू कौन है। तूने घोड़े पर जीन कसी है और ज़ुल्म की तलवार हाथ में ले रखी है। इस तरह बन-ठन कर तू किसलिए आई है? तूने मेरे दिल में घर कर लिया है। मेरी आंखें तेरे पैरों के तले हैं। हम सबको तेरा मोह है। तुझे किसका मोह है? जब से तूने मुख दिखलाया है। मेरी देह से प्राण निकाल लिए हैं। मेरे मन की ज्वाला भड़का दी है। मुझे प्रेम के पाश में बांधने वाली तू कौन है? तेरे कारण ही ख़ुसरो के मुख से बोल नहीं निकलते। ऐ मीठा बोलने वाले तोते! तू किसके लिए चहक रहा है?

(7)

मिरा दर्दीस्त अंदर दिल कि दरमान नीस्तश यारा,
मनो-दर्दत, चू तू दिरमान नभी ख़ाही दिले-मा रा।

मनम ईमरूज़ो - सहराई - ओ - आबे - ना ख़ुदा अज़ दीदा,
चू मजनूं आबे - ख़ुश हरगिज़ न दारी बहशे - सहरा का।

ज़ इश्क़ अर आशक़ी भी रद गुनह बर इश्क न नहद कस,
कि बहरे - ग़र्क़े कर्दन ऐब न तवान कर्द दरिया का।

नौमिदी बसर शुद रोज़गारे मन कि चक रोज़ी,
इनान गीरी न कर्द उम्मीद हमउम्रे गिराने मा का।

मज़न लाफ़े सबूरी खुसरवा कईन सर सर,
बरक्स आरद यू नफ़रवे सूर कोह पाय बट जा रा।

भावार्थ : ऐ दोस्तों! मेरे दिल के दर्द का कोई इलाज नहीं है। मैं हूं और मेरा दर्द! क्योंकि तू तो मेरे दिल का दर्द मिटाना जानता ही नहीं। मैंने आज जंगल में प्यासे जानवरों को पानी तो पिलाया ही नहीं। अगर इश्क़ में से आशिक़ी चली जाए तो गुनाह इश्क़ पर नहीं लगा सकते; जैसे डूबने का क़सूर दरिया पर नहीं लगाया जा सकता। मेरा जीवन

निराशा में ही डूब गया है क्योंकि एक भी दिन इस जीवन में आशा की किरण नहीं दिखी। ख़ुसरो, संतोष रखने को मत कह। क्योंकि ये उपदेश उसी तरह नचा देते हैं, जैसे सुर फूंकने से कोहक़ाफ़ जैसा पर्वत भी अपनी जगह से हिल गया।

(8)

काफ़िरे-इश्कम मुसलमानी मरा दर कार नीस्त,
हर रगे मन तार गश्ता, हाजते जुन्नार नीस्त।

अज़ सरे बालीने मन बर ख़ेज़ ऐ बादां तबीब,
दर्द मन्द इश्क़ का दारो - बख़ैर दीदार नीस्त।

मा व इश्क़ यार, अगर पर क़िब्ला, गर दर बुतकदा,
आशिकान दोस्त रा बकुफ़्रो - ईमां कार नीस्त।

ख़ल्क़ भी गोयद के ख़ुसरो बुत परस्ती भी कुनद,
आरे-आरे भी कुनम बा ख़लक़ो - दुनिया कार नीस्त।

भावार्थ : मैं इश्क़ का काफ़िर हूं, मुझे मुसलमानी नहीं चाहिए। मेरी हर रग तार बन गई है, मुझे जनेऊ भी नहीं चाहिए। ऐ नादन वैद्य! मेरे सिरहाने से उठ जा। जिसे इश्क़ का दर्द लगा हो, उसके लिए प्यारे के दर्शन के सिवा कोई चारा नहीं होता।

हम हैं और प्रेमिका का प्रेम है, चाहे काबा हो, चाहे बुतख़ाना, प्रेमिका के प्रेमियों को कुफ़्र और ईमान से कोई काम नहीं है।

दुनिया कहती है कि ख़ुसरो मूर्ति की पूजा करता है। हां-हां, मैं करता हूं। मेरा दुनिया से कोई सरोकार नहीं है।

(9)

हर शबम जां बर लब आह-ओ-नालाए ज़ार आबुरद,
ताकुजा भी बाद-बूए जां जफ़ाकार आबुरद।

रफ़्त आं शौख़-ओ-दिल-ए-खूं इश्तेमा राआबुरद
आक़िबत रोज़ी हमां ख़ूनश गिरफ्तार आबुरद।

दोस्तान मन हवस दारम बनालीदन ब्लेक,
दर्द यूं दर सीना बाशुद नालाज़ार आबुरद।

ग़मज़ह - तो बफ़रीवश ज़ाहिद सद साला रा,
मूए पेशानी गिरफ्ता खूए खुमार आबुरद।

जीं दिले ख़ुद कामाकारे मन व रुसवाई कशीद,
ख़ुसरवा फ़रमाने दिल बुर्दन हमीं बार आबुरद।

भावार्थ : हर रात जान होठों पर आती है व दिल से आहें निकलने लगती हैं। ये हवाएं कब तक उस जालिम की खुशबू मुझ तक पहुंचाती रहेंगी? वह चंचल चला गया और अपने साथ मेरा लहुलुहान दिल भी ले गया। अंततः एक दिन वही लहू उसे मेरे पास लाएगा। दोस्तों! मुझे रोने-धोने का शौक़ नहीं पर क्या करूं, जब सीने में दर्द होता है, तो एक आह-सी निकल जाती है। तेरे नाज़-नख़रे और छली प्रकृति तो सौ साल के विरक्त पुरुष को भी माथे के बाल पकड़ कर मदमस्त कर देती है। इस स्वार्थी दिल ने मेरे मामले को बदनामी तक पहुंचा दिया है। ऐ ख़ुसरो! दिल की बात मानने का यही नतीजा होता है।

(10)

लबालब कुन कुदह, साक़ी कि मस्तम्।
ब मय दिह जुमलगी असबाब हसाम।

मरा कुन सुर्ख़रू, अज़ जुट-ए-ख़्वांश,
चिमी राने के पशे ख़ाक़ पस्तम।

अगर असहाब-ए-इशरत मय पारसतंद
बियार की के मन साकी परस्तम्।

मरा गोयन्द दर मस्ती ये दीदी,
किमी गोई दिलंदर बादा बस्तम।

ताआला अल्लाह अगी बेहतर चे बाशद
कि अज़ नंग-ए-उजूद-ए-खुद बिरूरत्तम।

मरा गोई कि अज़ कस बाज़ मस्ती,
अज़ आं रोज़ कि व खुसरो निशिस्तम।

भावार्थ : ऐ साक़ी! मदिरा छलक रही है और आज मैं मस्त हूं। मेरी ज़िंदगी के तमाम साधन तू इसी में डुबो दे। अपने हाथों से जाम

देकर मुझे इज़्ज़त बख़्श। मुझे ख़ाक करके या मिटा के तुझे क्या मिलेगा? मैं तो वैसे भी बदनाम हूं।

मेरे दोस्त तो सुख व आनंद को चाहते हैं। साक़ी, तू पास आ, मैं तेरा पुजारी हूं।

दोस्त कहते हैं कि आख़िर नशे में क्या रखा है, जो तुम कहते हो कि मैंने शराब से दिल लगा लिया है।

ख़ुदा की क़सम खाकर कहता हूं कि शराब से बेहतर चीज़ इस दुनिया में हो भी क्या सकती है। इसी ने तो मुझे जीवन के अपमान और तिरस्कार से मुक्त किया है।

तुम पूछते हो कि मुझे नशे की आदत कब से पड़ी? जब से मैं ख़ुसरो के साथ उठने-बैठने लगा, तभी से इस नशे का आदी हो गया हूं।

(11)

यारां कि बूदा अन्द न दानम कुजा गुदन्द,
यारव व रोज़ बूद कि अज़ मा जुदा शुदन्द।

ऐ गुल चूं आमदी ज़ ज़मी, गो चिगूना अन्द,
आ रूए हा कि दर तह, गर्दे फ़ना शुदंद।

आं सरवरां कि ताजे सर खल्क बूदा अंद,
अकनूं नज़ारा कुन कि हमा ख़ाके पर शुदन्द।

ख़ुर्शीद बूदा अन्द कि रफ़तन्द ज़ेरे ख़ाक,
आं ज़र्राहा कि हर हमा अन्दर हवा शुदन्द।

बाज़ी - चः ईस्त निफ़ल फरबे ई मता-ए-दहर,
बे अक़्ल मर्द मां कि बदीं, मुब्तला शुदन्द।

ख़ुसरो गुरेज़ कुन कि वफा रफ़त हज़्मां,
ज़ अहले जहां कि हम चूं जहां बेवफ़ा शुदन्द।

भावार्थ : ऐ ख़ुदा! मैं नहीं जानता कि वे इतने सारे यार कौन थे और कहां चले गए। वह कौन-सा दिन था, जिस दिन ये हमसे अलग हो गए।

ऐ फूलों! तुम तो ज़मीं से आए हो, तुम्हीं कहो कि जो मूर्तियां मिट्टी में मिल गईं, वे अब कैसी हैं।

वो सरदार जो कल तक जनता के सिर के मुकुट थे, वे पांवों की धूल बन कर लोट रहे हैं।

वायुमंडल में ऊपर तक उड़ने वाले वे कण सूरज बने या मिट्टी में मिल गए।

यह सांसारिक वैभव तो बच्चों के मन-बहलाव का खेल है। इस खेल से धोखा खाने वाले मूर्ख होते हैं।

ख़ुसरो! इस दुनिया से दूर भाग जा। आज वफ़ादारी कहीं नहीं रही। ये लोग दुनिया की तरह बेवफ़ा हो चुके हैं।

(12)

दिलम दर आशकी आवरा शुद आवरा तर बादा
तनम अज़् बे दिली ब चारा शुद बेचारा तर बादा

रूख़्त ताज़ा अस्त-ओ-बहरे मुर्दन खुद ताज़ा तर ख़ाहम,
दिलत ख़ारा अस्त-ओ-बहरे कुशतने मन ख़ारा तर बादा।

हमा गोयंद कज ख़ूबख़ारियश ख़ल्क़ी ब जान आमद,
मन इन गोयम कि बहरे जान - मन ख़ुनरवारा तर वादा।

दिले मन पारा शुद अज़् ग़म् न ज़ानगूना कि बेह गर्दद,
वगर जानान बदीन शादस्त यारब पारा तर बादा।

चू बा तर दामनी खू कर्द ख़ुसरो बा दो - चश्मे तर,
ब आबे-चिश्मे - पाकान दामानश हम वारा तर बादा।

भावार्थ : मेरा दिल प्रेम में आवारा हो चुका है। काश! ये और आवारा हो जाए। मन की उचाट ने शरीर को भी निःसहाय कर दिया। काश! यह और भी बेज़ार हो जाए।

तेरे मुख से ताजगी फूट रही है। मेरे मरने के लिए यह और अधिक ताजा हो। तेरा दिल तो कठोर पत्थर है, मेरे मरने के लिए इसे और भी कठोर होना चाहिए।

सब तो कहते हैं कि उसके ज़ुल्मों से लोगों की जां पे बन आई है, जबकि मैं कहता हूं कि मेरी जान लेने के लिए उसे और भी ज़ुल्म ढाना चाहिए।

मेरा दिल ग़म से टूट चुका है। टूटा भी इस तरह से है कि ठीक नहीं हो सकता। अगर महबूब को इसी से खुशी मिलती है, तो मेरा दिल और भी चकनाचूर हो जाए।

खुसरो तुझे गुनाह करने की लत हो गई है। आंसुओं से भरी दोनों आंखों से उसकी निश्चलता का पता चलता है। मगर काश! मेरे अपराध व गुनाह अधिक हो जाए।

(13)

अब्र भी बारदो - मन भी शवम अज़ यार जुदा,
चूं कुनम दिल ब - चुनीं रोज़ ज़ दिलदार जुदा।

अब्रो - बारानो-मनो-यार-सितादे ब - बिदा,
मन जुदां गिरया कुनां, अब्र जुदा, यार जुदा।

सब्ज़ा नौख़ेजो - हवा - खुर्रमो - बूस्तां सर सब्ज़,
बुलबुल रोइए स्याह मान्दा जे़ गुलज़ार जुदा।

दीदा-अज़ बहरे - तू - ख़ूनवार शुद, ऐ मर्दम चिश्म,
मर्दमी कुन, मशु अज़ दीदा-ए-खूंवार जुदा।

नेमते-दीदा न ख़ाइम के ब मानद पस अजीं,
मानदेह यूं दीदा - अज़ा नेमते - दीदार जुदा।

हुस्ने तू देर न पायद चूजे़ ख़ुसरो रफ़्ती,
गुल बसे देर न मानद यूं शुद अज़ ख़ार जुदा।

भावार्थ : सावन की झड़ी लगी है और मैं यार से बिछुड़ रहा हूं। इस मौसम में दिल को प्रेमिका से कैसे अलग करूं? बादल बरस रहा है। मैं अपनी प्रेमिका से विदा लेने वाला हूं। मैं रो रहा हूं, बादल रो रहा है और प्रेयसी भी रो रही है।

बाग़ हरा-भरा है। शीतल सुहावनी पवन बह रही है। पर खेद है कि अभागी बुलबुल (ख़ुसरो स्वयं) बाग से बहुत दूर है।

ऐ मेरी आंखों के तारे! तेरे लिए मेरी आंखें ख़ून से भर गई हैं। अब तो इंसानियत के नाते तरस खा और लहू रोती आंखों से अलग न हो।

वैसे तो आंखें परमात्मा की बड़ी देन हैं, पर अगर ये तेरा दीदार न कर सकें तो मुझे इनकी देन भी नहीं चाहिए।

तू गर खुसरो को छोड़ कर चल दिया तो तेरी सुंदरता भी नहीं टिकने वाली। कोई फूल जब कांटे का साथ छोड़ देता है, तो वह खुद भी देर तक नहीं ठहर पाता।

(14)

बाज़ इन अब्रे-बहारी अज़ कुजा आयद हमी,
क़ब्ज़ बराए जाने - मिसकीनान बला आयद हमी।

मन न ख़ाहम ज़ीस्त इन बू मी शिनाख़्त कज़ कुजास्त,
ख़ूने-मन दर गर्दनश बर मन चे हा आयद हमी।

रू बे गर्दान ऐ सबा बर मन बे-बख्शाह - ओ - बेआ,
कज़ तू बूर आन निगाहे - आशना आयद हमी।

बूए-गुल गह-गह के मी आयद ज़ मन जान मीरवद,
ज़ान के मन भी दानम ओ मन कज़ कुजा आयद हमी।

सब्र फरमायंद - ओ - मन बे खुद के दर्दे-इश्क रा,
दिल के रफ्त अज़ जाए-खुद कमतर बजा आयद हमी।

ख़ल्क़ गोयद ख़ुसरवा ग़म किश्त अज़ ख़ुद याद कुन
दर चनीज़ अंदेशा यादे ख़ुद कि रा आयद हमीं।

भावार्थ : ये बासंती बादल फिर कहां से आ रहे हैं, क्योंकि इनसे हम दीनों की जान पर फिर बला आ रही है।

मैं बचने नहीं वाला। क्योंकि मैं जानता हूं कि ये महक कहां से आ रही है। मेरे प्राण उसके हाथों में है। मुझ पर अब क्या-क्या बीतेगी।

ऐ हवा! तू पलट आ। मुझे माफ़ी दे। क्योंकि तुझ से उसी महबूब की खुशबू आ रही है।

फूल की ख़ुशबू आती है, तो मेरी जान निकलने लगती है क्योंकि मैं जानता हूं कि मैं कहां से आ रहा हूं।

वो कहते हैं कि धीरज धरो और मैं प्रेम पीड़ा से अचेत हूं क्योंकि दिल तो रहा ही नहीं। अब तो मैं बहुत कम होश में आता हूं। लोग कहते हैं कि खुसरो स्वयं पैदा की हुई पीड़ा को याद करो, लेकिन ऐसी दशा में किसको अपनी याद रहती है।

फ़ारसी मिश्रित हिंदी ग़ज़ल

ज़ हाले-मिस्कीं मकुन तग़ाफ़ुल[1], दुराएं नैना बनाए बतियां
कि ताबे-हिज्रां न दाराम[2] ऐ जां, व लेहू काहे लगाए छतियां
शबाने-हिज्रां दराज़ चूं जुल्फ व रोज़े-वसलत चूं उम्र कोताह[3]
सरवी पिया को जो मैं न देखूं, तो कैसे काटूं अंधेरी रतियां
यकायक अज़ दिल दो चश्म जादू, बसद फरेबम धोखा बवुर्द तस्कीं[4]
किसे पड़ी है जो सुनावे, प्यारे पी से हमारी बतियां
चूं शमअ सोजां, चूं जर्रा हैरां, हमेशा गिरियां ब इश्क आमह[5]
न नींद नैना न अंग चैना, न आप आवे न भेजे पतियां
बहक आमह कि रोज़े - मेहशर बदाद मारा फ़रेब ख़ुसरो[6]
सो पीत मन की दुराय राखो जो जाय पाऊ पिया की खतियां

(1) मुझ ग़रीब की उपेक्षा मत कर।
(2) मुझमें वियोग सहने की क्षमता नहीं।
(3) जुदाई की रातें जुल्फों-सी लंबी हैं व दिन ज़िंदगी की तरह छोटे हैं।
(4) इन जादू भरे नैनों ने सैकड़ों बहानों से हमारा धीरज छीन लिया।
(5) मैं जलती मोमबत्ती और परेशान नज़रों की तरह उस चांद के प्रेम से फिर गया।
(6) प्रलय के दिन के सहारे, जिसने मुझे धोखा दिया है।

हिंदी गज़ल

जब यार देखा नैन भर
दिल की गई चिंता उतर
ऐसा नहीं कोई अजब
राखे उसे समझाय कर
जब आंख से ओझल भया
तड़पन लगा मेरा जिया
हक़्क़ा[1] इलाही क्या किया,
आंसू चले भर लाय कर
तू तो हमारा यार है
तुझ पर हमारा प्यार है
तुझ पर दोस्ती विसियार[2] है,
एक शब मिलो तुम आय कर
जाना तलब मेरी करूं
दीगर[3] तलब[4] किसकी करूं
तेरी जो चिंता दिल धरूं
एक दिन मिलो तुम आय कर
मेरो जो मन तुमने लिया,
तुम उठा ग़म को दिया
तुमने मुझे ऐसा किया
जैसा पतंगा आग पर
ख़ुसरो कहें बातें ग़ज़ब
दिल में न लावे कुछ अजब
क़ुदरत ख़ुदा की है अजब
जब जिव दिया गुल लाय कर।

1. ईश्वर की कसम, 2. बहुत, 3. दीगर, 4 चाह

विविध

प्रकृति चित्रण

यूं ज़ुल्फे शब अज़ कलालए तर
दर दामने ख़ाफ कीख़्त अम्बर
अज़ पर्दे अरूसे – मह बेरूं जस्त
ख़्वाब आमदो चश्मे मुरदमां वस्त।

(जब रात ने भीगे बाल झटक कर पृथ्वी के अंक पर सुंगध बरसाई तो चंद्रमा की दुल्हन पर्दे से निकल पड़ी और निद्रा ने आकर लोगों की आंखें भींच ली।)

काव्य सौंदर्य

किलक़म सरश ज़बाने – ग़ैबस्त,
गंजीना – कुशाय – काने – ग़ैबस्त
आवाज़ देहम यू दर रवानी
लब्बैक जनां दबद मआनी
अज़ जुंबिशे नज़्में गर्म रफ़्तार
दल्ला लए – फ़िक्रमान्दे : बीकार।

(मेरी लेखनी की नोक देववाली है, अदृश्य का रहस्य खोलती है। जब वाणी के प्रवाह में मेरे स्वर मुखरित होते हैं, तो अर्थ मेरे शब्दों का उत्तर देने के लिए दौड़े चले आते हैं। तीव्र गति से बहती मेरी काव्य धारा के आगे कल्पना की उड़ान भी मंद होकर रह गई है।)

बसंत की छटा

चूं नाफ़ेह कुशाद बादे नौरोज़
बिशगुफ्त बहारे–आलम अफ़रोज़
अज़ शबनमे–गौहरीं–शमाइल
आरास्त गुलू–ए–गुल इमाइल।

नाजुक तने लालए-दिल अफ़रोज़
लजिदेह शुदज नसीमे नौः - रोज़
बा शाहिदो - मैं ख़ुजस्त : ताबां
गश्तंद व हर चमन ख़िरामां।

जब नवरोज़ (वर्ष का पहला दिन, त्योहार) की शीतल समीर बहने लगी तो संसार को उज्ज्वलता देने के लिए बसंत खिल उठे। पुष्पों के सुंदर कंठों में ओस के मोतियों से गूंथे हार पहनाए गए। मन को आनंदित कर देने वाले लाला फूल का कोमल शरीर नौरोज़ की शीतल वायु में झूमने लगा। भाग्यशाली लोग अपने प्रियतम व मदिरा के साथ उद्यानों में चहलक़दमी करने निकल पड़े।

ढकोसले

1. भैंस चढ़ी बबूल पर और लप-लप गूलर खाय।[1]
   दुम उठा के देखा तो, पूरनमासी के तीन दिन।।

2. गोरी के नैना ऐसे बड़े जैसे बैल के सींग।

3. खीर पकाई जतन से और चरख़ा दिया जलाय।[2]
   आयो कुत्तो खा गया, तू बैठी ढोल बजाय। ला पानी पिला।

4. भार भुनावन हम गए, पल्ले बांधी ऊन।
   कुत्ता चरख़ो लै गयो, काते फटकूंगी चून।।

1. गांव में प्रचलित इस ढकोसले के अनेक पाठांतर मिलते हैं; जैसे -
   भैंस चढ़ा बबूल पर और लप-लप गूलर खाय।
   दुम उठा के देख तो ईद के तीन दिन।।
2. ख़ुसरो को कहीं जाते समय ज़ोर से प्यास लगी। एक कुएं पर चार विनोदप्रिय औरतें पानी भर रही थीं। वे ख़ुसरो को पहचान गईं। पानी मांगने पर बोली -
   आशु कवि हो तो पहले खीर, चरख़ा, कुत्ता व ढोल; इन शब्दों को एक साथ पेश करके कुछ सुनाओ, तभी पानी मिलेगा।
   ख़ुसरो ने कुछ ही क्षण में ये पंक्तियां सुना दी।
   वे बहुत ख़ुश हुई व ढकोसले की तारीफ करने के बाद पानी पिलाया।

5. यादों पक्की पीपली[1], झड़-झड़ पड़े कपास।
बी मेहतरानी दाल पकाओगी या नंगा ही सो रहूं।।

6. पीपल पकी पपेलिया[2], झड़-झड़ पड़े हैं बेर।
सर में लगा खटका से, वाह बे तेरी मिठास।।

7. कोठी भरी कुल्हाड़ियां, तू हरीरा[3] करके पी।
बहुत ताऊल[4] है तो टप्पर[5] से मुंह पोंछ।।

8. भैंस चढ़ी बिटोरी और लप लप गूलर खाय।
उतर आ मेरे सांड की, कहीं हिफ़ज़[6] न फट जाए।।

1. लंबी फलियों वाली लता
2. पीपल का मीठा फल
3. दूध में मेवा डाल कर बना पेय पदार्थ
4. तिनका
5. टाट
6. गला, कंठ

सूफी दोहे

गोरी सोवे सेज पर मुख पर डारे केस।
चल ख़ुसरो घर आपने रैन भई चहुं देस।।

ख़ुसरो बाज़ी प्रेम की, मैं खेलूं पिय के संग।
जीत गई तो पिया मोरे, गर हारी पिय के संग।।

ख़ुसरो रैन सुहाग की, जागी पिय के संग।
तन मेरो मन पिउ को, दोनों एक ही रंग।।

स्याम सेत गोरी सिए जन मत भई अनीत।
एक पल में फिर जात है जोगी काके मीत।।

भाई रे मल्लाहो हम को पार उतार।
हाथ को देऊंगी मुंदरी गले को देऊं हार।।

पंखा होकर मैं डुली साती तेरा चाव।
मुंज जलती को जनम गयो तेरे लेखन बाव।।

चकवा-चकवी दो जने उनको मारे न कोय।
ईह मारे करतार कै रैन बिछोही होय।।

सेज सूनी देख के रोऊं मैं दिन-रैन।
पिया-पिया कहती मैं पल भर सुख न चैन।।

देख मैं अपने हाल को रोऊं, ज़ार-ओ-ज़ार।
वै गुणवत्ता बहुत हैं, हम हैं औगुनहार।।

ख़ुसरो ऐसे पीत कर, जैसे हिंदू जोय।
पूत पराये कारने जल-जल कोयला होय।।

सौ नारें सौ सुख सेवैं कंता को गुल लार।
मैं दुखियारी जनम की दुःखी गई बहार।।

बाबुल भेजी मुझ देन को तादां को फूल।
हो छांवजा दहाजिया नाला हो मोल।।

ताज़ी खूटा देस में कसबे पड़ी पुकार।
दरवाजे देते रह गए निकल गए उस पार।।

ख़ुसरो दरिया प्रेम का, सो उलटी वा की धार।
जो उबरो सो डूब गयो, जो डूबो सो पार।।

उज्ज्वल बरन अधीन तन एक चित्त दो ध्यान।
देखन में तो साधु है पर निपट पाप की खान।।

साजन ये मत जानियो तोहे बिछड़त मोहे को चैन।
दिया जलत है रात में और जिया जलत बिन रैन।।

अंगना तो परबत भयो, देहरी भई बिदेस।
जा बाबुल घर आपने, मैं चली पिया के देस।।

नदी किनारे मैं खड़ी सो पानी झिलमिल होय।
पी गोरे मैं सांवरी, अब किस विध मिलना होय।।

ख़ुसरो पाती प्रेम की बिरला बांचे कोय।
वेद, क़ुरान, पोथी पढ़े प्रेम बिना का होय।।

रैन बिना जग दुःखी और दुःखी चंद्र बिन रैन।
तुम बिन साजन मैं दुःखी और दुःखी दरस बिना नैन।।

संतों की निंदा करे रखे पर नारी से हेत।
वे नर ऐसे जाएंगे, जैसे रणरेही का खेत।।

आ साजन मोरे नैनन में, सो पलक ढांप तोहे दूं।
न मैं देखूं और को, ना तोहे देखन दूं।।

ख़ुसरो सरीर सराय है क्यों सोवे सुख चैन।
कूच नगाड़ा सांस का, बाजत है दिन रैन।।

अपनी छवि बनाई के मैं तो पी के पास गई।
जब छवि देखी पीहू की सो अपनी भूल गई।

फुटकर छंद

औरों की चौपहरी बाजे, चम्मो की अठपहरी।
बाहर का कोई आए नाहीं, आए सारे सहरी।
साफ़-सूफ कर आगे राखे, जामें नाहीं तूसल।
औरों के जहां सींक समाए, चम्मो के वां मूसल।।

चम्मो ख़ुसरो की एक परिचिता थी। वह भटिहारिन थी, लोग उनके यहां गांजा व चरस आदि का सेवन करने आते थे। एक दिन उसने ख़ुसरो से विनती की :- 'सुना है कि आप शायरी करते हैं। मेरे बारे में भी कुछ कह दें।'

ख़ुसरो ने उसकी बात का मान रखते हुए उपर्युक्त पंक्तियां कहीं। इसमें वे कहते हैं कि बादशाहों के यहां तो चार पहर ही जमघट होता है, पर यहां तो चौबीसों घंटे मेला लगा रहता है। यहां बाहर से कोई नहीं आता, सारे परिचित शहरी ही आते हैं। चम्मो ऐसा बढ़िया नशा तैयार करती है कि क्या कहने! कहते हैं कि भांग ऐसी गाढ़ी होनी चाहिए कि उसमें सींक भी डालें तो खड़ी हो जाए। इसी बात को इंगित करते हुए ख़ुसरो ने कहा कि जहां दूसरों की गाढ़ी भांग में सींक खड़ी हो जाती है। वहां चम्मो की गाढ़ी भांग में मूसल खड़ी हो जाती है।

आंखों के लिए नुस्ख़ा

लोध फिटकरी मुर्दा संग
हल्दी ज़ीरा एक-एक टंग
अफ़चून चना भर, मिर्चें चार
उर्द बराबर थोथा डार
पोसन के पानी टपली करे
तुरत पीड़ नैनों की हरे।

अन्य घरेलू नुस्खे

1. प्रतिदिन तुलसी बीज को पान संग जो खाए।
रक्त धातु दोनों बढ़े, नामर्दी मिट जाय।।

2. मारन चाहो काऊ को बिना छुरी बिना घाव।
तो वासे कर दीजियो दूध से पूरी खाव।।

3. सौ दवा की एक दवा, रोग कोई न आवे।
खुसरो वाको सरीर सुहावे-नित ताज़ी हवा जो खावे।।

4. माटी के नव पात्र में त्रिफला रैन में डारी।
सुबह-सवेरे धोए के, आंख रोग को हारी।।

5. हरड़-बहेड़ा-आंवला, घी शक्कर में खाए।
हाथी दबे कांख में, साठ कोस ले जाए।।

6. चना-चून के नोन दिन, चौंसठ दिन जो खाए।
दाद-खाज अरु सेह्वा-जरी मूल सो जाए।।

खालिक बारी दोहों की क्रमबद्ध व्याख्या

1. ख़ालिक़[1] बारी[2] सिरजनहार,
   वाहिद[3] एक बदा करतार।

इस दोहे में 'ख़ालिक़' का अर्थ है 'पैदा करने वाला' – यह अरबी भाषा का शब्द है। इसके बाद 'बारी' शब्द है – यह भी अरबी शब्द है – इसका भी अर्थ है 'पैदा करने वाला' यानी 'ख़ुदा' या 'भगवान'। इसके बाद 'सिरजनहार' शब्द हिन्दी भाषा से है – इसका अर्थ है 'सृष्टिकर्ता'।

दोहे की दूसरी पंक्ति में 'वाहिद' शब्द भी अरबी भाषा से है – इसका अर्थ है 'एक' यानी 'ख़ुदा' (God the only one)। इसके बाद 'करतार' शब्द हिन्दी भाषा से लिया गया है – इसका अर्थ भी है 'ख़ुदा' या 'भगवान' यानी 'सृष्टिकर्ता'।

अर्थ :

"इस सृष्टि की रचना करने वाला बस वही एक ईश्वर या ख़ुदा है, जिसे हम ख़ालिक़ बारी और सिरजनहार बुलाते हैं। वही 'वाहिद' भी कहलाता है यानी वह 'एक' है और उसी को हम 'करतार' भी कहते हैं।"

2. रसूल[1] पैग़ंबर जान बसीठ[2],
   यार दोस्त बोले जा ईठ[3]।

इस दोहे में 'रसूल' शब्द अरबी भाषा से लिया गया है – इसका अर्थ है 'ईश्वर का दूत'। इसके बाद 'पैग़म्बर' शब्द फ़ारसी भाषा का शब्द है –

---

1. 1-उत्पत्तिकर्ता, 2-सृष्टिकर्ता, 3-एक
2. 1-ईश्वर का दूत, 2-संदेश ले जानेवाला, 3-मित्र

इसका भी अर्थ है 'ईश्वर का दूत' या 'ख़ुदा का पैग़ाम सुनाने वाला'। इसके बाद 'बसीठ' शब्द है – यह हिन्दी शब्द है – इसका भी अर्थ है 'संदेश लाने वाला'।

दोहे की दूसरी पंक्ति में 'ईठ' शब्द का अर्थ है 'दोस्त'। इससे पहले 'यार' शब्द आया है – इसका भी अर्थ है 'दोस्त' – यह फ़ारसी भाषा का शब्द है।

अर्थ :

"रसूल, पैग़म्बर और बसीठ, इन तीनों को एक ही जानो यार और दोस्त भी एक ही है और ईठ भी मित्र को कहते हैं।"

3. इस्म-ए-अल्लाह[1], ख़ुदा का नांव,
गर्मा[2] है धूप, साया है छांव।

इस दोहे में 'इस्म-ए-अल्लाह'। यह शब्द अरबी भाषा के दो शब्दों इस्म और अल्लाह से मिलकर बना है। 'इस्म' का अर्थ है 'नाम' और 'अल्लाह' का अर्थ है 'ख़ुदा' – इसका अर्थ हुआ 'ख़ुदा का नाम'।

दोहे की दूसरी पंक्ति में 'गर्मा' शब्द फ़ारसी भाषा से है – इसका अर्थ है 'गर्मी का मौसम' या 'धूप'।

अर्थ :

"इस्म-ए-अल्लाह का अर्थ है ख़ुदा का नाम। धूप का मतलब है गर्मा या गर्मी और छांव को साया कहते हैं॥"

4. राह[1] तरीक़[2], सवील[3] पहचान,
अर्थ तिहं का 'मारग' जान।

इस दोहे में 'राह' शब्द फ़ारसी भाषा से है – इसका अर्थ है 'मार्ग' या 'रास्ता'। इसके बाद 'तरीक़' शब्द और 'सवील' शब्द दोनों ही अरबी भाषा के शब्द हैं – इन दोनों का ही अर्थ है 'मार्ग' या 'रास्ता'।

अर्थ :

"रास्ते या मार्ग को ही राह, तरीक़ और सवील कहते हैं। ये तीनों ही मारग के अर्थ में जाने जाते हैं॥"

---

3. 1-परमात्मा का नाम, 2-गर्मी (धूप) (फा.)
4. 1-मार्ग (फा.), 2-मार्ग (अ.), 3-मार्ग (अ.)

5. ससि[1] है मह[2] नय्यर[3] खुरशीद[4],
काला उजला, स्याह सफ़ेद।

इस दोहे में 'ससि' संस्कृत भाषा का शब्द है – इसका अर्थ है 'चंद्रमा'। इसके बाद 'मह' शब्द फ़ारसी भाषा से है – इसका भी अर्थ है 'चंद्रमा'। इसके बाद 'नैय्यर' शब्द अरबी भाषा से है – इसका अर्थ है 'सूर्य'। इसके बाद 'खुर्शीद' शब्द है – यह फ़ारसी शब्द है – इसका भी अर्थ है 'सूर्य'।

अर्थ :

''चंद्रमा या चांद को ससि या मह कहते हैं और सूर्य को नैय्यर या खुर्शीद कहा जाता है। काले को स्याह और उजले को सफ़ेद बोला जाता है।''

6. पीला नीला, ज़र्द[1] कबूद[2],
तानां बानां, तार ओ पूद।[3]

इस दोहे में 'ज़र्द' शब्द फ़ारसी भाषा से लिया गया है – इसका अर्थ है 'पीला'। इसके बाद 'क़बूद' शब्द भी फ़ारसी भाषा से है – इसका अर्थ है 'नीला रंग'।

दोहे की दूसरी पंक्ति में 'तार' शब्द भी फ़ारसी भाषा से है – इसका अर्थ है –'सूत' या 'ताना'। इसके बाद 'पूद' भी फ़ारसी शब्द है – इसका अर्थ है 'बाना'।

अर्थ :

''पीला ज़र्द को कहते हैं, क़बूद नीले को बोला जाता है। सूत के ताने को तार और बाने को पूद कहा जाता है।''

7. क़ुव्वत[1] नीरू[2] जोर बल आन,
सारिक़[3] दुज्द[4] चोर है जान।

इस दोहे में 'कुव्वत' शब्द अरबी भाषा से लिया गया है – इसका अर्थ है 'ताक़त' या 'शक्ति'। इसके बाद 'नीरू' शब्द फ़ारसी भाषा से है – इसका भी अर्थ है 'शक्ति' या 'ताक़त'।

---

5. 1-चंद्रमा (सं.), 2-चंद्रमा (फा.) 3-सूर्य (अ.) 4-सूर्य
6. 1-पीला (फा.), 2-हल्का नीला (फा.) 3-ताना-बाना
7. 1-क़ुव्वत (अ.), 2-शक्ति (फा.), 3-चोर (अ.), 4-चोर (फा.)

दोहे की इस पंक्ति में 'सारिक़' शब्द अरबी भाषा से है – इसका अर्थ है 'चोर'। इसके बाद 'दुज़्द' शब्द फ़ारसी भाषा से है – इसका भी अर्थ है 'चोर'।

अर्थ :

**''ताक़त को क़ुव्वत और नीरू, ज़ोर और बल कहते हैं।
चोर को सारिक़ और दुज़्द कहा जाता है॥''**

8. मर्द[1] मनुष जन[2] है स्त्री,
क़हत[3] काल[4], वबा[5] मरी[6]।

इस दोहे में 'मर्द' शब्द फ़ारसी भाषा से है – इसका अर्थ है 'मनुष्य' या 'आदमी'। इसके बाद 'ज़न' शब्द फ़ारसी भाषा से है – इसका अर्थ है 'औरत' या 'स्त्री'।

दोहे की दूसरी पंक्ति में 'क़हत' अरबी शब्द है – इसका अर्थ है 'अकाल'। इसके बाद 'काल' शब्द हिन्दी भाषा से है – इसका भी अर्थ है 'अकाल'। इसके बाद 'वबा' शब्द अरबी भाषा से है – इसका अर्थ है 'महामारी'। इसके बाद 'मरी' शब्द हिन्दी भाषा से है – इसका अर्थ है 'महामारी' या 'वबा'।

अर्थ :

''मर्द को मनुष्य या आदमी कहते हैं और स्त्री को ज़न या औरत कहा जाता है। अकाल को क़हत और काल कहते हैं और महामारी को वबा और मरी बोला जाता है॥''

9. दोश[1] कालह[2] रात जो गई;
इमशब[3] आज रात जो भई।

इस दोहे में 'दोश' शब्द फ़ारसी भाषा से लिया गया है – इसका अर्थ है 'बीती हुई रात'। इसके बाद 'कालह' शब्द हिन्दी से लिया गया है – इसका भी अर्थ है 'बीता हुआ कल' या 'बीती हुई रात'।

---

8. 1-मनुष्य (फा.), 2-स्त्री (फा.), 3-अकाल (अ.), 4-अकाल (सं.), 5-महामारी (अ.), 6-महामारी
9. 1-बीता हुई कल (फा.), 2-कल, 3-आज की रात (फा.)

दोहे की अगली पंक्ति में 'इमशब' शब्द फ़ारसी भाषा का शब्द है – इसका अर्थ है 'आज की रात जो अभी-अभी आई है'।

अर्थ :

"रात जो बीत गई उसे दोश और कालह कहते हैं और रात जो आज अभी-अभी आई है, उसे इमशब कहते हैं।"

10. तुरा[1] मी गुफ्तन[2], मैं तुज कहिया,
कुजा[3] बोमांदी[4], तू कित रहिया।

इस दोहे में 'तुरा' शब्द का अर्थ है 'तुझे' या 'तुझसे' – यह फ़ारसी शब्द है। इसके बाद 'गुफ़्तन' शब्द भी फ़ारसी भाषा से है – इसका अर्थ 'मैंने कहा'।

दोहे की दूसरी पंक्ति में 'कुजा' शब्द भी फ़ारसी भाषा से है – इसका अर्थ है 'कहां' या 'किस स्थान पर'। 'बोमांदी' शब्द का अर्थ है 'रहना' या 'रहा'। यह भी फ़ारसी शब्द है।

अर्थ :

"मैं तुज कहिया या मैं तुझसे कह रहा हूं का अर्थ है 'तुरा मी गुफ़्त'। कुजा बोमांदी यानी तू कहां रहा।"

11. बया[1] बिरादर[2] आवरे भाई,
बेनशीं[3] मादर[4], बैठ री माई।

इस दोहे में 'बया' शब्द अरबी भाषा से है – इसका अर्थ है 'आजा'। 'बिरादर' शब्द फ़ारसी भाषा से है – इसका अर्थ है 'भाई'। इसी प्रकार 'आवरे' शब्द हिन्दी भाषा का शब्द है, जो बुलाने के संदर्भ में देहातों में आज भी प्रयोग होता है।

इसी प्रकार दोहे की दूसरी पंक्ति में 'बेनशीं' शब्द फ़ारसी भाषा का शब्द है – इसका अर्थ है 'तू बैठ'। इसके बाद 'मादर' भी फ़ारसी शब्द है – इसका अर्थ है 'मां'। इसके बाद 'माई' हिन्दी भाषा का शब्द है, जो 'मां' के संदर्भ में देहातों में बोला जाता है।

---

10. 1-तुझे (फा.), 2-मैंने कहा, 3-कहां (फा.), 4-पड़ा (फा.)

11. 1-आजा (अ.), 2-भाई (फा.), 3-तू बैठ (फा.), 4-माता (फा.)

अर्थ :

"बया बिरादर का अर्थ है भाई आ जा और बेनशीं मादर का अर्थ है मां तू बैठ जा।"

12. वालिद[1] बाप, बेटा फर्ज़न्द[2],
दुख़्तर[3] बेटी, सिख है पंद[4]।

इस दोहे में 'वालिद' फ़ारसी भाषा का शब्द है – इसका अर्थ है 'पिता' या 'बाप'। इसके बाद 'फर्ज़न्द' भी फ़ारसी शब्द है – इसका अर्थ है 'बेटा'।

दोहे की दूसरी पंक्ति में 'दुख़्तर' शब्द भी फ़ारसी भाषा का शब्द है – इसका अर्थ है 'बेटी'। इसके बाद 'पंद' शब्द है – यह भी फ़ारसी भाषा का शब्द है – इसका अर्थ है 'उपदेश' या 'सीख'। इसी प्रकार यहां 'सिख' शब्द हिन्दी भाषा से है – इसका अर्थ है 'उपदेश' या 'सीख'।

अर्थ :

"बाप को वालिद और बेटे को फर्ज़न्द कहते हैं। बेटी को दुख़्तर कहते हैं और उपदेश को पंद या सीख कहा जाता है।"

13. सावह[1] सरीचह[2] ममोला जान,
कौवा ज़ाग[3], कुलाग़[4] पहचान।

इस दोहे में 'सावह' शब्द अरबी भाषा से है – इसका अर्थ है 'ममोला चिड़िया'। इसके बाद 'सरीचह' फ़ारसी भाषा का शब्द है – इसका भी अर्थ है 'ममोला नामक पक्षी'।

दोहे की दूसरी पंक्ति में 'ज़ाग' फ़ारसी शब्द है – इसका अर्थ है 'कौवा'। इसके बाद 'कुलाग़' शब्द है – यह भी फ़ारसी शब्द है – इसका अर्थ है 'जंगली कौवा'।

दोहे का अर्थ :

"ममोला चिड़िया को सावह और सरीचह भी कहा जाता है। कौवे को ज़ाग कहते हैं और जंगली कौवे को कुलाग़ कहा जाता है, तू इसको पहचान ले।"

---

12. 1-पिता (फा.), 2-पुत्र (फा.), 3-बेटी (फा.) 4-उपदेश (फा.)

13. 1- एक पक्षी ममोला (अ.), 2-ममोला पक्षी (फा.), 3-कौवा (फा.), 4-जंगली कौवा (फा.)

14. आतिश[1] आग, आब[2] है पानी,
ख़ाक[3] धूल, जो बाव[4] उड़ानी।

इस दोहे में 'आतिश' शब्द फ़ारसी है – इसका अर्थ है 'आग'। इसके बाद 'आब' शब्द है – यह भी फ़ारसी भाषा का शब्द है – इसका अर्थ है 'पानी'।

दोहे की दूसरी पंक्ति में 'ख़ाक' शब्द फ़ारसी भाषा से है – इसका अर्थ है 'धूल' या 'मिट्टी'। इसके बाद 'बाव' शब्द हिन्दी भाषा से है – इसका अर्थ है 'हवा'।

अर्थ : ''आग को आतिश और पानी को आब कहते हैं। धूल और मिट्टी को ख़ाक कहते हैं, जिसे हवा या वायु उड़ा ले जाती है।''

15. मुश्क[1] औ क़ाफ़ूर है कस्तूरी कपूर।
हिंदवी आनंद, शादी[2] औ सुरूर[3]।।

इस दोहे में 'मुश्क' शब्द फ़ारसी भाषा से है – इसका अर्थ है 'कस्तूरी'। इसके बाद 'काफ़ूर' शब्द अरबी भाषा से है – इसे हिन्दी में 'कपूर' कहते हैं।

दोहे की दूसरी पंक्ति में 'शादी' शब्द फ़ारसी भाषा से लिया गया है – इसका अर्थ है 'आनंद'। इसके बाद 'सुरूर' अरबी भाषा का शब्द है – इसका भी अर्थ है 'ख़ुशी' या 'आनंद'।

अर्थ : ''मुश्क को कस्तूरी और काफ़ूर को कपूर कहते हैं। शादी और सुरूर को हिन्दी में आनंद कहते हैं।।''

16. अस्प[1] घोड़ा, फ़ील[2] हाथी, शेर सींह[3]।
गोश्त हेड़ा[4], चर्म चमड़ा, शहम[5] पीह[6]

इस दोहे में 'अस्प' फ़ारसी भाषा का शब्द है – इसका अर्थ है 'घोड़ा'। इसके बाद 'फ़ील' शब्द फ़ारसी भाषा से है – इसका अर्थ है 'हाथी'। इसके बाद 'सींह' (सिंह) हिन्दी भाषा का शब्द है – इसका अर्थ है 'शेर'।

---

14. 1-आग (फा.), 2-पानी (फा.), 3-धूल (फा.), 4-वायु
15. 1-कस्तूरी (फा.), 2-शादी-आनंद (फा.), 3-आनंद (अ.)
16. 1-घोड़ा (फा.), 2-हाथी (फा.), 3-सिंह (सं.), 4-गोश्त, मांस (हिं), 5-चर्बी (अ.) 6-चर्बी (फा.)

दोहे की दूसरी पंक्ति में 'हेड़ा' शब्द हिन्दी भाषा से है – इसका अर्थ है 'मांस' या 'गोश्त'। इसके बाद 'शहम' शब्द अरबी भाषा से है – इसका अर्थ है 'चर्बी'। इसके बाद 'पीह' शब्द फ़ारसी भाषा से है – इसका भी अर्थ है 'चर्बी'।

अर्थ : ''घोड़े को अस्प, हाथी को फ़ील और शेर को सिंह कहते हैं। हेड़ा गोश्त को, चर्म चमड़े को और चर्बी को शहम और पीह कहते हैं।''

17. शीर[1] जुग़रात[2] आमद[3] दूधो दही
रौग़न[4] आमद घी, औ दोग़[5] आमद मही[6]।।

इस दोहे में 'शीर' फ़ारसी शब्द है – इसका अर्थ है 'दूध'। इसके बाद 'जुगरात' शब्द भी फ़ारसी है – इसका अर्थ है 'दही'। इसके बाद 'आमद' भी फ़ारसी शब्द है – इसका अर्थ है 'आया' या 'किसी का आना'।

दोहे की दूसरी पंक्ति में 'रौग़न' शब्द फ़ारसी भाषा से ही है – इसका अर्थ है 'तेल' या 'घी'। इसके बाद 'दोग़' फ़ारसी शब्द है – इसका अर्थ है 'मट्ठा'। इसके बाद 'मही' हिन्दी भाषा का शब्द है – इसका भी अर्थ है 'मट्ठा'।

अर्थ : ''शीर को दूध और जुगरात को दही कहते हैं। घी रौग़न है और दोग़ तथा मही को मट्ठा कहते हैं।''

18. ज़र[1] बुअद[2] सोना, सीमा[3], चीतल[4] नुक़रह[5] रूपा[6]।
जामह[7] कप्पड़[8], टाट टप्पड़, दब्बह[9] कूपा[10]।।

इस दोहे में 'ज़र' फ़ारसी शब्द है – इसका अर्थ है 'सोना'। 'बुअद' भी फ़ारसी भाषा का शब्द है – इसका अर्थ है 'हुआ'। इसके बाद 'सीमा' शब्द है – यह फ़ारसी भाषा का शब्द है – इसका अर्थ है 'चांदी'। इसके बाद 'चीतल' शब्द है – यह चांदी के एक प्रकार के सिक्के का नाम है। इसके बाद 'नुक़रह' शब्द है – यह भी फ़ारसी शब्द है – इसका अर्थ है 'चांदी'।

---

17. 1-दूध (फा.), 2-दही (फा.), 3-आया (फा.), 4-घी (पं.), 5-मट्ठा (फा.), 6-मट्ठा (हिं.)

18. 1-सोना (फा.), 2-हुआ, 3-चांदी, 4-चांदी का एक सिक्का, 5-चांदी (फा.) 6-चांदी का सिक्का, 7-कपड़ा (फा.), 8-कपड़ा, 9-चर्म पात्र (अ.), 10-चर्मपात्र (हिं.)

इसके बाद 'रूपा' शब्द हिन्दी भाषा से है – इसका भी अर्थ है 'चांदी'।

दोहे की दूसरी पंक्ति में 'जामह' शब्द फ़ारसी भाषा से है – इसका अर्थ है 'पहनने का कपड़ा'। इसके बाद 'कप्पड़' हिन्दी भाषा का शब्द है – इसका भी अर्थ है 'कपड़ा'। अगला शब्द 'टाट' हिन्दी भाषा का शब्द है – इसका अर्थ है 'सुतली' या 'सन से बना बहुत मोटा कपड़ा जिसकी बोरी या चटाई बनाई जाती है'। इसके बाद 'टप्पड़' भी हिन्दी भाषा का शब्द है – इसका अर्थ है 'ऐसा पतला छप्पर, जो पुराने छप्पर पर रख दिया जाता है'। इसके बाद 'दब्बह्' शब्द अरबी भाषा से है – इसका अर्थ है 'चमड़े का बर्तन, जिसमें घी आदि रखते हैं'। इसके बाद 'कूपा' हिन्दी शब्द है – इसका भी अर्थ है 'चमड़े का बर्तन' या 'पात्र'।

अर्थ :

''सोने को ज़र कहते हैं और चांदी को सीमा (सीम), चीतल, नुक़रह और रूपा कहा जाता है।

कपड़े को जामह और कप्पड़ कहते हैं, टाट और टप्पड़ एक समान है और चमड़े के पात्र या बर्तन को दब्बह या कूपा कहा जाता है।''

19. खंजर[1] ओ शम्शीर[2] ओ समसामस्त[3] तेग़[4]।
हिंदवी खांडा[5] कहागे उन्मन[6] मेग़[7]।।

इस दोहे में 'खंजर' अरबी भाषा का शब्द है – इसका अर्थ है 'कटार' या 'तलवार'। इसके बाद 'शम्शीर' शब्द फ़ारसी भाषा से है – इसका अर्थ है 'तलवार'। इसके बाद 'समसामस्त' शब्द अरबी भाषा से है (समसाम + अस्त (है) = समसामस्त) – इसका अर्थ है 'बहुत तेज़ तलवार'। इसके बाद 'तेग़' शब्द फ़ारसी भाषा से है – इसका अर्थ भी है 'तलवार'।

दोहे की दूसरी पंक्ति में 'खांडा' हिन्दी भाषा का शब्द है – इसका भी अर्थ है 'एक प्रकार की दोधारी तलवार'। इसके बाद 'उन्मन' शब्द भी हिन्दी भाषा से है – इसका अर्थ है 'बादल'। इसके बाद 'मेग़' शब्द फ़ारसी भाषा से है – इसका अर्थ है 'काले घने बादल'।

---

19. 1-कटार (अ.), 2-तलवार (फा.), 3-तलवार, 4-तलवार (फा.) 5-तलवार, 6-बादल (हि.), 7-बादल (फा.)

अर्थ :

"तलवार को ख़ंजर और शम्शीर कहते हैं और इसको तेग़ और समसामस्त भी कहा जाता है। हिन्दी में तलवार को खांडा कहेंगे और काले बादलों को उन्मन और मेग़ कहेंगे।"

20. ख़ाल[1] तिल बाशद[2] ग़िलेवाज़[3] ओ ज़ग़न[4]।
चील्ह है दरगोश कुन गुफ़्तार-ए-मन[5]।।

इस दोहे में 'ख़ाल' अरबी शब्द है – इसका अर्थ है 'तिल'। इसके बाद 'बाशद' शब्द है – इसका अर्थ है 'है'। इसके बाद 'ग़िलेवाज़' शब्द है – यह भी फ़ारसी भाषा का शब्द है – इसका अर्थ है 'चील'। इसके बाद 'ज़ग़न' शब्द भी फ़ारसी भाषा से है – इसका भी अर्थ है 'चील'।

दोहे की दूसरी पंक्ति में "दरगोश कुन गुफ़्तार-ए-मन" फ़ारसी भाषा का वाक्य है – इसका अर्थ है – "मेरी बात कान लगाकर सुनो।"

अर्थ :

"तिल को ख़ाल कहते हैं और ग़िलेवाज़ और ज़ग़न चील (चील्ह) को कहते हैं, मेरी यह बात कान लगाकर सुन लो।"

21. अर्ज़[1] धरती फ़ारसी बाशद ज़मीं।
कोह[2] दर हिंदी पहाड़ आमद यक़ीं[3]।।

इस दोहे में 'अर्ज़' शब्द अरबी भाषा का है, जिसका अर्थ है 'धरती' और फ़ारसी भाषा में धरती को 'ज़मीं' कहा जाता है। इसी प्रकार 'कोह' फ़ारसी शब्द है, जिसका अर्थ है 'पहाड़'। 'आमद यक़ीं' भी फ़ारसी भाषा से है, जिसमें 'आमद' का अर्थ है 'आया' और 'यक़ीं' का अर्थ है 'यक़ीन' या 'ऐतबार'।

अर्थ :

"धरती को अरबी भाषा में अर्ज़ और फ़ारसी भाषा में ज़मीं कहते हैं। पहाड़ हिन्दी शब्द है जिसे फ़ारसी में कोह कहते हैं। अब इस बात पर आपको यक़ीन आया।"

---

20. 1-तिल (अ.), 2-हैं (फा.), 3-चील, 4-चील (फा.), 5-मेरी बात कान से सुनो (फा.)
21. 1-धरती (अ.), 2-पहाड़ (फा.), 3-यकीन आया

22. काह[1] ओ हैजुम[2] घास काठी[3] जानिए।
ईंट माटी रिवश्त[3] ओ गिल[5] पहचानिए।।

इस दोहे में 'काह' शब्द और 'हैजुम' शब्द फ़ारसी भाषा से हैं – जिसमें 'काह' शब्द का अर्थ है 'घास' और 'हैजुम' का मतलब है 'ईंधन'। 'काठी' हिन्दी शब्द है जो 'लकड़ी' को कहते हैं।

इसी प्रकार दोहे की दूसरी पंक्ति में 'ईंट' और 'माटी' शब्द हिन्दी भाषा के हैं। इसके बाद दो शब्द 'रिवश्त' और 'गिल' फ़ारसी भाषा से हैं, जिनमें 'रिवश्त' का अर्थ 'ईंट' है और 'गिल' 'मिट्टी' को कहते हैं।

अर्थ :

''काह घास है और हैजुम ईंधन या लकड़ी है, घास हिन्दी है और काठ लकड़ी है हिन्दी में। ईंट माटी हिन्दी है, रिवश्त ईंट है और गिल मिट्टी को कहते हैं।''

23. देग हाँडी, कफ़यह[2], डोई, बेख़ता[3]।
तावह[4] क़ज़गानस्त कड़ाही[5] ओ तवा।।

इस दोहे में 'देग़' और 'हांडी' – ये दोनों ही उर्दू भाषा के शब्द हैं – 'देग़' खाना बनाने का एक बहुत बड़ा बर्तन होता है जो सामान्यत: तांबे या जस्ते का बना होता है। 'हांडी' मिट्टी का बना छोटा बर्तन होता है। 'कफ़यह' शब्द फ़ारसी भाषा से है – जिसका अर्थ है 'कड़छी'। फिर 'डोई' शब्द आया है, जो उर्दू भाषा का शब्द है – 'डोई' लकड़ी से बनी होती है और इससे दाल या कोई भी सालन या शोरबा, हांडी से निकाला जाता है। डोई में एक हैंडिल होता है और एक सिरे पर लकड़ी से ही प्याले की शक्ल में गड्ढा बना होता है। यहां पर अंतिम शब्द है 'बेख़ता', जो फ़ारसी से है और इसका अर्थ है 'बेचना'।

इसी प्रकार इस दोहे की दूसरी पंक्ति में 'तावह' शब्द फ़ारसी से है, जो 'तवे' के लिए प्रयोग हुआ है। इससे अगला शब्द 'कज़गानस्त' भी फ़ारसी शब्द है – इसका अर्थ है 'कढ़ाई' या 'कड़ाही'।

---

22. 1-घास (फा.), 2-ईंधन (फा.), 3-लकड़ी (हिं.), ईंट (फा.), 5-मिट्टी (फा.)

23. 1-हांडी (फा.), 2-कड़छी (फा.), 3-बेचना (फा.), 4-तवा (फा.), 5-कढ़ाई

अर्थ :

"देग़, हांडी, कड़छी और डोई बेच रहा है, तवा और कड़ाही भी।"

24. संग[1] पाथर जानिये, बर कुन[2] उठाव।
अस्प[3] मीराँ[4] हिंदवी घेड़ा चलाव।।

इस दोहे में 'संग' शब्द फ़ारसी भाषा से है, जिसका अर्थ है 'पत्थर'। फिर 'पाथर' शब्द है, जो हिन्दी से है। दूसरा शब्द 'कुन' भी फ़ारसी शब्द है, जिसका अर्थ है 'ऊपर'।

इसी प्रकार दोहे की दूसरी पंक्ति में 'अस्प' शब्द है, जो फ़ारसी भाषा से है और इसका अर्थ है 'घोड़ा'। इससे अगला शब्द 'मीरा' भी फ़ारसी भाषा से है, जिसका अर्थ है 'श्रेष्ठ' या 'बढ़िया'।

अर्थ :

"संग को ही पत्थर कहते हैं, इसे ऊपर उठाओ। हिन्दुस्तान का घोड़ा श्रेष्ठ होता है, उसे दौड़ाओ या उसकी सवारी करो।।"

25. मूश[1] चूहा, गुर्बह[2] बिल्ली, मार[3] नाग।
सोज़न[4] ओ रिश्तह् बहिंदी सुई ताग।।

इस दोहे में 'मूश' शब्द फ़ारसी का है, जिसका अर्थ है 'चूहा'। 'गुबर्ह' का अर्थ है 'बिल्ली' और 'मार' का अर्थ है 'सांप'। ये तीनों ही शब्द फ़ारसी भाषा से हैं।

इसी प्रकार दोहे की अगली पंक्ति में 'सोज़न' शब्द है, जो फ़ारसी भाषा से है और जिसका अर्थ है 'सूई'। अगला शब्द है 'रिश्तह' – यह भी फ़ारसी भाषा का शब्द है, जिसका अर्थ है 'धागा'। 'बहिंदी' का मतलब है 'हिन्दुस्तान में'।

अर्थ :

"चूहा मूश है, बिल्ली को ग़ुबर्ह कहते हैं और मार या सांप को नाग कहते हैं। हिन्दुस्तानी में सुई-धागा है, तो फ़ारसी में इसे सोज़न और रिश्तह कहते हैं।"

---

24. **1-पत्थर (फा.), 2-ऊपर उठाओ (फा.), 3-घोड़ा (फा.), 4-श्रेष्ठ (फा.)**

25. **1-चूहा (फा.), 2-बिल्ली (फा.), 3-सांप (फा.), 4-सूई (फा.) 5-तागा (फा.)**

26. चालनी[1] गिर्बाल[2] चाकी आसिया[3]।
देगदां[4] चूल्हा व कंद[5] कोठिया।।

इस दोहे में 'चालनी' शब्द हिन्दी भाषा से है। 'चालनी' छलनी को कहते हैं। अगला शब्द 'गिर्बाल' अरबी भाषा से है – जिसका अर्थ भी है 'छलनी'। अगला शब्द 'आसिया' फ़ारसी भाषा से है – जिसका अर्थ है 'चक्की'।

इसी दोहे की अगली पंक्ति में 'देग़दां' शब्द आया है, जो फ़ारसी भाषा से है – जिसका अर्थ है 'चूल्हा'। इसके बाद 'कंद' शब्द भी फ़ारसी भाषा से है – जिसका अर्थ है 'अनाज रखने वाली कोठी'।

अर्थ :

''छलनी को चालनी और गिर्बाल कहते हैं, चक्की को चाकी या आसिया। चूल्हे को देग़दां कहते हैं और कोठी को कंद या काठिया कहते हैं।''

27. सर्द शीतल गर्म तातो[1] चीर[2] सख़्त।
नर्म कोंवल[3] नेश[4] डंक औरंग[5] तख़्त।।

इस दोहे में 'सर्द' उर्दू शब्द है और 'शीतल' हिन्दी शब्द है – इन दोनों का ही अर्थ है 'ठंडा'। इसके बाद 'तातो' शब्द है, जो हिन्दी भाषा से है और इसके मायने हैं 'गर्म'। अगला शब्द 'चीर' फ़ारसी भाषा से है, जिसका अर्थ है 'सख़्त'।

इसी दोहे की अगली पंक्ति में 'कोंवल' शब्द है, जो फ़ारसी भाषा का शब्द है और इसका अर्थ है 'कोमल'। अगले दो शब्द 'नेश' एवं 'औरंग' हैं, जो फ़ारसी भाषा के शब्द हैं। 'नेश' का अर्थ है 'डंक' और 'औरंग' का अर्थ है 'सिंहासन'।

अर्थ :

''सर्द और शीतल ठंडे को कहते हैं, तातो गर्म को और चीर सख़्त को कहते हैं। कोंवल नरम को, नेश डंक को और औरंग तख़्त या सिंहासन को कहते हैं।''

---

26. 1-छलनी (हिं.), 2-छलनी (अ.), 3-चक्की (फा.), 4-चूल्हा (फा.), 5-कोठी (फा.)

27. 1-गर्म (हिं.), 2-कठोर (फा.), 3-कोमल (हि.), 4. डंक (फा.), 5-सिंहासन (फा.)

28. ज़ाराब[1] सोटनी[2] कि सबद[3] अस्त टोकरा।
मिकराज़[4] कतरनी कि बुवद उस्तरा[5] छुरा।।

इस दोहे में 'ज़ाराब' 'झाड़ू' को और 'सोटनी' भी 'झाड़ू' को कहते हैं। 'ज़ाराब' फ़ारसी भाषा और 'सोटनी' हिन्दी भाषा के शब्द हैं। 'सबद' फ़ारसी भाषा में 'टोकरे' को कहते हैं।

दूसरी पंक्ति में 'मिक़राज़' अरबी शब्द है, जिसका अर्थ है 'क़ैंची'। अगला शब्द 'उस्तरा' हिन्दी और उर्दू दोनों ही भाषाओं में प्रयोग होता है, इसका अर्थ भी 'छुरी' है।

अर्थ :

"ज़ाराब और सोटनी झाड़ू को कहते हैं और सबद टोकरे को कहते हैं। मिक़राज़ और कतरनी, कैंची है और छुरे को उस्तरा बोलते हैं।"

29. उम्मीद आस बाशदे[1] नाउम्मीद है निरास।
चर्ख़[2] ओ फ़लक[3] सिपहर[4] बुवद आसमां अकास।।

'उम्मीद' 'आस' को कहते हैं और 'निरास' को 'नाउम्मीद' कहते हैं।

इस दोहे की दूसरी पंक्ति में 'चर्ख़' और 'सिपहर' फ़ारसी के शब्द हैं – जिनका अर्थ है 'आकाश। 'फ़लक' अरबी भाषा का शब्द है – इसका अर्थ भी है 'आकाश'।

अर्थ :

"उम्मीद आस को कहते हैं और निरास को नाउम्मीद (बेउम्मीद) कहते हैं। इसी प्रकार आसमान को – चर्ख़, फ़लक, सिपहर, आसमां और आकाश कहते हैं।"

30. रान[1] ओ फ़खिज[2] कि जांघ बुवद नाज़[3] लाडला।
उस्तुख़ा[4] हाड़ वाशद दीवानह् बावला[5]।।

---

28. 1-झाड़ू (फा.), 2-झाड़ू (हिं.), 3-टोकरा (फा.), 4- कैंची (अरबी), 5- छुरा (हिं)

29. 1-हो (फा.), 2-आकाश (फा.), 3-आकाश (अ.), 4-आकाश (फा.)

30. 1-जंघा (फा.), 2-जंघा (अ.), 3-गर्व (फा.), 4-हड्डी (फा.), 5-पागल (फा.)

इस दोहे में 'रान' शब्द फ़ारसी भाषा से है और 'फ़ाख़िज़' अरबी भाषा का शब्द है। इन दोनों का अर्थ है 'जांघा'। 'नाज़' भी फ़ारसी शब्द है, जिसका अर्थ है 'गर्व'।

इस दोहे की दूसरी पंक्ति में 'उस्तुख़ा' शब्द फ़ारसी से है, जिसका अर्थ है 'हड्डी'। 'दीवानह' और 'बावला' का अर्थ है 'पागल'।

दोहे का अर्थ :

"जांघ को रान और फ़ाख़िज़ कहते हैं और सेहतमंद आदमी उस पर गर्व करता है। जबकि दीवाना और पागल आदमी बस हड्डियों का ढांचा होता है।"

31. बादहू[1] शराब ओ रावक[2] ओ सहबा[3] मय[4] अस्त ओ मद।
गर जूरमह जां खुरी तू कुनी कारे नेक बद[5]।।

इस दोहे में 'बादहू', 'रावक', 'सहबा', 'मय' और 'मद' शब्दों का प्रयोग 'शराब' के लिए किया गया है। ये सारे शब्द क्रमशः फ़ारसी, अरबी भाषा से हैं। 'मद' हिन्दी भाषा में 'शराब' को कहते हैं।

दोहे की दूसरी पंक्ति फ़ारसी भाषा में है।

अर्थ :

"बादहू और रावक – सहबा, मय और मद सभी शराब के अलग-अलग नाम हैं। अगर तूने मदिरा (शराब) की एक भी घूंट भरी तो अच्छे काम को भी बिगाड़ देगा।"

32. रायत[1] लिवा[2] नैजह[3] बुवद सिपर[4] अस्त ढाल।
लब-ए-आब[5] नदी हौज[6] दिगर सखर[7] अस्त ताल।।

इस दोहे में 'रायत' शब्द अरबी भाषा से है – जिसका अर्थ है 'ध्वजा' या 'झंडा'। दूसरा शब्द भी 'लिवा' अरबी शब्द है – इसका अर्थ है 'ध्वजा'।

---

31. 1-शराब (फा.), 2-मदिरा (फा.), 3-लाल रंग की मदिरा (अ.), 4-मदिरा (फा.) 5-यदि मदिरा की एक भी घूंट भरी तो अच्छा काम भी बिगाड़ देगा (फा.)

32. 1-पताका (अ.), 2-ध्वजा (अ.), 3-ध्वजा (फा.), 4-ढाल (फा.), 5-नदी (फा.),6-कुंड (अ.), 7-सरोवर (हिं.)

'नैजह' फ़ारसी शब्द है – इसका अर्थ भी 'ध्वजा' है। अगला शब्द 'सिपर' फ़ारसी भाषा से है – इसका अर्थ है 'ढाल'।

इस दोहे की अगली पंक्ति में 'लब–ए–आब' शब्द फ़ारसी भाषा से है – इसका अर्थ है 'नदी'। अगला शब्द 'हौज़' है, जो अरबी भाषा से है – इसका अर्थ है 'कुंड'। इससे आगे 'सखर' शब्द हिन्दी भाषा से है – इसका अर्थ है 'सरोवर'।

अर्थ :

''झंडे या ध्वजा को रायत, लिवा और नैजह कहते हैं और ढाल को सिपर। नदी को लब-ए-आब एवं तालाब को ताल, हौज़ और सख़र कहते हैं।''

33. ताऊस[1] मोर बाशद आ दुर्राज़[2] तीतरा।
खूब[3] ओ नीक[4] ओ भला व बद[5] ओ ज़िश्त[6] है बुरा।।

इस दोहे में 'ताऊस' और 'दुर्राज़' शब्द अरबी भाषा से हैं – जिनका अर्थ है 'मोर' और 'तीतर'।

इसी दोहे की नीचे की पंक्ति में 'खूब ओर नीक' शब्द का प्रयोग हुआ है – जिसका अर्थ है 'अच्छा' या 'सुंदर'। इसके बाद के दो शब्द हैं 'बद' और 'ज़िश्त' – ये दोनों ही फ़ारसी भाषा के शब्द हैं – जिनका अर्थ है 'बुरा' या 'ख़राब'।

अर्थ :

''मोर को ताऊस कहते हैं और तीतर को दुर्राज़। ख़ूब और नीक अच्छे और भले को कहते हैं और बद और ज़ीश्त बुरे को।''

34. देहीम[1] ओ ताज ओ अफ़सर[2] दर हिंदवी मुकुट।
ज़ाग[3]–ए बुरीदह[4] पर रा तू जान काग[5] कर।।

इस दोहे में 'देहीम' शब्द फ़ारसी भाषा से है – जिसका अर्थ है 'मुकुट' या 'ताज़'। इसके बाद 'अफ़सर' शब्द अरबी भाषा से है और इसका अर्थ भी है 'मुकुट'।

---

33. 1–मोर (अ.), 2–तीतर (अ.), 3–सुंदर (फा.), 4–सुंदर (फा.), 5–बुरा (फा.), 6–बुरा (फा.)

34. 1–मुकुट (फा.), 2–मुकुट (अ.), 3–कौवा (फा.), 4–कटा हुआ (फा.), 5–कौवा (हिं.)

इस दोहे की अगली पंक्ति में 'ज़ाग' शब्द फ़ारसी से है – जिसका अर्थ है 'कौवा'। 'बुरीदह' शब्द भी फ़ारसी से है – जिसका अर्थ है 'कटा हुआ'। अगला शब्द 'काग' हिन्दी भाषा से है – जिसका अर्थ है 'कौवा'।

अर्थ :

''ताज को देहीम और अफ़सर कहते हैं और हिन्दी में यह मुकुट कहलाता है। कटा हुआ कौआ है यह, पर फिर भी इसे काग कहते हैं।''

35. गैहानो[1] आदहर[2] गेती दुनिया[3] दिन गर जहां।
दर हिदवी तू प्रिथमी[4] संसार जग वेदां।।

इस दोहे में 'गैहानो' शब्द फ़ारसी से है, जिसका अर्थ है 'संसार'। 'आदहर' अरबी भाषा का शब्द है, जिसका अर्थ है 'दुनिया'। इसके बाद 'गेती' शब्द उर्दू भाषा से है – इसका अर्थ भी है 'दुनिया' या 'संसार'। 'जहां' शब्द भी उर्दू भाषा से है और इसका अर्थ भी है 'संसार'।

अगली पंक्ति में 'प्रिथमी' शब्द हिन्दी भाषा से है – जिसका अर्थ है 'पृथ्वी'। इसके बाद के सभी शब्द 'संसार', 'जग' और 'वेदां' हिन्दी भाषा से हैं और सभी का एक ही अर्थ है 'पृथ्वी' या 'धरती'।

अर्थ :

''इस दुनिया या संसार को गैहान, आदहर, गेती और जहान कहते हैं और हिन्दी में इसे पृथ्वी, संसार, जग और वेदां आदि कहते हैं।''

36. शबगीर[1] ओ लैल[2] शब[3] तू बेदां रात रैन निस[4]।
फ़ानीज़[5] ओ क़ंदओ[6] शर गुन जान–ज़हर बिस।।

इस दोहे में 'शबगीर' और 'शब' ये दोनों शब्द फ़ारसी से हैं – जिनका अर्थ क्रमशः है 'रात का अंतिम पहर' एवं 'रात'। 'लैल' अरबी शब्द है जिसका अर्थ है 'रात'। इसी प्रकार 'रैन' और 'निस' शब्द हिन्दी भाषा के हैं, इन दोनों का भी अर्थ है 'रात'।

---

35. 1–संसार (फा.), 2–संसार (अ.), 3–संसार (अ.), 4–पृथ्वी (हिं.)

36. 1–रात का पिछला पहर (फा.), 2–रात (अ.), 3–रात (फा.), 4–रात (हिं.), 5–शक्कर (अ.), 6–शक्कर

इस दोहे की दूसरी पंक्ति में 'फ़ानीज़' शब्द अरबी भाषा से है – जिसका अर्थ है 'शक्कर'। अगला शब्द 'क़ंदओ' फ़ारसी शब्द है – जिसका भी अर्थ है 'चीनी' या 'शक्कर'। 'शर' भी 'शक्कर' के लिए प्रयोग होता है। 'बिस' हिन्दी शब्द है, इसका अर्थ है 'विष' या 'ज़हर'।

दोहे का अर्थ :

''रात का पिछला पहर है ऐ लैल ऐ शब, तुझे रात भी कहते हैं, रैन भी और निस भी कहते हैं।

शक्कर को फ़ानीज़, क़ंदओं तथा शर कहते हैं और तुम यह जान लो कि ज़हर को विष या बिस कहते हैं।''

37. ज्वान[1] ओ ख़ान[2] जीव तन ओ काल्बुद[3] काया[4]।
आदत यो खूए[5] सहज[6] बेदा आतिफ़त[7] मया[8]।।

इस दोहे में 'ज्वान' और 'ख़ान' शब्द फ़ारसी भाषा के हैं – जिनका अर्थ है 'आत्मा' या 'रुह'। इसके बाद 'काल्बुद' शब्द फ़ारसी से है – जिसका अर्थ है 'शरीर'। 'क्या' शब्द का अर्थ भी है 'शरीर'।

दोहे की अगली पंक्ति में 'ख़ूए' शब्द फ़ारसी से है – जिसका अर्थ है 'आदत'। इसके बाद 'सहज' शब्द है, यह हिन्दी भाषा से है और इसका अर्थ है 'सीधा-सादा'। फिर 'बेदा' शब्द है – जिसका अर्थ है 'लोच'। फिर 'आतिफ़त' शब्द फ़ारसी व उर्दू दोनों भाषाओं में प्रयोग होता है – इसका मतलब है 'मेहरबान'। फिर 'मया' शब्द हिन्दी भाषा से आता है – जिसका अर्थ है 'मुहब्बत'।

अर्थ :

''आत्मा या रुह हैं ज्वान, ख़ान और जीव तथा तन, काल्बुद और क्या (काया) शरीर को कहते हैं। आदत ख़ूए को कहते हैं, सहज और बेदा का मतलब है नरम और लचीला तथा मुहब्बत कहते हैं आतिफ़त और मया को।''

---

37. 1-आत्मा (फा.), 2-आत्मा (पं.), 3-शरीर (फा.), 4-शरीर, 5-आदन (फा.), 6-सीधा-साधा, 7- मेहरबान, 8-मुहब्बत

38. दिल है हिया[1] ओ ख़ातिर[2] ओ अंदेशह[3] चीतना[4]।
मेहमान ओ ज़ैफ[5] का तू बेदानी के पाहुना[6]।।

इस दोहे में 'हिया' शब्द हिन्दी भाषा से आया है और 'ख़ातिर' शब्द अरबी भाषा का है। इन दोनों ही शब्दों का अर्थ है 'दिल'। इसके बाद 'अंदेश' फ़ारसी भाषा का शब्द है – जिसका अर्थ है 'चिंता'। इसी प्रकार 'चीतना' हिन्दी भाषा का शब्द है – जिसका अर्थ भी है 'चिंता'।

दोहे की अगली पंक्ति में 'ज़ैफ़' शब्द अरबी भाषा से है – जिसका अर्थ है 'मेहमान'। फिर 'पाहुना' शब्द है, जो हिन्दी भाषा का शब्द है और इसका अर्थ भी है 'मेहमान'।

अर्थ :

"हिया और ख़ातिर के मायने हैं दिल और अंदेशह और चीतना कहते हैं फ़िक्र या चिंता को। मेहमान कहो या ज़ैफ़ या बेदानी व पाहुना, इन सबका मतलब एक है।"

39. उन्मुल किताब[1] फातिहा[2], अलहम्द[3] जाको नांव।
उन्मुल क़ुरा[4] तू मक्का विदां करियह[5] देह[6] गांव।।

इस दोहे में 'उन्मुल किताब' का शब्द अरबी भाषा से है – जिसका अर्थ है 'पवित्र कुरान'। दूसरा शब्द है 'फ़ातिहा' यह भी अरबी भाषा का शब्द है और इसका अर्थ है 'पवित्र कुरान का पहला सूरा', जिसे 'सूर-ए-फ़ातिहा' भी कहा जाता है। इसके बाद 'अलहम्द' शब्द है, जो अरबी भाषा का शब्द है – जिसका अर्थ है 'ईश्वर प्रशंसा के क़ाबिल'। 'सूर-ए-फ़ातिहा' की शुरुआत इसी शब्द से होती है।

इसी दोहे की अगली पंक्ति में 'उन्मुल कुरा' शब्द आता है – जिसका अर्थ है 'पवित्र शहर मक्का'। इसके बाद 'करियह' शब्द है, जो अरबी भाषा से है – जिसका अर्थ है गांव। फिर अगला शब्द 'देह' है, जो फ़ारसी भाषा का शब्द है और इसका अर्थ भी है 'गांव' या 'देहात'।

---

38. 1-हृदय (हिं.), 2-हृदय (अ.), 3-चिंता (फा.), 4-चिंतन (हिं.), 5-मेहमान (अ.), 6-मेहमान (हिं.)

39. 1-कुरान (अ.), 2- कुरान का पहला सूरा (अ.), 3-ईश्वर प्रशंसनीय है (अ.), 4-मक्का (अ.), 5-गांव (अ.), 6-गांव (फा.)

अर्थ :

"पवित्र क़ुरान को उन्मुल किताब कहते हैं। इसमें सबसे पहले सूर-ए-फ़ातिहा है, जिसे अलहम्द शरीफ़ भी कहते हैं और जिसका अर्थ है ईश्वर प्रशंसनीय है। पवित्र शहर मक्का को उन्मुल क़ुरा भी कहते हैं और गांव को करियह और देह भी कहते हैं।"

40. हिर्बा[1] गिरगिट कज़दुम[2] बिच्छू रासू[3]-चौल।
संग[4] है कुत्ता माही[5] मछली लुक्कहू[6] कौल।।

इस दोहे में 'हिर्बा' शब्द फ़ारसी भाषा से है, जिसका अर्थ है 'गिरगिट'। इसके बाद 'कज़दुम' शब्द भी फ़ारसी से है, जिसका अर्थ है 'बिच्छू'। इसके आगे का शब्द 'रासू' है, जो फ़ारसी भाषा का शब्द है और इसका अर्थ है 'नेवला'। 'चौल' भी 'नेवले' को कहते हैं।

दोहे की अगली पंक्ति में 'संग' शब्द आया है, जो फ़ारसी शब्द है और जिसका अर्थ है 'कुत्ता'। इसके बाद 'माही' शब्द आता है, जो फ़ारसी भाषा से है और इसका अर्थ है 'मछली'। इसके बाद 'लुक्कहू' शब्द है, जो अरबी भाषा से है – जिसका अर्थ है 'कौर' या 'लुक़मा'। इसके बाद 'कौल' हिन्दी शब्द है – जिसका मतलब भी है 'कौर'।

अर्थ :

"गिरगिट को हिर्बा और बिच्छू को कज़दुम और नेवले को रासू चौल कहते हैं। कुत्ते को संग, मछली को माही और कौर को लुक्कहू या कौल कहते हैं।"

41. दुश्मन बैरी कोस[1] दमामहू[2] बारां[3] मेह।
इश्क़ मुहब्बत आशिक़ मित्तर जानो नेह।।

इस दोहे में 'कोस' शब्द फ़ारसी भाषा से है – जिसका अर्थ है 'नगाड़ा'। दूसरा शब्द 'दमामहू' भी फ़ारसी भाषा का ही शब्द है और इसका अर्थ भी है 'नगाड़ा'। इसके बाद 'बारां' शब्द भी फ़ारसी भाषा से है – इसका अर्थ है

---

40. 1-गिरगिट (फा.), 2-बिच्छू (फा.), 3-नेवला (फा.), 4-कुत्ता (फा.), 5-मछली (फा.), 6-कौर (अ.)

41. 1-नगाड़ा (फा.), 2-नगाड़ा (फा.), 3-वर्षा (फा.)

'वर्षा' या 'बरसात'। इसके बाद 'मेह' शब्द हिन्दी भाषा से है – जिसका अर्थ भी 'बादल' और 'बरसात' है।

अर्थ :

''शत्रु को दुश्मन या बैरी कहते हैं, नगाड़े को कोस और दमामहू कहा जाता है और वर्षा को बारां और मेह कहते हैं। प्यार को इश्क़ और मुहब्बत कहते हैं, प्यार करने वाले को आशिक़ या मित्तर या दोस्त कहते हैं, अमीर ख़ुसरो कहते हैं कि इन सभी का मतलब है नेह या प्रेम।''

42. ताम[1] सवाद ओ तआम[2] ख़ुरिश[3] जो कहिए खाना।
आलिम[4] दाना हिंदवी बोल जो कहिए स्याना।।

इस दोहे की पहली पंक्ति में शब्द 'ताम' आया, जो अरबी शब्द है – जिसका अर्थ है 'स्वाद' या 'लज़्ज़त'। इसके बाद 'तआम' शब्द आया है – यह भी अरबी भाषा का शब्द है – जिसका अर्थ है 'भोजन'। इससे अगला शब्द है 'ख़ुरिश', यह फ़ारसी शब्द है और इसका अर्थ भी 'भोजन' होता है।

दोहे की दूसरी पंक्ति में 'आलिम' शब्द आता है, जो अरबी भाषा का शब्द है और इसका अर्थ है 'विद्वान'। इसके बाद 'दाना' शब्द आता है, जो उर्दू भाषा का शब्द है – जिसका अर्थ है 'अक़लमंद' या 'विद्वान'।

अर्थ :

''अमीर ख़ुसरो कहते हैं कि ताम और सवाद का मतलब है स्वाद या लज़्ज़त और खाने या भोजन को तआम और ख़ुरिश कहते हैं। विद्वान या अक़लमंद को आलिम और दाना कहते हैं, अमीर ख़ुसरो यहां पर कहते हैं कि हिन्दी बोलने वाले उन्हें स्याना भी कह सकते हैं।''

43. सीनह्[1] छाती पिस्तान[2] चूची बीनी[3] नाक।
ज़ाहिर पैदा परगट दीसे ताहिर[4] पाक।।

इस दोहे में 'सीनह्' (सीना) शब्द फ़ारसी भाषा से है – जिसका अर्थ

---

42. 1-स्वाद (अ.), 2-भोजन (अ.), 3-भोजन (फा.), 4-विद्वान (अ.)

43. 1-छाती (फा.), 2-छाती (फा.), 3-नाक (फा.), 4-पवित्र (अ.)

है 'सीना' या 'छाती'। अगला शब्द है 'पिस्तान' – यह फ़ारसी भाषा का शब्द है, इसे 'पस्तान' भी पढ़ते हैं, इसका अर्थ है 'औरत की छाती' या 'सीने का उभार'। इसके बाद शब्द है 'बीनी', जो फ़ारसी भाषा से है और जिसका अर्थ है 'नाक'।

दोहे की अगली पंक्ति में 'ताहिर' शब्द अरबी भाषा से है और इसका अर्थ है 'पवित्र' या 'पाक'।

अर्थ :

''मर्द के सीने को सीनह् और छाती कहते हैं, औरत के सीने को पिस्तान या चूची कहते हैं और नाक के लिए बीनी शब्द है। अमीर ख़ुसरो कहते हैं, जो कुछ दिखाई देता है उसे ज़ाहिर होना या पैदा होना या प्रगट (परगट या प्रकट) होना कहा जाता है और पवित्र को ताहिर या पाक कहते हैं।''

44. तपलरज़ह दर हिंदवी आमद जूड़ी ताप।
दर्द-ए-सर आमद सिर की पीड़ा तंग[1] है धाप[2]।।

इस दोहे में 'तपलरज़ह' शब्द फ़ारसी भाषा है, जिसका अर्थ है 'जूड़ी और कंपकंपी के साथ बुख़ार आना'।

इसी दोहे की अगली पंक्ति में 'तंग' शब्द फ़ारसी भाषा से है – जिसका अर्थ है 'भाग-दौड़'। इसके बाद 'धाप' शब्द है, जो हिन्दी भाषा से है, जिसका अर्थ है 'दौड़-धूप'।

अर्थ :

''जूड़ी के साथ बुख़ार आने को तपलरज़ह फ़ारसी भाषा में कहते हैं और हिन्दी भाषी इसे जूड़ी ताप कहते हैं। सिर में होने वाले दर्द को दर्द-ए-सर या सिर की पीड़ा कहते हैं और भाग-दौड़ को तंग या धाप कहते हैं।''

45. हामह्[1] काथक[2] मांथा कपारजा[3] कहिये ठांव।
चूं दर हिंदवी मरा बेपुर्सी खोपड़ी नांव।।

इस दोहे में 'हामह्' शब्द अरबी भाषा से है – जिसका अर्थ है 'माथा'

---

44. 1-भागदौड़ (फा.), 2-दौड़-धूप (हिं.)

45. 1-माथा (अ.), 2-खोपड़ी (फा.), 3-कपाल (हिं.)

या 'पेशानी'। इसके बाद 'काथक' शब्द है, जो फ़ारसी भाषा का शब्द है – जिसका अर्थ है 'खोपड़ी'। इसके बाद 'कपारजा' हिन्दी भाषा का शब्द है, जिसका अर्थ है 'कपाल' या 'खोपड़ी'।

अर्थ :

''पेशानी को हामह् या माथा कहते हैं और खोपड़ी को जो माथे के पास ही होती है, काथक, कपारजा या कपाल कहा जाता है।''

46. दूद[1] काजल सुर्मह, अंजन क़ीमत मोल।
चाकर सेवक बंदह्[2] येरा, क़ौल[3] सो बोल।।

इस दोहे में 'दूद' शब्द है, जो फ़ारसी भाषा का शब्द है और इस शब्द के कई अर्थ हैं, मगर यहां पर इसका मतलब है 'चिराग़ से निकलने वाला धुआं' जिससे काजल बनाया जाता है'। 'सुर्मह' भी फ़ारसी शब्द है। सुर्मह (सुरमा) एक प्रकार के नरम काले या ग्रे रंग के पत्थर का बारीक पाउडर होता है, जिसे आंखों में लगाते हैं। 'अंजन' भी एक प्रकार का आंखों का काजल होता है, जो गुलाबी रंगत का होता है। इसके बाद 'क़ीमत' शब्द उर्दू भाषा से है, जिसका अर्थ है 'किसी वस्तु का दाम' या 'मोल'।

दोहे की दूसरी पंक्ति में 'बंदह्' शब्द फ़ारसी भाषा से है – जिसका अर्थ 'सेवक' होता है। फिर 'क़ौल' शब्द आता है, जो फ़ारसी भाषा से है, इस शब्द के भी बहुत से अर्थ हैं, परंतु यहां पर क़ौल के मायने हैं 'बात'।

अर्थ :

''यहां अमीर ख़ुसरो कह रहे हैं कि आंखों के सिंगार के लिए काजल का प्रयोग होता है और काजल के कई नाम हैं – जैसे दूद, काजल, सुर्मह, अंजन आदि। क़ीमत का मतलब है मोल या मूल्य। सेवक को चाकर (नौकर), बंदह् कहते हैं और बात को क़ौल और बोल कहते हैं।''

47. मिस[1] है तांबा कोई[2] कासा आहन लोह।
तेशह[3] बसोला तवर कुल्हाड़ा[4] उज्र[5] दिरोह।।

---

46. 1-धुंध (फा.), 2-सेवक (फा.) 3-वादा या बान

47. 1-तांबा (फा.), 2-कांसा (फा.), 3-कुदाल (फा.), 4-कुल्हाड़ा (हिं.), 5-आपत्ति (अ.)

इस दोहे में 'मिस' शब्द फ़ारसी भाषा से है और इसका अर्थ है 'तांबा'। इसके बाद 'कोई' शब्द है – यह भी फ़ारसी का शब्द है – 'इसका' अर्थ है 'कांसा'। इसके बाद 'आहन' शब्द आता है – यह भी फ़ारसी शब्द है – जिसका अर्थ है 'लोहा'।

दोहे की दूसरी पंक्ति में पहले 'तेशह' शब्द है, जो फ़ारसी भाषा से है और जिसका अर्थ है 'बसूला', जिससे बढ़ई लकड़ी छीलते हैं। उसके बाद एक शब्द है 'तवर', जिसका अर्थ है 'कुल्हाड़ा', जिससे लकड़ी फाड़ते हैं। इसके बाद 'उज्र' शब्द अरबी भाषा का है, जिसका अर्थ है 'आपत्ति' या 'ऐतराज़'। इसके बाद 'दिरोह' शब्द है – इसका अर्थ भी है 'ऐतराज़'।

अर्थ :

''तांबे को मिस कहते हैं, कांसे को कोई और आहन लोहे को कहते हैं। बसूले को तेशह या बसोला कहते हैं, कुल्हाड़े को तवर और आपत्ति को उज्र या दिरोह कहते हैं।''

48. ग़ार[1] मगाक[2] जो गड्ढा कहिए कुवां चाह।
दरिया बहर समंदर कहिए जाकी नांही थाह।।

इस दोहे में पहला शब्द 'ग़ार' अरबी भाषा से है – जिसका अर्थ है 'गुफ़ा' या 'गड्ढा'। इसके बाद दूसरा शब्द है 'मगाक', जो फ़ारसी भाषा से है और इसका अर्थ भी है 'गड्ढा'। फिर अंत में एक शब्द है 'चाह', जो अरबी भाषा का शब्द है और जिसका अर्थ है 'कुआं'।

इसी दोहे की दूसरी पंक्ति में 'बहर' शब्द है, जो अरबी भाषा का शब्द है और जिसके मायने हैं 'समुंदर' या 'बहुत बड़ा दरिया'।

अर्थ :

''गड्ढा, ग़ार एवं मगाक, इन सबका मतलब है खाई या गड्ढा और कुवां और चाह एक चीज़ के दो नाम हैं। चाहे दरिया कहिये या बहर या समंदर सब एक ही हैं, ये अथाह हैं और बहुत गहरे होते हैं।

---

48. 1-गड्ढा (अ.), 2-गड्ढा (फा.)

49. गंदुम गेहूं नख़ुद[1] चना शाली[2] है धान।
जुर्रत[3] चूनरी[4] अदस[5] मसूर बर्ग[6] है पान।।

इस दोहे में 'गंदुम' शब्द फ़ारसी भाषा से है – जिसका अर्थ है 'गेहूं'। इसके बाद 'नख़ुद' शब्द है, जो फ़ारसी भाषा का शब्द है – जिसका अर्थ है 'चना'। इसके बाद 'शाली' शब्द है – यह भी फ़ारसी भाषा का शब्द है – जिसका अर्थ है 'धान'।"

दोहे की दूसरी पंक्ति में 'जुर्रत' शब्द फ़ारसी भाषा से है – जिसका अर्थ है 'ज्वार'। फिर 'चूनरी' शब्द है – इसका अर्थ भी है 'ज्वार'। अगला शब्द 'अदस' भी फ़ारसी भाषा से है – जिसका अर्थ है 'मसूर'। आख़िरी शब्द 'बर्ग' फ़ारसी भाषा से है – जिसका अर्थ है 'पत्ता'।

अर्थ :

"गेहूं को गंदुम कहते हैं, चना को नख़ुद कहते हैं और शाली धान का ही दूसरा नाम है। ज्वार को जुर्रत और चूनरी कहते हैं, मसूर को अदस और पान को बर्ग कहते हैं।"

50. अब्रू भौएं सबलत[1] मूछें दंदा[2] दांत।
रीश[3] मुहासिन[4] डाढ़ी कहिए रोद्ह[5] आंत।।

इस दोहे में 'सबलत' शब्द अरबी भाषा का शब्द है – जिसका अर्थ है 'मूंछें'। इसके बाद 'दंदा' शब्द फ़ारसी का है, जिसका अर्थ है 'दांत'।

दोहे की दूसरी पंक्ति में 'रीश' शब्द आया है, जो फ़ारसी भाषा से है और जिसका अर्थ है 'दाढ़ी'। फिर 'मुहासिन' शब्द है, जो अरबी भाषा से है और इसका अर्थ भी है 'दाढ़ी'। फिर एक और शब्द है 'रोदह', जो फ़ारसी भाषा से है और जिसका अर्थ है 'आंत'।

अर्थ :

"हमारी भौंहें अब्रू कहलाती हैं और इन्हें भौंए भी कहते हैं, मूंछों को सबलत और दांत को दंदा कहते हैं। दाढ़ी को रीश, मुहासिन और डाढ़ी भी कहते हैं और आंत को रोद्ह।"

---

49. 1-चना (फा.), 2-धान (फा.), 3-ज्वार (फा.), 4-ज्वार, 5-मसूर (फा.), 6-पत्ता (फा.)

50. 1-मूंछें (अ.), 2-दांत (फा.), 3-दाढ़ी (फा.), 4-दाढ़ी (अ.), 5.-आंत (फा.)

51. ख़द[1] रुखसार[2] हिंदवी बोल जो कहिए गाल।
आज इमरोज़[3] बेदां फर्दा[4] रा तू बिगोई काल।।

इस दोहे में पहला शब्द है 'ख़द', जो अरबी भाषा का शब्द है - जिसका अर्थ है 'ग़लत'। इसके बाद 'रुख़सार' फ़ारसी भाषा का शब्द है - जिसका अर्थ भी है 'गाल'।

दोहे की दूसरी पंक्ति में 'इमरोज़' शब्द फ़ारसी भाषा से है - जिसका अर्थ है 'आज'। इसके बाद एक शब्द है 'फ़र्दा', यह फ़ारसी शब्द है - इसका अर्थ है 'प्रलय का दिन' या 'आने वाला कल'।

अर्थ :

''गाल को ख़द और रुख़सार भी कहते हैं और हिन्दी बोलने वाले तो इसे गाल ही कहते हैं। आज के लिए इमरोज़ शब्द है, बेदां भी आज को कहते हैं। आने वाले दिन या प्रलय के दिन को फ़र्दा कहते हैं। काल शब्द मौत के अर्थ में हैं।''

52. मिवल[1] अस्त ओ दास[2] दांती जाको नांव।
तुर्ब[3] मूली दार[4] सूली जा[5] है ठांव।।

इस दोहे में पहला शब्द 'मिवल' है - यह अरबी भाषा का शब्द है - जिसका अर्थ है 'दरांती', जिससे फ़सल की कटाई की जाती है। 'अस्त' फ़ारसी शब्द है - जिसका अर्थ है 'है'। इसके बाद 'दास' शब्द है - जो फ़ारसी भाषा से है और जिसका अर्थ है 'दांती'।

दोहे की दूसरी पंक्ति में पहला शब्द 'तुर्ब' फ़ारसी भाषा से है - जिसका अर्थ है 'मूली'। इसके बाद एक शब्द है 'दार' - जो फ़ारसी भाषा से है और इसका अर्थ है 'सूली' या 'फांसी'। इसके बाद 'जा' शब्द भी फ़ारसी भाषा से है, जिसका अर्थ है 'जगह' या 'स्थान'। इसके बाद 'ठांव' हिन्दी भाषा का शब्द है - इसका भी अर्थ है 'स्थान' या 'जगह'।

अर्थ :

''दरांती को मिवल कहते हैं और दास कहते हैं दांती को। मूली को तुर्ब, सूली को दार और स्थान या जगह को जा या ठांव कहते हैं।''

---

51. 1-गाल (अ.), 2-गाल (फा.), 3-आज (फा.), 4-प्रलय का दिन

52. 1-दरांती (अ.), 2-दांती (फा.), 3-मूली (फा.), 4-सूली (फा.) 5-जगह, स्थान

53. ग़ल्लह, अफ़सां[1] छाज है अफ़शां[2] पछोर।
शोए[3] शौहर हिंदवी है मनस[4] वोर[5]।।

इस दोहे में 'अफ़सां' शब्द का अर्थ है 'छाज' और छाज कहते हैं अनाज से भूसी निकालने को। 'अफ़सां' फ़ारसी शब्द है और 'छाज' हिन्दी शब्द है। 'पछोरना' शब्द भी हिन्दी भाषा से है और इसका अर्थ भी है 'गेहूं से भूसी अलग करना'।

दोहे की दूसरी पंक्ति में 'शोए' शब्द फ़ारसी भाषा से है, जिसका अर्थ है 'पति' या 'शौहर'। 'मनस' और 'वोर' हिन्दी भाषा के शब्द हैं जिनका अर्थ है 'तेरा आदमी' और 'मनस' का अर्थ है 'पति'।

अर्थ :

"......"

54. ढाकनी सरपोश[1] चपनी[2] जानिये।
है धुंआ दूय[3] ओ दुखां[4] पहचानिये।।

इस दोहे में 'सरपोश' फ़ारसी शब्द है – जिसका अर्थ है 'ढक्कन'। इसके बाद 'चपनी' शब्द हिन्दी भाषा से है – जिसका अर्थ है 'हांडी का ढक्कन'।

दोहे की दूसरी पंक्ति में 'दूय' शब्द फ़ारसी भाषा से है और इसका अर्थ है 'धुआं'। इसके बाद 'दुखां' शब्द अरबी भाषा से है – जिसका अर्थ है 'धुआं'।

अर्थ :

"ढक्कन या ढाकनी को सरपोश और चपनी कहते हैं। धुआं को दूय और दुखां को धुआं कहते हैं।"

55. तू पंबह्[1] दानह्[2] बेदां हब्बेकुतन[3] दर ताज़ी[4]।
वले बिनौले बिदां चूं बहिंदी अंदाज़ी[5]।।

इस दोहे में 'पबह् दानह्' शब्द फ़ारसी भाषा से है और इसका अर्थ है

---

53. **1-छाज (फा.), 2-पछोर (फा.), 3-पति (फा.), 4-पति (फा.), 5-तेरा आदमी (हिं.)**

54. **1-ढक्कन (फा.), 2-हांडी का ढक्कन (हिं.), 3-धुंआ (फा.), 4-धुंआ (अ.)**

55. **1-कपास की रुई, 2-बिनौला (फा.), 3-बिनौला (अ.), 4-अरबी घोड़ा, 5-अंदाज़ लगाया (फा.)**

'बिनौला'। बिनौला कपास के बीजों को कहते हैं, जो जानवरों को चारे में मिलाकर खिलाया जाता है। अरबी भाषा में 'बिनौला' को 'हब्बेकुतन' कहते हैं। यहां पर 'ताज़ी' का अर्थ है 'अरबी घोड़ा'।

दोहे की दूसरी पंक्ति में 'अंदाज़ी' शब्द का अर्थ है 'अंदाज़ा लगाया' - यह शब्द फ़ारसी भाषा से है।

अर्थ :

"बिनौले को फ़ारसी में पंबह् दानह् अरबी भाषा में हब्बेकुतन कहते हैं। इसी बिनौले को आप अंदाज़ा लगाकर बताइये कि हिन्दी में क्या कहते हैं।"

56. मूसल अस्त मारुफ़[1] हावल[2] ओखली
हीज़[3] इन्नीन[4] फ़ल[5] नर आमद लली।।

इस दोहे की पहली पंक्ति में 'मारुफ़' शब्द अरबी भाषा से लिया गया है, जो उर्दू भाषा में प्रयोग होता है और इसका अर्थ है 'प्रसिद्ध' या 'मशहूर'। इसके बाद 'हावल' शब्द फ़ारसी भाषा से है - जिसका अर्थ है 'ओखली'।

दोहे की दूसरी पंक्ति में 'हीज़' शब्द फ़ारसी भाषा से है और 'इन्नीन' अरबी भाषा का शब्द है। इन दोनों ही शब्दों का अर्थ 'नामर्द' या 'नपुंसक' है। इसके बाद 'फ़ल' शब्द है, जो अरबी भाषा का शब्द है - जिसका अर्थ है 'नर' या 'आदी'। इसके बाद 'आमद' शब्द फ़ारसी भाषा से है - जिसका अर्थ है 'आना'।

अर्थ :

"ओखली ही को मूसल कहते हैं। इसी को मारुफ़ और हावल भी कहते हैं। नपुंसक को हीज़ और इन्नीन कहते हैं। नरक या आदमी को फ़ल कहते हैं।"

57. फ़ारसी रूबाह[1] हिंदवी लोखड़ी[2]।
माकिया[3] का नीज़[4] मीखां कूकड़ी[5]।।

---

56. **1-प्रसिद्ध, 2-ओखली (फा.), 3-नपुंसक (फा.), 4-नपुंसक (अ.), 5-नर (अ.)**

57. **1-लोमड़ी (फा.), 2-लोमड़ी (हिं.), 3-मुर्गी (फा.), 4-तुम कहो (फा.), 5-मुर्गी (हिं.)**

इस दोहे में 'रूबाह' शब्द फ़ारसी भाषा से है, जिसका अर्थ है 'लोमड़ी'। इसके बाद 'लोखड़ी' शब्द है, जो हिन्दी भाषा से है और जिसका अर्थ है 'लोमड़ी'।

दोहे की दूसरी पंक्ति में 'माकिया' शब्द फ़ारसी भाषा से है – जिसका अर्थ है 'मुर्ग़ा'। इसके बाद 'नीज़' शब्द भी फ़ारसी भाषा से है – जिसका अर्थ है 'तुम कहो'। अंतिम शब्द 'कूकड़ी' हिन्दी भाषा का शब्द है – जिसका अर्थ है 'मुर्ग़ी'।

अर्थ :

"लोमड़ी को फ़ारसी में रुबाह और हिन्दी भाषा में लोखड़ी कहते हैं। मुर्ग़ी को तुम फ़ारसी में माकिया कहो और मुर्ग़ी को हिन्दी में कूकड़ी कहते हैं॥"

58. कूकड़ा मीखां खुरूस[1]–ए–सुबहखां[2]।
नीज़ मीखां दीक[3] दरताजी ज़बां॥

इस दोहे में 'कूकड़ा' 'मुर्ग़े' के लिए हिन्दी शब्द है। 'खुरसू' शब्द फ़ारसी भाषा से है – जिसका अर्थ है 'मुर्ग़ा'। अगला शब्द है 'सुबहखां' – यह भी फ़ारसी शब्द है और इसका अर्थ है – 'सुबह के समय (भोर में) गाने वाला'।

दोहे की अगली पंक्ति में 'दीक़' शब्द अरबी भाषा से है – जिसका अर्थ है 'मुर्ग़ा'।

अर्थ :

"मुर्ग़े को हिन्दी में कूकड़ा कहते हैं और फ़ारसी में खुरूस–ए–सुबहखां यानी सुबह को या भोर में गाने वाला या बांग देने वाला मुर्ग़ होता है। तुम मुर्ग़े को अरबी भाषा में दीक़ कहो।"

59. कम्र[1] कोशक[2] हिस्न[3] दर ताज़ी दिसार[4]।
हुजरह[5] कोठा बाम[6] अटारी दर[7], दुआर॥

---

58. 1–मुर्ग़ा (फा.), 2–सुबह के समय गाने वाला (फा.), 3–मुर्ग़ा (अ.)

59. 1–महल (अ.), 2–महल (फ.), 3–किला (अ.), 4–चोग़ा या चादर (अ.), 5–कोठा (अ.), 6–छत अटारी (फा.), 7–द्वार (फा.)

इस दोहे में पहला शब्द 'क़म्र' अरबी भाषा से है, जिसका अर्थ है 'महल'। इसके बाद 'कोशक' शब्द फ़ारसी भाषा का शब्द है और जिसका अर्थ भी है 'महल'। तीसरा शब्द है 'हिस्स' यह अरबी शब्द है और इसका अर्थ है 'क़िला' और अंतिम शब्द 'दिसार' है – यह भी अरबी भाषा का शब्द है और इसका अर्थ है 'चोग़ा' या 'चादर जो कपड़े के ऊपर पहना जाता है और कपड़े को ऊपर से ढके रहता है'।

दोहे की दूसरी पंक्ति में 'हुजरा' या 'हुजराह' शब्द है – जो अरबी भाषा का शब्द है – जिसका अर्थ है 'कोठरी'। इसके बाद 'बाम' शब्द फ़ारसी भाषा से है – जिसका मतलब है 'कोठा' (अटारी या छत)। इसके बाद 'दर' शब्द फ़ारसी भाषा से है – जिसका अर्थ है 'द्वार' या 'दरवाज़ा'।

अर्थ :

"महल को क़म्र और कोशक कहते हैं और अरबी भाषा में क़िले को हिस्न कहते हैं, जैसे हम कपड़े के ऊपर चोग़ा या चादर डालते हैं, जो कपड़े की हिफ़ाज़त करता है। इसी प्रकार क़िला भी सबकी रक्षा करता है। हुजरह कोठरी को कहते हैं और कोठे को बाम या अटारी कहते हैं। दर कहते हैं दरवाज़े या दुआर को, इसे द्वार भी कहा जाता है।"

60. अज्ब[1] शीरीन[2] अस्त मीठा चाख देख।
तल्ख़[3] कड़वा तुर्श[4] खट्टा आख[5] देख।।

इस दोहे में 'अज्ब' शब्द अरबी भाषा से है, जिसका अर्थ है 'मीठा'। यहां पर एक शब्द है 'शीरीन', जो फ़ारसी भाषा का शब्द है और इसका अर्थ है 'मीठा'।

दूसरी पंक्ति में 'तल्ख़' शब्द फ़ारसी भाषा से है – जिसका अर्थ है 'कड़वा'। फिर इसके बाद 'तुर्श' शब्द है – जो फ़ारसी भाषा से है और जिसका अर्थ है 'देख'।

अर्थ :

"अज्ब और शीरीन का अर्थ है मीठा चाहे चखकर देख ले। कड़वे को तल्ख़ और खट्टे को तुर्श कहते हैं और आख़ को देख कहते हैं।"

---

60. 1-मीठा (अ.), 2-मीठा (फा.), 3-कड़वा (फा.) 4-खट्टा (फा.), 5-देख

61. जफ़त[1] ऐंठन चर्स[2] चीकन शोर[3] खार।
तेज़[4] चटपट जीभ जाने ये विचार।।

इस दोहे में 'जफ़त' शब्द फ़ारसी भाषा से है – जिसका मतलब है 'ऐंठन'। अगला शब्द 'चर्स' भी फ़ारसी भाषा से ही है – जिसका अर्थ है 'चिकना'। इसके बाद 'शोर' शब्द भी फ़ारसी भाषा से ही है – जिसका अर्थ है 'खारा'। दूसरी पंक्ति में 'तेज़' शब्द है, जिसका अर्थ है 'चटपटा' – यह भी फ़ारसी भाषा का शब्द है।

अर्थ :

''ऐंठन को जफ़त कहते हैं और चिक़ने को चर्स या चीकन भी कहा जाता है। खारे को शोर या खार भी कहते हैं। चटपटे को तेज़ या चटपट कहते हैं, ऐसा जीभ का कहना है।''

62. कागज़ ओ किर्तास[1] कागद[2] पेखिये[3]।
तुम क़लम हम ख़ामह[4] लेखन लेखिये।।

इस दोहे में 'क़िर्तास' शब्द अरबी भाषा से है – इसका अर्थ है 'काग़ज़'। इसके बाद 'काग़द' शब्द फ़ारसी भाषा से है – जिसका अर्थ भी है 'काग़ज़'। फिर इसके बाद 'पेखिये' शब्द हिन्दी भाषा से है – इस शब्द का अर्थ भी है 'काग़ज़'।

दूसरी पंक्ति में एक शब्द है 'ख़ामह' – जो फ़ारसी भाषा का शब्द है और जिसका अर्थ है 'लेखनी' या 'क़लम'।

अर्थ :

''काग़ज़ को ही किर्तास, काग़द और पेखिये कहते हैं और क़लम को तुम लेखनी बोलो हम ख़ामह कहें – एक ही बात है क्योंकि इसका काम है लिखना।''

---

61. 1-ऐंठन (फा.), 2-चिकना (फा.), 3-खारा (फा.), 4-चटपटा (फा.)

62. 1-कागज़ (अ.), 2-कागज़ (फा.), 3-कागज (हिं.), 4-लेखनी (फा.)

63. दुर[1] मरवारिद[2] मोती जानिए।
हम सदफ़ सीपी समंदर आनिए।।

इस दोहे में 'दुर' शब्द का अर्थ है 'मोती' – यह अरबी भाषा का शब्द है और इसका भी अर्थ है 'मोती'।

दोहे की अगली पंक्ति में 'सदफ़' शब्द अरबी भाषा से है – जिसका अर्थ है 'मोती पैदा करने वाला सीप'।

अर्थ :

"मोती को दुर भी कहा जाता है और इसी को मरवारीद भी कहते हैं। सीप को सीपी भी कहते हैं और सदफ़ भी, यह समुंदर में पाया जाता है।"

64. सौर[1] सुतूर[2] गाव[3] है बलद[4]।
लादो ख़ाहे अलद[5]।।

इस दोहे में 'सौर' शब्द अरबी भाषा से है – जिसका अर्थ है 'बैल'। 'सुतूर' शब्द फ़ारसी भाषा का शब्द है – इस शब्द का भी अर्थ है 'बैल'। इसके बाद 'गाव' शब्द है – जिसका भी अर्थ है 'बैल' – यह भी फ़ारसी शब्द है। इसके बाद 'बलद' शब्द है – जो हिन्दी भाषा से है – इस शब्द का अर्थ भी 'बैल' है।

दोहे की दूसरी पंक्ति में 'अलद' शब्द है – जिसका अर्थ है 'चाहे लादो चाहे न लादो'।

अर्थ :

"बैल को सौर, सुतूर, गाव और बलद कहा जाता है। चाहे उसके ऊपर लादो या ना लादो।"

65. जंब[1] गुवाह जो कहिए दोस।
ख़शम ओ गज़ब दर हिंदवी रोस।।

इस दोहे में 'जंब' शब्द अरबी भाषा से है – जिसका अर्थ है 'गुनाह' या 'बुरा काम'। इसके बाद 'गुवाह' शब्द है – जिसका अर्थ है 'गुनाह'। फिर

---

63. 1-मोती (अ.), 2-मोती (फा.), 3-सीपी (अ.)

64. 1-बैल (अ.), 2-बैल (अ.), 3-बैल (फा.), 4-चाहे लादो चाहे न लादो

65. 1-गुनाह (अ.)

'दोस' शब्द है – जो हिन्दी भाषा का शब्द है – जिसका अर्थ है 'गुनाह' या 'ख़राबी'।

दूसरी पंक्ति में 'ख़शम' शब्द फ़ारसी भाषा से है – इसका अर्थ है 'गुस्सा'। इस पंक्ति में 'रोस' शब्द हिन्दी भाषा से है – जिसका अर्थ भी है 'गुस्सा'।

अर्थ :

''गुनाह को जंब, गुवाह और दोस (दोष) कहिये। ग़ुस्से को ख़शम और ग़ज़ब कहते हैं और हिन्दी में इसे रोस (रोष कहते हैं।''

66. सरगी[1] गोबर फ़लहू[2] है पेवसी।
कुदाल कलंद[3] जो कहिए कस्सी[4]।।

इस दोहे में पहला शब्द 'सरगी' है – यह फ़ारसी शब्द है – जिसका अर्थ है 'गोबर'। इसके बाद 'फ़लहू' शब्द है – जो फ़ारसी भाषा से है और जिसका अर्थ है 'औटाया हुआ गाढ़ा दूध'। इसके बाद 'पेवसी' शब्द है – जो हिन्दी भाषा से है और जिसका अर्थ है 'वह गाढ़ा पीला दूध, जो गाय तथा भैंस के बच्चा देने के बाद दूहा जाता है'।

दूसरी पंक्ति में 'कलंद' शब्द फ़ारसी भाषा से है – जिसका अर्थ है 'कुदाल'। इसके बाद 'कस्सी' शब्द है – जिसका अर्थ है 'फावड़ा'।

अर्थ :

''गोबर को सरगी कहते हैं और गाढ़े दूध को फ़लहू और पेवसी कहते हैं। इसी प्रकार कुदाल को कलंद और फावड़े को कस्सी कहा जाता है।''

67. बुज़ुर्गी बड़ाई वा पीरी[1] बुढ़ापा।
निकोई[2] भलाई जवानी तनापा[3]।।

इस दोहे में 'पीरी' शब्द फ़ारसी भाषा से है – जिसका अर्थ है 'बुढ़ापा'। अगली पंक्ति में 'निकोई' शब्द भी फ़ारसी भाषा से है – इस शब्द का

---

66. **1-गोबर (फा.), 2-पका हुआ दूध (फा.), 3-कुदाल (फा.), 4-फावड़ा**

67. **1-बुढ़ापा (फा.), 2-भलाई (फा.), 3-जवानी (हिं.)**

अर्थ है 'भलाई'। इसके बाद तीसरा शब्द 'तनापा' हिन्दी भाषा से है – जिसका अर्थ है 'जवानी'।

अर्थ :

''बड़ाई और बुज़ुर्गी का मतलब है बड़प्पन और पीरी का अर्थ है बुढ़ापा। नेकी को निकोई और भलाई कहते हैं और जवानी को ही तनापा कहते हैं।।''

68. लिसान[1] ओ ज़बां फ़ारसी जीभ आखो।
दरख़्त[2] ओ शजर[3] का तुम रूख माखो।।

इस दोहे में 'लिसान' शब्द अरबी भाषा का शब्द है – जिसका अर्थ है 'भाषा'।

दूसरी पंक्ति में 'दरख़्त' शब्द फ़ारसी भाषा से है – जिसका अर्थ है 'पेड़'। इसके बाद 'शज़र' शब्द अरबी भाषा से है – जिसका अर्थ भी है 'पेड़'।

अर्थ :

''लिसान कहते हैं भाषा या ज़बान को। ज़बां फ़ारसी शब्द है, जो जीभ और भाषा दोनों को ही कहते हैं और हिन्दी में तो जीभ कहते ही हैं। दरख़्त और शज़र पेड़ को कहते हैं या तुम जान लो।''

69. दरोग[1] ओ दिगर किज़्ब[2] तुम झूठ जानो।
बुजुर्ग ओ कलां[3] का बड़ा ज्ञान मानो।।

इस दोहे में 'दरोग़' शब्द फ़ारसी भाषा का शब्द है और इसका अर्थ है 'झूठ' या 'मक्कारी'। इसके बाद 'किज़्ब' शब्द है – जो अरबी भाषा का शब्द है – जिसका अर्थ भी है 'झूठ'।

दोहे की दूसरी पंक्ति में 'कलां' शब्द फ़ारसी भाषा से है और इसका अर्थ है 'बड़ा बुजुर्ग'। इस दोहे में 'जान' शब्द का प्रयोग 'ज्ञान' के लिए किया गया है।

---

68. 1-भाषा (अ.), 2-पेड़ (फा.), 3-पेड़ (अ.)
69. 1-झूठ (फा.), 2-झूठ (अ.), 3-बड़ा (फा.)

अर्थ :

"झूठ के लिए ही दरोग़-ओ-दिगर शब्द है और किज़्ब का अर्थ भी झूठ ही है। यहां पर अमीर ख़ुसरो कहते हैं कि बड़ा-बुज़ुर्ग ही कलां है और उसके ज्ञान से सीखना चाहिए।"

70. बहिंदी ज़बां ख़ानहू[1] हम बैत[2] घर है।
ज़ो[3] ख़ौफ ओ खतर बीम[4] हम तर्स[5] डर है।।

इस दोहे में 'ख़ानहू' शब्द का अर्थ है 'घर' – यह फ़ारसी भाषा का शब्द है। हिन्दी भाषा में जिसे 'घर' कहते हैं – उसी को अरबी भाषा में 'बैत' कहते हैं।

दोहे की अगली पंक्ति में 'बीम' शब्द का प्रयोग 'भय' के लिए किया गया है। 'बीम' फ़ारसी भाषा का शब्द है। इस पंक्ति के आरंभ में 'ज़ो' शब्द है – जो अरबी भाषा का शब्द है – जो 'मालिक' या 'आक़ा' के लिए प्रयोग किया जाता है। इसके बाद 'हम' शब्द भी अरबी भाषा से है – जिसका अर्थ है 'फ़िक्र' या 'अंदेशा'। अगला शब्द 'तर्स' है – जो फ़ारसी शब्द है और इसका अर्थ है 'डर' या 'भय'।

अर्थ :

"हिन्दी भाषा में खानहू को घर कहते हैं। इसके अलावा बैत को भी घर कहते हैं। मालिक से हमको ख़ौफ़-ओ-ख़तर यानी डर और अंदेशा लगा रहता है, जिसे बीम भी कहते हैं। इसके अलावा तर्स शब्द का अर्थ भी डर है।।"

71. तमन्ना[1] व हम आरजू[2] चाव कहिये।
यद[3] ओ दस्तो हाथो क़दम[4] पांव कहिये।।

इस दोहे में 'तमन्ना' शब्द अरबी भाषा से है – जिसका अर्थ है 'कामना' या 'ख़्वाहिश'। इसके बाद 'आरज़ू' शब्द फ़ारसी भाषा से है – जिसका अर्थ है 'इच्छा'। इसके बाद 'चाव' शब्द हिन्दी भाषा से है – इसका अर्थ भी है 'इच्छा रखना'।

---

70. 1-घर (फा.), 2-फिक्र या अन्देशा (अ.), 3-मालिक, आका 4-भय (फा.), 5-डर (फा.)

71. 1-कामना (अ.), 2-इच्छा (फा.), 3-हाथ (अ.), 4-पांव (अ.)

दोहे की दूसरी पंक्ति में 'यद' शब्द अरबी भाषा से है, जिसका अर्थ है हाथ। इसके बाद 'दस्त' शब्द है, जो फ़ारसी भाषा का शब्द है, जिसके मायने हैं हाथ। इसके बाद 'क़दम' शब्द अरबी भाषा से है, जिसका अर्थ है पांव।

''इच्छा को हम तमन्ना भी कहते हैं, ख़्वाहिश, आरज़ू और चाव भी कहते हैं।

अर्थ :

"हाथ को यद और दस्त कहते हैं और क़दम पांव को कहते हैं।''

72. चराग़[1] अस्त दीया फ़नील[2] अस्त बाती।
बुवद पद्द[3] दादा नवीर[4] अस्त नाती।।

इस दोहे में 'चराग़' शब्द फ़ारसी भाषा से है – जिसका अर्थ है 'दिया'। इसके बाद 'फ़नील' शब्द है – जो अरबी भाषा से है और इसका अर्थ है 'बाती'।

दोहे की दूसरी पंक्ति में 'पद्द' शब्द फ़ारसी भाषा से है – जिसका अर्थ है 'दादा'। इसके बाद 'नवीर' शब्द भी फ़ारसी भाषा से है, जो 'पोते' या 'नाती' के अर्थ में प्रयोग होता है।

अर्थ :

''चराग़ को चिराग या दिया कहते हैं और बाती फ़नील का अर्थ एक ही है। दादा के बदले में पद्द और नाती के लिए नवीर शब्द है।''

73. कदू[1] ख़रपूज़ह दोनों के दोनों (फ) मारूफ़ मी दां।
ख़ियार[2] अस्त ककड़ी ओ खीरा हमी खां।।

इस दोहे में 'कदू' शब्द 'लौकी' के लिए प्रयोग किया गया है – यह फारसी भाषा का शब्द है। इसके बाद 'ख़रपूज़ह' शब्द है – जो फ़ारसी भाषा से है – यह एक मीठा मौसमी फल है, जिसे अब 'ख़रबूज़ा' कहा जाता है। दोहे की दूसरी पंक्ति में 'ख़ियार' शब्द का अर्थ है 'ख़ीरा' – यह अरबी भाषा का शब्द है।

---

72. 1-दिया (फा.), 2-बत्ती (अ.), 3-दादा (फा.), 4-पौत्र (फा.)

73. 1-लौकी (फा.), 2-खीरा (अ.)

अर्थ :

"कद्दू यानी लौकी और ख़रपूज़ह यानी ख़रबूज़ा दोनों के दोनों मेरे जाने-पहचाने हैं। ख़ियार यानी खीरा और ककड़ी को भी हम खीरा कहते हैं।"

74. दरोबार[1] दहलीज का द्वार[2] जानो।
शुतुर[3] ऊंट घोड़ा फ़रस[4] अस्प[5] मानो।।

इस दोहे में 'दरोबार' शब्द का अर्थ है 'दहलीज़' या 'घर की चौखट' – यह फ़ारसी भाषा का शब्द है। यहां 'द्वार' शब्द हिन्दी भाषा से है और इसका अर्थ है 'दरवाज़ा'।

दोहे की दूसरी पंक्ति में पहले 'शुतुर' शब्द आया है – जिसका अर्थ है 'ऊंट' – यह फ़ारसी भाषा का शब्द है। इसके बाद 'फ़रस' शब्द अरबी भाषा से है – जिसका अर्थ है 'घोड़ा'। फिर 'अस्प' शब्द है – जो फ़ारसी शब्द है और इसका अर्थ भी है 'थोड़ा'।

अर्थ :

"दरवाज़े या दहलीज़ को दरोबार और द्वार कहते हैं। ऊंट को शुतुर कहते हैं और घोड़ा, फ़रस और अस्प कहलाता है।"

75. गिरिहे[1] उक़दा (अ)[2] बाशद बताज़ी[3] व लेकिन।
बहिंदी बुवद गांठ तुम तो अगर अज़ मन[4]।।

इस दोहे में 'गिरिहे' या 'गिरह' शब्द फ़ारसी भाषा से है – जिसका अर्थ है 'गांठ'। 'उक़दा' अरबी भाषा का शब्द है – इसका अर्थ भी है 'गांठ'। इसके बाद 'बताजी' शब्द है – जिसका अर्थ है 'अरबी भाषा में'।

दोहे की दूसरी पंक्ति में 'अज़ मन' शब्द है – जो फ़ारसी के दो अलग-अलग शब्द हैं। 'अज़' का अर्थ है 'से' और मन का अर्थ है 'मैं'।

अर्थ :

"गिरह या गांठ को गिरिहे कहते हैं और अरबी भाषा में गांठ को उक़दा कहते हैं। जबकि हिन्दी भाषा में गांठ कहते हैं।"

---

74. 1-दहलीज (फा.), 2-द्वार (हिं.), 3-ऊंट (फा.), 4-घोड़ा (अ.), 5.-घोड़ा (फा.)

75. 1-गांठ (फा.), 2-गांठ (अ.), 3-अरबी में, 4-अगर तुम मुझसे पूछो

76. नहार[1] ओ दिगर[2] यौम[3] रोज़[4] अस्त जानो।
बहिंदी जबां दिवस दिन रा पछानो।।

इस दोहे में 'नहार' शब्द का अर्थ है 'दिन' – यह अरबी भाषा का शब्द है। इसके बाद 'दिगर' शब्द है, जो फ़ारसी भाषा है और इसका अर्थ है 'दूसरा' या 'किसी चीज़' या 'शब्द का बदल'। यह शब्द कई स्थान पर दोहे के अर्थ को समझाने के लिए प्रयोग किया गया है। इसके बाद 'यौम' शब्द आया है – जो अरबी भाषा का शब्द है और जिसका भी अर्थ है 'दिन'। अगला शब्द 'रोज़' है – इसका अर्थ 'दिन' है – यह फ़ारसी शब्द है।

दोहे की दूसरी पंक्ति में 'दिवस' शब्द है, जो हिन्दी भाषा का शब्द है – जिसका अर्थ भी है 'दिन'।

अर्थ :

"अमीर ख़ुसरो कहते हैं कि नहार का दूसरा नाम यौम है और इसे रोज़ भी कहते हैं। इन तीनों का ही अर्थ है दिन। हिन्दी भाषा में दिन को दिवस कहते हैं, यह बात पहचान लो।"

77. कसीर[1] ओ फ़िरावान[2] ओ बिस्यार[3] अफ़जूं[4]।
वुसा[5] बहुत कहिए सभी जानियो तूं।।

इस दोहे में 'कसीर' शब्द अरबी भाषा से है – जिसका अर्थ है 'बहुत'। इसके बाद 'फ़िरावान' (फ़रावा), 'बिस्यार' और 'अफ़ज़ूं' शब्द फ़ारसी भाषा से हैं और इन सभी का अर्थ है 'बहुत'।

इस दोहे की दूसरी पंक्ति में 'वुसा' शब्द अरबी भाषा से है, जिसका अर्थ है 'बड़ा' या 'लम्बा-चौड़ा' या 'बहुत'।

अर्थ :

"इस दोहे में अमीर ख़ुसरो बताते हैं कि कसीर, फ़िरावान, बिस्यार और अफ़ज़ू इन सभी शब्दों के मायने हैं 'बहुत' या 'अधिक'। वुसा को भी बहुत ही समझना, यह बात तुम जान लो।"

---

76. 1-दिन (अ.), 2-दिन (अ.), 3-दिन (फा.)

77. 1-बहुत (अ.), 2-बहुत (फा.), 3-बहुत (फा.), 4-बहुत (फा.), 5-कुशादा या बड़ा (अ.)

78. समंदर रहे आग में जीव कीड़ा।
यो बुअद[1] अस्त दूर ओ चो नज़दीक नीड़ा[2]।।

इस दोहे में 'समंदर' शब्द फ़ारसी भाषा से है। वे कहते हैं समंदर एक ऐसा कीड़ा है, जो आग में ही पैदा होता है और उसी आग में रहता है। आग से बाहर निकलने पर यह मर जाता है।

दोहे की दूसरी पंक्ति में 'बुअद' शब्द अरबी भाषा से है – जिसका अर्थ है 'दूरी'। दोहे के अंत में 'नीड़ा' शब्द आया है – जो हिन्दी भाषा का शब्द है और जिसका अर्थ है 'नज़दीक' या 'पास'।

अर्थ :

"समंदर वह जीव है या आग में पैदा होने वाला वह कीड़ा है, जो आग में ही रहता है। बुअद का अर्थ है दूर और नज़दीक को नीड़ा कहते हैं।"

79. नमक मिलह हे लोन[1] शीरीन[2] मीठा।
बहिंदी ज़बो बदमजहू अस्त सीठा[3]।।

इस दोहे में 'मिलह' शब्द अरबी भाषा से है – इसका अर्थ है 'नमक'। इसके बाद 'लोन' शब्द है – जो हिन्दी भाषा से है और इसका भी अर्थ है 'नमक'। इसके बाद 'शीरीन' शब्द है – जो फ़ारसी भाषा से है – इसका अर्थ है 'मीठा'।

दूसरी पंक्ति में 'बदमज़हू' शब्द का अर्थ है 'बेमज़ा' यानी 'बेस्वाद'। इस दोहे का अंतिम शब्द है 'सीठा' – यह हिन्दी भाषा का शब्द है – इसका अर्थ भी है 'बेस्वाद'।

अर्थ :

"नमक को मिलह और लोन (नोन) कहते हैं और मीठे को शीरीन। हिन्दी भाषा में सीठा शब्द है, जिसका अर्थ है बदमज़ा।"

80. पिदर[1] बाप बाशद[2] यो उम्म[3] अस्त मादर[4]।
सिना[5] भाल बटगुस्तवान[6] अस्त पाखर[7]।।

---

78. 1-दूरी (अ.), 2-नजदीक (हिं.)

79. 1-नमक, 2-मीठा (फा.), 3-नीरस (हिं.)

80. 1-बाप (फा.), 2-कुछ भी हो, 3-मां (अ.), 4-मां (फा.), 5-भाला (फा.), 6-हाथी-घोड़े का कवच (फा.), 7-लोहे का कवच (हिं.)

इस दोहे में 'पिदर' शब्द फ़ारसी भाषा से है – इसका अर्थ है 'बाप'। इसके बाद 'बाशद' भी फ़ारसी शब्द है – इसका अर्थ है 'कुछ भी हो'। इसके बाद 'उम्म' शब्द है, जो अरबी भाषा से है – इसका अर्थ है 'मां'। इसके बाद 'मादर' शब्द है, जो फ़ारसी भाषा से है – इसका अर्थ भी है 'मां'। दोहे की दूसरी पंक्ति में 'सिनां' शब्द अरबी भाषा से है – इसका अर्थ है 'भाला'। इसके बाद 'बटगुस्तवान' शब्द फ़ारसी भाषा से है – इसके मायने हैं 'हाथी-घोड़े का कवच'। इसके बाद 'पाखर' शब्द हिन्दी भाषा से है – इसका अर्थ भी है 'हाथी-घोड़े का कवच'।

अर्थ :

"पिदर बाप को कहते हैं, कुछ भी हो मां ही उम्म है और वही मादर भी है। सिनां भाले को कहते हैं और बटगुस्तवान तथा पाखर कहते हैं हाथी और घोड़े के कवच को।"

81. जुबान[1] ओ मगस[2] माखी ओ पश्शह[3] मांछर।
बुवदं रेग[4] बालू ओ संगरेज़ह[5] कांकर।।

इस दोहे में 'जुबान' शब्द अरबी भाषा से है – जिसका अर्थ है 'मक्खी'। इसके बाद 'मगस' शब्द फ़ारसी भाषा से है – इसका अर्थ भी है 'मक्खी'। इसके बाद 'माखी' शब्द है, जो हिन्दी है या हिन्दुस्तान के देहाती इलाकों में बोला जाता है – इसका अर्थ भी है 'मक्खी'। इसके बाद 'पश्शह' शब्द है, जो फ़ारसी भाषा से है – इसका अर्थ है 'मच्छर'। दूसरी पंक्ति में 'रेग' शब्द फ़ारसी भाषा से है – इसका अर्थ है 'बालू' या 'रेत'। फिर इसके बाद 'संगरेज़ह' शब्द भी फ़ारसी भाषा से है – इसका अर्थ है 'बजरी' या 'पत्थर के बारीक टुकड़े', जिसे हम 'कंकड़' या 'कांकर' कहते हैं।

दोहे का अर्थ :

"जुबान और मगस मक्खी को कहते हैं, जिसे माखी भी कहा जाता है। मच्छर को पश्शह या मांछर कहते हैं। बालू को रेग या रेत बोलते हैं और कंकड़ को संगरेज़ह या कांकर बोलते हैं।"

---

81. **1-मक्खी (अ.), 2-मक्खी (फा.), 3-मच्छर (फा.), 4-रेत (फा.), 5-कंकड़ (फा.)**

82\. बेया[1] आव नशीं[2] बैठ बेरौ[3] जा।
दीद[4] देख बेदहू[5] दे बेख़ुर खा।।

इस दोहे में 'बेया' शब्द फ़ारसी भाषा से है – इसका अर्थ है आओ। इसके बाद 'नशीं' शब्द भी फ़ारसी से है, जिसका अर्थ है बैठना। इसके बाद 'बेरौ' शब्द है – यह भी फ़ारसी शब्द है – इसका अर्थ है 'जा'। दोहे की दूसरी पंक्ति में 'दीद' शब्द भी फ़ारसी भाषा का है – इसका अर्थ है 'देखना'। इसके बाद 'बेदहू' और 'बेखुर' शब्द हैं – ये दोनों भी फ़ारसी भाषा के शब्द हैं। 'बेदहू' का अर्थ है 'दे' और 'बेखुर' का मतलब है 'खा'।

अर्थ :

अमीर ख़ुसरो कहते हैं – "बेया, नशीं, बेरौ यानी आओ, बैठो, जाओ। दीद, बेदहू, बेख़ुर यानी देख, दे, खा।"

83\. वेज़ा[1] पीस बेक़श[2] खींच बेज़ाश[3] चाख।
बेज़न[4] भार बेदर[5] फाड़ बेनेह[6] राख।।

इस दोहे की पहली पंक्ति में 'वेज़ा' शब्द फ़ारसी भाषा से है – इसका अर्थ है 'पीसना'। 'बेक़श' अगला शब्द है – यह भी फ़ारसी शब्द है – इसके मायने हैं 'खींच'। इसके बाद अगला शब्द 'बेज़ाश' है – यह 'चखने' के मायने में प्रयोग होता है – यह भी फ़ारसी शब्द है। दोहे की दूसरी पंक्ति में 'बेज़न' शब्द का अर्थ है 'भार' – यह भी फ़ारसी शब्द है। इसके बाद 'बेदर' शब्द है – इसका अर्थ है 'फाड़ना' – यह भी फ़ारसी शब्द है। अंतिम शब्द है 'बेनेह' – इसका अर्थ है 'राख' – यह भी फ़ारसी शब्द है।

अर्थ :

"पीसने को वेज़ा, खींचने को बेक़श और चखने को बेज़ाश कहते हैं। बेज़न का अर्थ भार, बेदर कहते है फाड़ने को और बेनेह कहते हैं राख को।"

82\. 1-आओ (फा.), 2-बैठ (फा.), 3-जा (फा.), 4-देख (फा.), 5-दे (फा.), 6-खा (फा.)

83\. 1-पीसना (फा.), 2-खींच (फा.), 3-चख (फा.), 4-मार (फा.), 5-फाड़ (फा.), 6-रख (फा.)

84. गुलू[1] हल्क़[2] दहन[3] मुख सखुन[4] बोल।
शिकम[5] पेट नज़र डीठ दुहुल[6] ढोल।।

इस दोहे में पहला शब्द है 'गुलू' – इसका अर्थ है 'गला' या 'हलक़'। यह फ़ारसी शब्द है। इसके बाद 'दहन' शब्द है – इसका अर्थ है 'मुंह' – यह भी फ़ारसी भाषा का शब्द है। इसके बाद 'सखुन' शब्द है – यह भी फ़ारसी शब्द है – इसका अर्थ है 'बोल'। नीचे की पंक्ति में 'शिकम' शब्द भी फ़ारसी भाषा से है – इसका अर्थ है 'पेट'। इसके बाद 'डीठ' शब्द है – यह हिन्दी भाषा का शब्द है और इसका अर्थ है 'नज़र' या 'निगाह'। इसके बाद 'दुहुल' शब्द है, जो फ़ारसी शब्द है और जिसके मायने है 'ढोल'।

अर्थ :

''गुलू हलक़ या गले को कहते हैं, मुंह को दहन कहते हैं और सखुन कहते हैं बोल को, जो हम बोलते हैं। पेट को शिकम, नज़र को डीठ और ढोल को ढुहुल कहते हैं।।''

85. तबीब[1] ओ हकीम अस्त वैद ए बिरादर।
बुवद बाद[2] बावो दिगर आग आज़र[3]।।

इस दोहे में 'तबीब' शब्द अरबी भाषा से है – इस शब्द का अर्थ है 'हक़ीम' या 'डॉक्टर' या 'वैद्य'। वैद्य हिन्दी भाषा का शब्द है, जबकि 'हक़ीम' अरबी शब्द है। इसके बाद 'बिरादर' फ़ारसी शब्द है, जिसके मायने है 'भाई'। दूसरी पंक्ति में 'बाद' शब्द है – इसके मायने हैं 'हवा' – यह फ़ारसी शब्द है। इसके बाद 'बावो' शब्द है – इसका अर्थ भी है 'हवा' – यह भी फ़ारसी भाषा का शब्द है। इसके बाद 'आज़र' शब्द है, जिसका अर्थ है 'आग' – यह भी फ़ारसी शब्द है।

अर्थ :

''ऐ भाई, तबीब को हक़ीम कहते हैं और हक़ीम ही वैद्य है। हवा को बाद और बावो कहते हैं और आग आज़र है।।''

---

84. 1-गला (फा.), 2-गला, 3-मुख (फा.), 4-बोल (फा.), 5-पेट (फा.), 6-ढोल (फा.)

85. 1-हकीम (अ.), 2-वायु (फा.), 3-आग (फा.)

86. दिगर[1] गोशकुन[2] नाज़ ओ अंदर्ज़[3] पद।
बहिंदी बुवद[4] सीख दरकार[5] बंद[6]।।

इस दोहे में 'दिगर' शब्द फ़ारसी भाषा का है – इसका अर्थ है 'दूसरा' या 'इसके अलावा'। अगला शब्द है 'गोशकुन' – यह भी फ़ारसी शब्द है, जिसका अर्थ है 'सुनो'। इसके बाद 'नाज़ो' शब्द भी फ़ारसी भाषा से है – इसका अर्थ है 'चिनार का पेड़'। इसके बाद 'अंदर्ज़' शब्द भी फ़ारसी भाषा से है – इसका अर्थ है 'नसीहत'। इसके बाद 'पद' शब्द भी फ़ारसी भाषा से है – इसका अर्थ है 'ऐसा पेड़ जिस पर फल लगता हो'। दोहे की दूसरी पंक्ति में 'दरकार' फ़ारसी शब्द है – इसका अर्थ है 'ज़रूरत होना'। इसके बाद 'बंद' शब्द का अर्थ है 'छंद'।

अर्थ :

''इसके अलावा तू सुन मेरी नसीहत, चिनार को नाज़ो और फल वाले पेड़ को पद बोलते हैं। हिन्दी भाषा में नसीहत का अर्थ है सीख, तुझे छंद सीखने की आवश्यकता है।''

87. ख़राब अस्त वीरां[1] तू उजड़ा हमीख़ा[2]।
तू मायूर[3] आबाद बसता हमीदां[4]।।

इस दोहे में 'ख़राब' शब्द अरबी भाषा का है – इसका अर्थ है 'उजाड़' या 'वीरान'। इसके बाद 'वीरां' शब्द फ़ारसी भाषा से है – इसका अर्थ भी है 'सुनसान' या 'उजाड़'। इसके बाद 'हमीख़ा' शब्द भी फ़ारसी है और इसका अर्थ है 'कहो'। दोहे की दूसरी पंक्ति में 'मायूर' शब्द है, जो फ़ारसी भाषा का शब्द है – इसका अर्थ है 'आबाद'। इसके बाद 'हमीदां' शब्द भी फ़ारसी शब्द है – इसका अर्थ है 'जानो'।

अर्थ :

''उजाड़ या सुनसान को ख़राब कहते हैं और वीरान को तुम उजाड़ कहो। आबाद ही मायूर है और आबाद ही को बसता या बसा हुआ जानो।''

---

86. **1-दूसरा (फा.), 2-सुनो (फा.), 3-सीख (फा.), 4-हुआ, 5-आवश्यक, 6-छंद**

87. **1-सुनसान (फा.), 2-कहो (फा.), 3-आबाद (फा.), 4-जानो (फा.)**

88. हस्त इब्नुललैल[1] माहे[2] आस्मां।
चांद बेटा रात का ताज़ी[3] ज़बां।।

इस दोहे में 'हस्त' शब्द फ़ारसी भाषा से है – इसका अर्थ है 'वजूद में आना' या 'पैदा होना'। इसके बाद 'इब्नुललैल' शब्द है – यह अरबी भाषा का शब्द है – इसका अर्थ है 'रात का बेटा चांद'। इसके बाद 'माह' शब्द है, जो फ़ारसी शब्द है – इसका अर्थ है 'चांद'। इसके बाद दूसरी पंक्ति में 'ताज़ी' शब्द फ़ारसी भाषा का शब्द है – इसका अर्थ है 'अरबी ज़बान' या 'अरबी भाषा'।

अर्थ :

''रात को बेटा यानी इब्नुललैन वजूद में आया (पैदा हुआ) (यह आसमान का चांद है। अरबी ज़बान में चांद को रात का बेटा कहते हैं।''

89. लैल[1] शब[2] दैजूर[3] दर जाती ज़बां।
रात अंधियारी तू नेकोतर बेदां[4]।।

इस दोहे में 'लैल' शब्द का अर्थ है 'रात' – यह अरबी भाषा का शब्द है। इसके बाद 'शब' शब्द है – यह फ़ारसी शब्द है – इसके भी मायने है 'रात'। इसके बाद 'दैजूर' शब्द है – इसका अर्थ है 'काली अंधेरी रात' – यह फ़ारसी शब्द है। दोहे की दूसरी पंक्ति में 'बेदां' शब्द फ़ारसी भाषा से आया है – इसका अर्थ है 'अच्छी तरह जान लो'।

अर्थ :

''लैल, शब और दैजूर उन ज़बानों के शब्द हैं, जिनका दर्जा बहुत बुलंद (ऊंचा) है। इन सभी शब्दों का अर्थ है रात या काली अंधियारी रात, तुम इस बात को अच्छी तरह जान लो।''

90. दादन[1] देना दाद[2] दिया फ़ेल[3] कार[4]।
क़र्ज़ ओ बाम[5] ओ देन दर हिंदी उधार।।

---

88. 1-रात का बेटा चांद (अ.), 2-चांद (फा.), 3-अरबी (फा.)
89. 1-रात (अ.), 2-रात (फा.), 3-अंधेरी रात (फा.), 4-अच्छी तरह जान (फा.)
90. 1-देना (फा.), 2-दिया (फा.), 3-कार्य अ.), 4-कार्य (हिं.), 5-उधार (फा.)

इस दोहे में 'दादन' शब्द फ़ारसी भाषा से है – इसका अर्थ है 'देना'। इसके बाद 'दाद' शब्द भी फ़ारसी भाषा से है – इसका अर्थ है 'दिया'। इसके बाद 'फ़ेल' शब्द है – यह अरबी भाषा का शब्द है – इसका अर्थ है 'कार्य'। इसके बाद 'कार' शब्द हिन्दी भाषा से है – जिसका अर्थ है 'कार्य'। दोहे की दूसरी पंक्ति में 'बाम' शब्द फ़ारसी भाषा से है – इसका अर्थ है 'उधार'। इसके बाद 'देन', 'दर' शब्दों का प्रयोग हुआ है, जो दरअसल एक शब्द के स्वरूप में प्रयोग होता है और हम इसे आम बोलचाल में 'देनदारी' कहते हैं, जिसका अर्थ है 'उधार'।

अर्थ :

''दादन का मतलब देना, दाद का अर्थ दिया और फ़ेल और कार है कार्य। क़र्ज और बाम का मतलब है देनदारी यानी जिसे हिन्दी में उधार कहते हैं।''

91. आफ़त[1] ओ आसेब[2] है रंज ओ बला।
छय़्यी[3] निंदहु जातियो तुम जीवता।।

इस दोहे में 'आफ़त' शब्द फ़ारसी भाषा से है – इसका अर्थ है 'रंज और परेशानी'। इसके बाद 'आसेब' शब्द है – यह भी फ़ारसी शब्द है – इसका अर्थ है 'बला' या 'भूत-प्रेत'। दोहे की दूसरी पंक्ति में 'छय्यी' शब्द है, जो अरबी भाषा का शब्द है – इसका अर्थ है 'ज़िंदा'। इसके बाद 'निंदहु' शब्द फ़ारसी भाषा से है – इसका अर्थ है 'मानिंद' या 'तरह'। इसके बाद 'जीवता' का अर्थ है 'जीना' – यह हिन्दी शब्द है।

अर्थ :

''दु:ख को या परेशानी को आफ़त या रंज कहते हैं। बला या भूत-प्रेत को आसेब कहते हैं।

छय्यी ज़िंदा को कहते हैं, समझ लो तुम ज़िंदा हो।।''

92. शानह्[1] ओ मिश्ल[2] अस्त दर हिंदी जलां।
कंघी आमद पेश तू करदम बयां[3]।।

---

91. 1-रंज (फा.), 2-बला (फा.), 3-जिंदा (अ.)

92. 1-कंघी (फा.), 2-कंघी (अ), 3-मैंने बयां किया (फा.)

इस दोहे में 'शानह्' शब्द फ़ारसी भाषा से है – इसका अर्थ है 'कंघी'। इसके बाद 'मिश्ल' शब्द अरबी भाषा से है – इसका अर्थ भी है 'कंघी'। हिन्दी में 'कंघी' को 'जलां' कहते हैं। दोहे की दूसरी पंक्ति में 'तू करदम बयां' फ़ारसी वाक्य है – इसका अर्थ है 'मैंने तुझसे बयान किया'।

अर्थ :

''कंघी को शानह् और मिश्ल कहते हैं और हिन्दी में इसे जलां कहते हैं। मैं तुझ से बयान करता हूं कि कंघी पेश की गयी है।''

93. किर्मे-ए-शबताब[1] अस्त कीड़ा चमकनां।
नीज़ गोचंद[2] आतशक[3] ऊ का बेदां[4]।।

इस दोहे में 'किर्मे-ए-शबताब' शब्द फ़ारसी भाषा से है – इसका अर्थ है 'जुगनू'। दोहे की दूसरी पंक्ति में 'नीज़' शब्द भी फ़ारसी भाषा से है – इसका अर्थ है 'और भी'। इसके बाद 'गोचंद' शब्द है – यह भी फ़ारसी भाषा का शब्द है और इसका अर्थ भी है 'और भी'। इसके बाद अगला शब्द 'आतशक' है – यह भी फ़ारसी शब्द है, जिसका अर्थ भी है 'जुगनू'। इसके बाद 'बेदां' शब्द भी फ़ारसी शब्द है – इसका अर्थ है 'अच्छी तरह जान लो'।

अर्थ :

''जुगनू को किर्मे-ए-शबताब या चमकने वाला कीड़ा कहते हैं। नीज़ और गोचंद का मतलब है 'और भी' यानी जुगनू का और भी नाम है, जैसे आतशक – यह बात तुम अच्छी तरह जान लो।''

94. नान[1] बताज़ी ख़ुब्ज़[2] रोटी हिंदवी।
पंव[3] ओ महलूज़[4] का मी दां[5] रुई।।

इस दोहे में 'नान' शब्द फ़ारसी भाषा से है और इसका अर्थ है 'रोटी'। इसके बाद 'खुब्ज़' शब्द अरबी भाषा से है – इसका अर्थ भी है 'रोटी'। दूसरी पंक्ति में 'पंव' शब्द फ़ारसी भाषा से है – इसका अर्थ है 'रुई'। इसके बाद

---

93. 1-जुगनू (फा.), 2-और भी कहा (फा.), 3-जुगनू (फा.), 4-उसको जानो (फा.)

94. 1-रोटी (फा.), 2-रोटी (अ.), 3-रुई (फा.), 4-रुई (अ.), 5-को जानो (फा.)

'महलूज़' शब्द अरबी भाषा से है – इसका अर्थ भी है 'रुई'। इसके बाद 'दां' शब्द है – यह भी फ़ारसी शब्द है – इसका अर्थ है 'को जानो'।

अर्थ :

''नान को अरबी भाषा में ख़ुब्ज़ और हिन्दी में रोटी कहते हैं। इस प्रकार पंव और महलूज़ का मतलब है रुई, यह जान लो।''

95. पस[1] बहिंदी पंबहू का मी दां कपास।
नम्र[2] करगस[3] बूम[4] उल्लू बुए[5] बास।।

इस दोहे में 'पस' शब्द फ़ारसी भाषा से है – इसका अर्थ है 'इसके अलावा'। इसके बाद 'पबहू' शब्द भी फ़ारसी भाषा का शब्द है – इसका अर्थ है 'कपास' या 'रुई'। दोहे की अगली पंक्ति में 'नम्र' शब्द अरबी भाषा से है – इसका अर्थ है 'गिद्ध'। इसके बाद 'करगस' शब्द है – यह फ़ारसी शब्द है – इसका अर्थ भी है 'गिद्ध'। इसके बाद 'बूम' शब्द है – यह फ़ारसी शब्द है – इसके मायने है 'उल्लू'। इसके बाद 'बुए बास' शब्द है – यह भी फ़ारसी शब्द है – इसका अर्थ है 'रंग-ढंग' या 'तरीक़ा'।

अर्थ :

''इसके अलावा रुई को पंबहू कहते हैं और हिन्दी में इसे कपास कहते हैं।

गिद्ध को नम्र और करग़स कहते हैं, उल्लू को बूम कहते हैं। बुए, बास का मतलब है अंदाज और तरीक़ा।''

96. बादबेजने[1] बादकश[2] पंखा बुखा[3]।
गूक[4] ज़िफ्दे[5] मेंडकी बेशक अच्छी तरह जान भी।।

इस दोहे में 'बादबेजने' शब्द का अर्थ है 'फ़र्श' या 'ज़मीन का पंखा' – यह फ़ारसी शब्द है। इसके बाद 'बादकश' शब्द है – इसका अर्थ है 'रस्सी से खींचकर चलने वाला पंखा' – यह शब्द भी फ़ारसी भाषा का शब्द है।

---

95. 1-इसके अलावा (फा.), 2-गिद्ध (अ.)
3-गिद्ध (फा.), 4-उल्लू (फा.), 5-वास (फा.)

96. 1-फर्श का पंखा (फा.), 2-पंखा (फा.), 3-तू जान (फा.),
4-मेंढक (अ.), 5-मेंढक (अ.)

इसके बाद 'बुख़ां' शब्द भी फ़ारसी भाषा से है - इसका अर्थ है 'तू जान ले'। दोहे की अगली पंक्ति में 'गूक' शब्द फ़ारसी भाषा का है - इसका अर्थ है 'मेढक'। इसके बाद 'ज़िफ़्दे' शब्द अरबी भाषा से है - इसके मायने भी है 'मेढक'।

अर्थ :

''तू यह जान ले कि पंखे को बादबेजने कहते हैं और बादकश भी। और यह बात भी अच्छी तरह जान लो कि मेढक को गूक भी कहते हैं और जिफ़्द भी - इस बात पर विश्वास करो।''

97. साग सब्ज़ी बहजत[1] शादी सुर्ख़[2] सूहा[3] लाल।
सब्ज़ हरिया दाश्त[4] धनिया मांदा[5] रहिया दाम[6] जाल।।

इस दोहे में 'बहजत' शब्द अरबी भाषा से है - इसका अर्थ है 'ख़ुशी'। इसके बाद 'शादी' शब्द फ़ारसी भाषा से है - इसका अर्थ भी है 'ख़ुशी', 'प्रसन्नता' और 'ब्याह'। 'सुर्ख़' हिन्दी और उर्दू भाषा में 'लाल रंग' को कहते हैं। इसके बाद 'सूहा' शब्द फ़ारसी भाषा से है - इसके मायने भी हैं 'सुर्ख'। इसकी दूसरी पंक्ति में 'दाश्त' शब्द फ़ारसी भाषा से है - इसका अर्थ है 'पड़ा हुआ'। इसके बाद 'मांदा' शब्द है - इसके मायने हैं 'शेष या बचा हुआ' - यह शब्द भी फ़ारसी भाषा से है। इसके बाद 'दाम' शब्द है - यह भी फ़ारसी का शब्द है - इसका अर्थ है 'जाल', 'फ़रेब' या 'धोखा'।

अर्थ :

''साग ही सब्ज़ी है, बहज़त और शादी ख़ुशी है, सुर्ख़ और सूहा लाल रंग को कहते हैं। हरिया यानी हरे रंग का सब्ज़ धनिया पड़ा है। मांदा यानी बाक़ी रह गया है दाम यानी जाल।''

98. फ़ज्र[1] सुबह ओ जुहर[2] पेशी[3] अस्र[4] दीगर शाम सांज।
दो[5] ज़नें[6] पाइंदूह[7] जनती है अक़ीमहू[8] जो ये बांज।।

**97. 1-ख़ुशी (फा.), 2-लाल (हिं.), 3-लाल (फा.)
4-परा हुआ (फा.), 5-बचा हुआ (फा.), 6-जाल (फा.)**

98. 1-सुबह (अ.), 2-दोपहर (अ.), 3-पहले (फा.), 4-चौथा प्रहर (अ.), 5-जानो (फा.), 6-स्त्री (फा.), 7-मां (फा.), 8-बांझ औरत (अ.)

इस दोहे में 'फ़ज्र' शब्द अरबी भाषा से है – वैसे तो 'फ़ज्र' 'सुबह की नमाज़' को कहते हैं, मगर यहां 'फ़ज्र' के मायने हैं 'सुबह'। इसके बाद 'जुहर' शब्द है – यह भी अरबी भाषा का शब्द है – इसका अर्थ है 'दोपहर'। इसके बाद 'पेशी' शब्द फ़ारसी भाषा से है – जिसका अर्थ है 'पहले'। इसके बाद 'अस्र' शब्द है – यह भी अरबी शब्द है – इसका अर्थ है 'दिन का चौथा पहर' (इस समय जो नमाज़ पढ़ी जाती है, उसे भी अस्र कहते हैं)।

दोहे की दूसरी पंक्ति में 'ज़ने' शब्द फ़ारसी भाषा से है – इसका अर्थ है 'औरतें'। यह 'ज़न' शब्द का बहुवचन है। 'ज़न' का अर्थ है 'औरत'। इसके बाद 'पाइंदृह' शब्द है – यह फ़ारसी शब्द है और इसके मायने हैं 'मां'। इसके बाद 'अक़ीमहू' शब्द है, जो अरबी भाषा का शब्द है – इसके मायने है 'बांझ'।

अर्थ :

''सुबह को फ़ज्र कहते हैं। ज़ुहर दोपहर का वक़्त है, जो अस्र से पहले का समय है। अस्र, दिन का चौथा पहर है। इसके अलावा शाम, सांज या सांझ कही जाती है। औरतें दो प्रकार की हैं - एक पाइंदृह या जो मां बनती हैं और दूसरी बांझ या अक़ीमहू या बांज।''

99. सेर[1] अघाना[2] कूर[3] काना भेद राज़[4]।
गुस्नहू[5] भूका पियासा तश्नहु[6] बाज़।।

इस दोहे में 'सेर' शब्द फ़ारसी भाषा का है – इसका अर्थ है 'तृप्त'। इसके बाद 'अघाना' शब्द हिन्दी से है – इसका अर्थ भी है 'तृप्त'। इसके बाद 'कूर' शब्द है – यह फ़ारसी भाषा का शब्द है – इसका अर्थ है 'अंधा' या 'काना'। इसके बाद 'राज' शब्द है – यह फ़ारसी शब्द है – इसका अर्थ है 'भेद'।

दोहे की दूसरी पंक्ति में पहला शब्द है 'गुस्नहू' – यह फ़ारसी भाषा का शब्द है – इसका अर्थ है 'भूखा'। इसके बाद 'तश्नहू' शब्द है – यह भी फ़ारसी भाषा का शब्द है – इसका अर्थ है 'प्यासा'।

---

99. 1-तृप्त (फा.), 2-तृप्त (हिं.), 3-काना (फा.), 4-भेद (फा.), 5-भूखा (फा.), 6-प्यास (फा.)

अर्थ :

"सेर और अघाना तृप्त को कहते हैं। कूर कहते हैं काने या अंधे को। भेद कहते हैं राज़ को यानी कोई छुपी हुई बात। भूखे को भूका या गुस्नहू कहते हैं और प्यासे को तश्नहु कहा जाता है।"

100. हिमार[1] अगर तुरा[2] प्रसंद चीस्र चक्की।
बहिंदवी बुवद[3] गदहा के बारबरस्त[4]।।

इस दोहे में 'हिमार' शब्द फ़ारसी भाषा से है – इसका अर्थ है 'गधा'। इसके बाद 'तुरा' शब्द हिन्दी भाषा का है – 'तुरा सरसों जैसा एक बीज होता है, जिसका तेल निकाला जाता है'। 'ख़रास्त' फ़ारसी भाषा का शब्द है – इसका अर्थ है 'वह चक्की, जिसको जानवरों से चलाया जाता है'। दोहे की दूसरी पंक्ति में 'बुवद' शब्द का अर्थ है 'कहते हैं'। 'बारबरस्त' शब्द इस दोहे का अंतिम शब्द है – यह फ़ारसी शब्द है – इसका अर्थ है 'बोझ ढोता है'। 'बार' कहते हैं 'बोझ' को।

अर्थ :

"हिमार यानी गद्हा अगर चक्की खींचकर तुरा का तेल निकालता है। हिन्दी में इसे गदहा बोला जाता है और यह बोझ ढोता है।"

101. ख़रगोश[1] खरहा बाशद[2] आहू[3] बुवद हिरन।
अंगुश्तरी[4] अंगूठी पैरायहू[5] आमरन।।

इस दोहे में 'ख़रगोश' शब्द अरबी भाषा का शब्द है – इसके मायने है 'खरहा'। इसके बाद 'बाशद' फ़ारसी शब्द है – इसका अर्थ है 'कुछ भी हो'। इसके बाद 'आहू' शब्द है – यह भी फ़ारसी भाषा का शब्द है – इसके मायने है 'हिरन'। दोहे की दूसरी पंक्ति में 'अंगुश्तरी' शब्द फ़ारसी भाषा से है – इसका अर्थ है 'अंगूठी'। इसके बाद 'पैरायहू' शब्द है, जो फ़ारसी शब्द है और जिसका अर्थ है 'आभूषण' या 'ज़ेवर'।

---

100. 1-गधा (फा.), 2-सरसों की तरह का दाना, 3-कहते हैं (फा.), 4-बोझा ढोता है (फा.)

101. 1-खरहा (अ.), 2-कुछ भी हो (फा.), 3-हिरन (फा.), 4-अंगूठी (फा.), 5-आभूषण (फा.)

अर्थ :

''खरगोश ही खरहा है, कुछ भी हो आहू हिरन है। अंगूठी, अंगुश्तरी है और आभूषण को पैरायहू और आमरन कहते हैं।''

102. अगर तू नाम चर्खए बेचारहू पीर ज़न।
गोचंद नाम रहटा दर हिंदवी वचन[1]।।

इस दोहे में 'चर्ख़ए बेचारहू' शब्द फ़ारसी भाषा के शब्द हैं – जिनका अर्थ है 'बेचारी बूढ़ी' (कमज़ोर बूढ़ी), (वैसे चर्ख़ शब्द के और भी कई अर्थ होते हैं)। इसके बाद 'पीर' शब्द है – यह भी फ़ारसी शब्द है – इसका अर्थ है 'बूढ़ा' या 'बूढ़ी'। इसके बाद 'ज़न' शब्द है – यह भी फ़ारसी भाषा का शब्द है – इसका अर्थ है 'औरत'। दोहे की दूसरी पंक्ति में 'गोचंद' शब्द भी फ़ारसी भाषा का शब्द है – इसका अर्थ है 'ऐसा भी है'। इसके बाद 'रहटा' शब्द है – रहटा दरअसल अरहर के पौधे को सूख जाने के बाद कहा जाता है, जब इसकी तमाम पत्तियां सूखकर गिर जाती हैं और अरहर की सूखी हुई फलियां तोड़ ली जाती हैं। इसी रहटा को बूढ़े इंसान के समान उदाहरण के तौर पर यहां बताया गया है। रहटा सूखा हुआ, टेढ़ा-मेढ़ा और पतला होता है। इसके बाद 'वचन' शब्द हिन्दी भाषा से है – इसका अर्थ है 'बोल' जो कुछ भी हम बोलते हैं।

अर्थ :

''अगर तुम बूढ़ी बेचारी औरत को चर्ख़ए बेचारहू कहो तो वही बूढ़ी, पीर ज़न भी है। जिसका उदाहरण हिन्दी में रहटा से दिया जाता है, क्योंकि रहटा भी बूढ़े लोगों जैसा सूखा हुआ रहता है बिलकुल नीरस।

103. पेचक[1] बेदी[2] तू पूनी[3] पागुंद[4] गाला[5] पां,
इकअस्त[6] नाम तकला आबुर्दी अम बया[7]।

इस दोहे में 'पेचक' शब्द फ़ारसी भाषा का शब्द है – इसका अर्थ है 'धागे' या 'सूत का गोला'। इसके बाद 'बेदी' शब्द भी फ़ारसी भाषा का शब्द

---

102. 1-बूढ़ी औरत से चर्खे का नाम बूझो तो वह हिंदवी में उसे 'रहटा' कहेगी।

103. 1-सूत का गोला (फा.), 2-जान (फा.), 3-रुई की बत्ती (हि.), 4-धुनी रुई का गोला (फा.), 5-धुनी रुई (हि.), 6-तकला (फा.), 7-मैंने कहा (फा.)

है – इसका अर्थ है 'जान लो'। इसके बाद 'पूनी' शब्द है – यह हिन्दी भाषा का शब्द है – इसका अर्थ है 'रुई कातने के लिए रुई की बनाई गई बत्ती'। इसके बाद 'पागुंद' शब्द है – यह भी फ़ारसी शब्द है – जिसका अर्थ है – 'धुनी हुई रुई का गोला'। इसके बाद 'गाला' शब्द हिन्दी भाषा का शब्द है – इसका अर्थ है 'धुनी हुई रुई का गोला'। दोहे की दूसरी पंक्ति में 'इकअस्त' शब्द फ़ारसी भाषा से है – इसका अर्थ है 'तकला'। इसके बाद 'अम बयां' शब्द है – ये भी फ़ारसी शब्द हैं – इनका अर्थ है 'मैंने कहा'।

अर्थ :

''पेचक और पूनी दोनों को धागे या सूत का गोला जान, पागुंद और गाला रुई के धुने हुए गोले को कहा जाता है।

इकहस्त कहते हैं तकले को यह बात मैं कहता हूं।''

104. अहिनह[1], आरसी[2] के दर रूस बेनगरी[3]।
सेवा[4] बहिंदी तू बेदां[5] नामे चाकरी।।

इस दोहे में 'अहिनह' (आईना) शब्द फ़ारसी भाषा से है – इसका अर्थ है 'शीशा'। इसके बाद 'आरसी' शब्द है, जो हिन्दी भाषा से है – इसका अर्थ भी है 'आईना' या 'शीशा'। इसके बाद 'रूस' शब्द भी फ़ारसी का है, जो 'रुख' यानी 'चेहरे' के अर्थ में है। इसके बाद 'बेनगरी' शब्द है – यह भी फ़ारसी शब्द है – इसका अर्थ है 'उसमें तू देख'। दोहे की दूसरी पंक्ति में 'सेवा' शब्द हिन्दी भाषा से है – इसका अर्थ है 'नौकरी-चाकरी'। इसके बाद 'बेदां' शब्द फ़ारसी भाषा से है – इसका अर्थ है 'जान'।

अर्थ :

''अहिनह और आरसी का अर्थ है आईना या शीशा, उसमें तू अपना चेहरा देख। सेवा हिन्दी शब्द है, तू यह जान ले कि इसका अर्थ है नौकरी-चाकरी।''

---

104. 1-शीशा (फा.), 2-शीशा (हि.), 3-उसमें तू अपना मुंह देख (फा.), 4-नौकरी (हि.), 5-जान (फा.)

105. सिंदान[1] अलात[2] अहरन पि़त्तीस[3] तुपक[4] को।
मी दां हताड़े बाशद बेचू ओ बेयरा[5]।।

इस दोहे में 'सिंदान' शब्द फ़ारसी भाषा का शब्द है – इसका अर्थ है 'लोहे का बना हुआ वह चौकोर बड़ा गुटका, जिस पर लोहार और सुनार आदि कारीगर लोहा या सोना-चांदी को हथौड़े से पीटकर चौड़ा, पतला करते हैं' – इसे 'अहरन' कहते हैं। इसके बाद 'अलात' शब्द है, जो अरबी शब्द है – इसका अर्थ भी है 'अहरन'। इसके बाद 'पित्तीस' शब्द है – यह भी अरबी शब्द है – इसका अर्थ है 'हथौड़ा'। इसके बाद 'तुपक' शब्द है – यह तुर्की भाषा का शब्द है – इसका अर्थ है 'छोटी तोप'। इसके बाद 'रा' शब्द भी फ़ारसी भाषा से है – इसका अर्थ है 'को'। दोहे में 'बाशद' शब्द फ़ारसी भाषा से है – इसका अर्थ है 'कुछ भी हो'। इसके बाद 'बेयरा' शब्द है – जिसका अर्थ है 'बेशक'।

अर्थ :

''सिंदान और अलात, अहरन को कहते हैं। पित्तीस हथौड़े को और तुपक छोटी तोप को। ओ बेचने वाले बेशक यह हथौड़ा तू मुझे बेच दे।''

106. चींही अस्त नाम मोर[1], पिस्सूस्त नामे कैक[2]।
वह को पयामो[3] नामहवरो[4] क़सिदहस्त[5] पैक[6]।।

इस दोहे में 'चींही' शब्द 'चींटी' के अर्थ में है। 'मोर' फ़ारसी शब्द है – इसका अर्थ है 'चींटी'। इसके बाद 'पिस्सूस्त' शब्द फ़ारसी भाषा से है – इसका अर्थ है 'पिस्सू'। इसके बाद 'कैक' शब्द भी फ़ारसी भाषा से है – इसका अर्थ भी है 'पिस्सू'।

दोहे की दूसरी पंक्ति में 'पयामो' शब्द आया है – यह फ़ारसी शब्द है – इसका अर्थ है 'संदेश'। इसके बाद 'नामहवरो' (नामवर) शब्द है, जो अरबी और फ़ारसी दोनों भाषाओं में प्रयोग किया जाता है – इसका अर्थ है 'संदेशवाहक'। इसके बाद 'क़सिदहस्त' शब्द है – यह अरबी शब्द है –

---

105. 1-अहरन (फा.), 2-अहरन (अ.), 3-हथौड़ा (अ.), 4-तोप (तु.), 5-बेशक

106. 1-चींटी (फा.), 2-पिस्सू (फा.), 3-संदेश (फा.), 4-संदेशवाहक (फा.), 5-परवाहक (अ.), 6-दूत (फा.)

इसका अर्थ है 'संदेश लाने वाला' या 'दूत'। इसके बाद 'पैक' शब्द है – यह फ़ारसी है और इसका भी अर्थ है 'दूत'।

अर्थ :

''चींटी को चींही कहते हैं, उसका एक नाम मोर भी है। पिस्सू को कैक और पिस्सूस्त कहा जाता है। वह पयाम यानी संदेश लाने वाला नामहवर है, उसे क़सिदहस्त और पैक भी कहा जाता है यानी दूत।''

107. बेदार[1] बेदां के जगता है।
हम ख़ुफ़तह[2] बेदां के सोवता है।।

इस दोहे में 'बेदार' शब्द फ़ारसी भाषा से है – इसका अर्थ है 'जागता है'। दोहे की दूसरी पंक्ति में 'ख़ुफ़तह' शब्द भी फ़ारसी भाषा का शब्द है – इसका अर्थ है 'सोता है'। 'बेदां' शब्द का अर्थ है 'जान ले' – यह फ़ारसी शब्द है।

अर्थ :

''तू यह जान ले कि बेदार का अर्थ है जागता है। और यह भी जान ले कि ख़ुफतह का मतलब है सोता है या सोवता है।''

108. मीदां[1] सुबू[2] घड़ा व सुबूचह[3] बेंदां घड़ी[4]।
यूं[5] तीर-ए-सक्फ[6] बाशद दर हिंद वी कड़ी।।

इस दोहे में 'मीदां' शब्द फ़ारसी भाषा से है – इसका अर्थ है 'तुम जानो'। इसके बाद 'सुबू' शब्द भी फ़ारसी भाषा से है – इसका अर्थ है 'घड़ा'। इसके बाद 'सुबूचह' शब्द है – यह भी फ़ारसी शब्द है – इसका अर्थ है 'मटकी'। इसके बाद 'घड़ी' शब्द हिन्दी भाषा से है – इसका अर्थ है 'मटकी'। दोहे की दूसरी पंक्ति में 'तीर-ए-सक्फ़' फ़ारसी शब्द है – इसका अर्थ है 'छत की कड़ी'।

---

107. 1-जगना है (फा.), 2-सोवन है (फा.)

108. 1-तुम जानो (फा.), 2-घड़ा (फा.), 3-छोटा घड़ा, 4-मटकी (हि.), 5-कड़ी छत (फा.), 6- छत की कड़ी (फा.)

अर्थ :

''तुम यह जान लो सुबू ही घड़ा है और जान ले सुबूचह मटकी को या घड़ी को कहते हैं और तीर-ए-सक़्फ़ को हिन्दी में कड़ी कहते हैं, चाहे तुम मानो या न मानो।''

109. तगर्ग[1] अस्त हम संगयह्[2] ज़ालह्[3] ओला।
यो ज़ीरक[4] सयाना ओ नादान भोला।।

इस दोहे में 'तगर्ग' शब्द फ़ारसी भाषा का शब्द है – इसका अर्थ है 'ओला'। इसके बाद 'संगयह्' शब्द भी फ़ारसी भाषा से है – इसका भी अर्थ है 'ओला'। इसके बाद 'ज़ालह्' शब्द है – यह भी फ़ारसी भाषा का शब्द है – इसका अर्थ भी है 'ओला'।

दोहे की दूसरी पंक्ति में 'ज़ीरक' शब्द भी फ़ारसी भाषा का शब्द है – इसका अर्थ है 'अक़्लमंद' या 'सयाना'।

अर्थ :

''तगर्ग ओला है और संगयह्, ज़ालह् भी ओले का ही नाम है। अक़्लमंद ही ज़ीरक और सयाना है और नादान, भोला और बेवक़ूफ़ है।''

110. तू अख़रोट का जॉज़[1]-ए-खुरासा[2] बेदां।
दिगर नारियल स्नौज़-ए-हिंदी बेरवां[3]।।

इस दोहे में 'जॉज़' शब्द फ़ारसी से लिया गया है – इसका अर्थ हिन्दी में 'अख़रोट' है। इसके बाद 'खुरासां' शब्द है – यह एक शहर का नाम है, जहां का अख़रोट बहुत प्रसिद्ध है।

दोहे की दूसरी पंक्ति में 'बेरवां' शब्द फ़ारसी भाषा से है – इसका अर्थ है 'कह'।

अर्थ :

''अखरोट को ही जॉज़ कहते हैं और ख़ुरासान का अख़रोट बहुत

---

109. 1-ओला (फा.), 2-ओला (फा.), 3-ओला (फा.), 4-सयाना (फा.)

110. 1-अख़रोट (फा.), 2-वारिस (फा.), 3-कह (फा.)

प्रसिद्ध है। इसके अलावा हिन्दुस्तान का नारियल बहुत अच्छा होता है, यह बात तुम कहो।''

111. हिजब्र[1] अस्त नाहर पलंग[2] चीता।
यो गुर्ग[3] अस्त भेढ़ा[4] ओ करगदन[5] अस्त गैंडा।।

इस दोहे में 'हिजब्र' शब्द फ़ारसी भाषा से है – इसका अर्थ है 'शेर' या 'नाहर'। 'नाहर' हिन्दी भाषा का शब्द है – इसका अर्थ है 'शेर'। इसके बाद 'पलंग' शब्द है – यह भी फ़ारसी शब्द है – इसका अर्थ है 'चीता'।

दोहे की दूसरी पंक्ति में 'गुर्ग' शब्द फ़ारसी भाषा से है – इसका अर्थ है 'भेड़िया'। इसके बाद 'भेढ़ा' शब्द हिन्दी भाषा से है – इसका अर्थ भी है 'भेड़िया'। इसके बाद 'करगदन' शब्द है – यह भी फ़ारसी शब्द है – इसका अर्थ है 'गैंडा'।

अर्थ :

''हिजब्र, शेर को कहते हैं, जिसे हिन्दी में नाहर कहा जाता है और पलंग कहते हैं चीते को। भेड़िये को गुर्ग और भेढ़ा कहते हैं और गैंडे को करगदन कहते हैं।''

112. दीगर कलावहू[1] कुकड़ी[2] हम रेस्मां[3] सूत।
इन्सां शुमार मानुस ओ भी दां[4] तू देव भूत।।

इस दोहे में 'कलावहू' शब्द फ़ारसी भाषा से है – इसका अर्थ है 'सूत का लच्छा'। इसके बाद 'कुकड़ी' शब्द हिन्दी भाषा से है – इसका अर्थ भी है 'सूत का लच्छा'। इसके बाद 'रेस्मां' शब्द है – यह फ़ारसी भाषा का शब्द है – इसका अर्थ है 'सूत'।

इस दोहे की दूसरी पंक्ति में 'दां' शब्द फ़ारसी भाषा से है – इसका अर्थ है 'जानो'।

---

111. 1-नाहर (फा.), 2-चीता (फा.), 3-भेड़िया (फा.) 4-भेड़िया (हि.), 5.-गैंडा (फा.)

112. 1-सूत का लच्छा (फा.), 2-सूत का लच्छा (हिं.), 3-सूत (फा.), 4-जानो (फा.)

अर्थ :

"इसके अलावा सूत के लच्छे को कलावह और कुकड़ी कहते हैं और सूत को रेस्मां बोलते हैं।

इंसान को मानुस या मनुष्य कहते हैं और यह भी जानो कि देव को भूत कहते हैं।"

113. कुफुल[1] किलीद[2] जो ताला किल्ली[3]।
गुर्बह्[4] खैतल[5] जो कहिए बिल्ली।।

इस दोहे में 'कुफुल' अरबी भाषा का शब्द है – इसका अर्थ है 'ताला'। इसके बाद 'किलीद' फ़ारसी शब्द है – इसका अर्थ है 'चाबी' या 'ताली'। इसके बाद 'किल्ली' शब्द है, जो हिन्दी भाषा से है – इसका भी अर्थ है 'ताली' या 'चाबी'।

दोहे की दूसरी पंक्ति में 'गुबर्ह्' शब्द फ़ारसी भाषा से है – इसका अर्थ है 'बिल्ली'। इसके बाद 'खैतल' शब्द है, जो अरबी भाषा से है – इसका अर्थ भी है 'बिल्ली'।

अर्थ :

"क़ुफ़ुल ताला है और किलीद चाबी और किल्ली भी चाबी या ताली को कहते हैं। बिल्ली को गुबर्ह् और खैतल कहिये।"

114. शर्म लाज पोशीदन[1] ढांकना।
कार है काज ख़ास्तन[2] मांगना।।

इस दोहे में 'पोशीदन' शब्द फ़ारसी भाषा से है – इसका अर्थ है 'ढकना'।

दूसरी पंक्ति में 'ख़ास्तन' शब्द फ़ारसी भाषा से है – इसका अर्थ है 'मांगना'।

---

113. 1-ताला (अ.), 2-ताली (फा.), 3-ताली (हि.)
4-बिल्ली (फा.), 5-बिल्ली (अ.)

114. 1-ढांकना (फा.), 2-मांगना (फा.)

अर्थ :

"शर्म को लाज या हया कहते हैं और पोशीदान का मतलब है ढंकना। काम को कार (कार्य) या काज कहते हैं और ख़ास्तन मांगने को कहते हैं।"

115. ज़हल सितारा जुहल[1] सनीचर अहमद[2]।
अदैत[3] बफ़ारसी खुर[4] आमद[5]।।

इस दोहे में 'कैवां' शब्द फ़ारसी भाषा से है - जिसका अर्थ है 'शनि ग्रह'। इसके बाद 'जुहल' शब्द है - यह अरबी भाषा का शब्द है - इसका अर्थ भी है 'शनि ग्रह'। इसके बाद 'अहमद' शब्द भी अरबी भाषा से है - इसका अर्थ है 'बहुत तारीफ़ करने वाला'।

दोहे की दूसरी पंक्ति में 'अदैत' शब्द का अर्थ है 'सूर्य'। यह हिन्दी भाषा का शब्द है। इसके बाद 'खुर' शब्द फ़ारसी भाषा से है - जिसका अर्थ है 'सूर्य'। इसके बाद 'आमद' शब्द भी फ़ारसी भाषा का ही शब्द है - इसका अर्थ है 'आया'।

अर्थ :

"शनि ग्रह को कैवां, जुहल और सनीचर कहते हैं, जो प्रशंसा करता है। हिन्दी में अदैत सूर्य को कहते हैं और फ़ारसी में खुर सूर्य को ही कहते हैं।"

116. मिर्रीख़ बज़बान-ए-हिंदवी मंगल।
राई बज़बान-ए-फ़ारसी ख़र्दल[1]।।

इस दोहे में 'मिर्रिख़' शब्द अरबी भाषा से लिया गया है - इसका अर्थ है 'मंगल'।

दोहे की इस पंक्ति में 'ख़रदल' (ख़र्दल) शब्द फ़ारसी भाषा से लिया गया है - इसका अर्थ है 'राई'।

---

115. 1-शनि (अ.), 2-बहुत तारीफ़ करने वाला 2-सूर्य, 3-सूर्य, 4-आया

116. 1-मंगल (अ.), 2-राई

दोहे का अर्थ :

''मिर्रिख़ को हिन्दी भाषा में मंगल ग्रह कहते हैं और राई को फ़ारसी भाषा में ख़ुर्दल कहते हैं।''

117. बुध है उतारिद[1] गर तू बेदानी।
ऊ रा तू दबीर-ए-चर्ख़[2] बेख़ानी[3]।।

इस दोहे में 'उतारिद' शब्द अरबी भाषा से लिया गया है – इसका अर्थ है 'बुध ग्रह'।

दोहे की दूसरी पंक्ति में 'दबीर-ए-चर्ख़' शब्द भी अरबी भाषा से लिया गया है और इसका अर्थ भी है 'बुध ग्रह'। इसके बाद 'बेख़ानी' शब्द फ़ारसी भाषा से है – इसका अर्थ है 'मान'।

अर्थ :

**''बुध ग्रह को उतारिद कहते हैं, अगर तू जान ले।
दबीर-ए-चर्ख़ को भी बुध ग्रह कहते हैं, यह तू मान ले।''**

118. बिरजीस[1] मुश्तरी[2] बिरस्पत।
क़ाज़ी-ए-सिपहर[3] दर सआदत[4]।।

इस दोहे में 'बिरजीस' शब्द फ़ारसी भाषा से है – इसका अर्थ है 'बृहस्पति ग्रह'। इसके बाद 'मुश्तरी' शब्द है – यह अरबी भाषा का शब्द है – इसका अर्थ भी है 'बृहस्पति ग्रह'।

दोहे की दूसरी पंक्ति में 'क़ाज़ी-ए-सिपहर' शब्द भी 'बृहस्पति' के लिए आया है। इस शब्द के दो भाग हैं क़ाज़ी और सिपहर। क़ाज़ी अरबी भाषा का शब्द है। सिपहर फ़ारसी शब्द है। क़ाज़ी कहते हैं न्यायाधीश को और सिपहर का अर्थ है 'आकाश'। आकाश का न्यायाधीश यहां पर बृहस्पति को बताया गया है। यहां पर सआदत शब्द का अर्थ है 'भलाई' या 'नेकी' या 'सौभाग्य'।

---

117. 1-बुध (अ.), 2-बुध ग्रह (अ.), 3-मान (फा.)

118. 1-बृहस्पति (फा.), 2-बृहस्पति (अ.), 3-बृहस्पति (फा.), 4-सौभाग्य

अर्थ :

"बिरजीस और मुश्तरी, बिरस्पत ये सभी बृहस्पति ग्रह के नाम हैं। बृहस्पति ही क़ाज़ी-ए-सिपहर है और सौभाग्यशाली है।"

119. शुद सुक्र हिंदवी जुहरह् नाम।
खुन्यागर[1]-ए-आस्मां दिलाराम[2]।।

इस दोहे में 'जुहरह्' शब्द अरबी भाषा से है - इसका अर्थ है 'शुक्र ग्रह'।

दोहे की दूसरी पंक्ति में 'खुन्यागर-ए-आसमां' शब्द फ़ारसी भाषा से है। इसका अर्थ है 'आसमान का गायक' यानी 'शुक्र ग्रह'। इसके बाद 'दिलाराम' शब्द है - इसका अर्थ है 'प्यारा' - यह फ़ारसी शब्द है।

दोहे का अर्थ :

"हिन्दी में जिसे शुक्र (सुक्र) कहते हैं, उसी का नाम ज़ोहरा है। शुक्र ग्रह दिल को आराम देने वाला है और यह खुन्यागर-ए-आस्मां' भी कहा जाता है यानी आकाश का गायक।"

120. हिंदवी पीपल बुवद फ़िलफ़िल दराज।
मिर्च फ़िलफ़िल गिर्द[2] का गोहंद बाज़।।

इस दोहे में 'फ़िलफ़िल' शब्द अरबी भाषा से है - इसका अर्थ है 'मिर्च'। 'दराज़' शब्द फ़ारसी भाषा से है - इसका अर्थ है 'लंबा' या 'लंबी'। 'फ़िलफ़िल दराज़' का अर्थ है 'लंबी मिर्च'।

इस दोहे की दूसरी पंक्ति में 'फ़िलफ़िल-गिर्द' का अर्थ है 'गोल काली मिर्च'।

अर्थ :

"मिर्च को हिन्दी में पीपल बोलते हैं और इसी को फ़िलफ़िल-दराज़ भी कहते हैं। इसी मिर्च को ही फ़िलफ़िल गिर्द यानी काली मिर्च भी कहा जाता है।"

---

119. 1-गायक (फा.), 2-प्यारा (फा.)

120. 1-लंबी मिर्च (अ.), 2-काली गोल मिर्च (अ.)

121. जौज़बोया[1] जायफल बेशक बेदां (जान ले)।
हम क़रनफ़ुल[2] लौंग का किरी बेरवां।।

इस दोहे में 'जौज़बोया' शब्द अरबी भाषा से है – इसका अर्थ है 'जायफल'।

दोहे की दूसरी पंक्ति में 'क़रनफुल' शब्द अरबी भाषा से है – इसका अर्थ है 'लौंग'। इसके बाद 'किरी' हिन्दी भाषा का शब्द है – इसका अर्थ भी है 'लौंग'।

अर्थ :

**"बेशक जायफल को जौज़बोया कहते हैं, यह जान ले।
इसके अलावा लौंग को क़रनफ़ुल और किरी कहते हैं।"**

122. हिंदी गोहंद ख़ुर्मा[1] रा खजूर।
दाख़[2] का तू फ़ारसी भी दां अंगूर।।

इस दोहे में 'ख़ुर्मा' शब्द फ़ारसी भाषा से है – इसका अर्थ है 'खजूर'।

दोहे की दूसरी पंक्ति में 'दाख़' शब्द हिन्दी भाषा से है – इसका अर्थ है 'अंगूर'।

दोहे का अर्थ :

"हिन्दी भाषा में ख़ुर्मा को खजूर कहते हैं और दाख़ को फ़ारसी में अंगूर कहते हैं।"

123. जंजबोलस्त[1] सिंधी आमद सोंठ नीज़[2]।
छानिये ऐ मीत तू याने बेवीज[3]।।

इस दोहे में 'ज़ंजबोलस्त' अरबी भाषा का शब्द है – इसका अर्थ है 'सोंठ'। इसके बाद 'नीज़' फ़ारसी शब्द है – इसका अर्थ है 'और भी'।

दूसरी पंक्ति में 'बेवीज' शब्द भी फ़ारसी भाषा से है – इसका अर्थ है 'छानना' या 'छानिये'।

---

121. 1-जायफल (अ.), 2-लौंग (अ.), 3-लौंग (हिं.)

122. 1-खजूर (फा.), 2-अंगूर (हिं.)

123. 1-सोंठ (अ.), 2-और (फा.), 3-छानिए (फा.)

अर्थ :

"सौंठ यानी ज़ंजबोलस्त सिंध से आया है और ऐ मित छानिये का मतलब होता है बेवीज॥"

124. बीमार मरीज दुखिया जान।
बरगीर[1] उठाओ वान हैदान[2]॥

इस दोहे में 'बरगीर' शब्द फ़ारसी भाषा से है – इसका अर्थ है 'उठाना' या 'उठाओ'।

इसके बाद 'हैदान' फ़ारसी शब्द है – इसका अर्थ है 'दान' या 'ख़ैरात'।

दोहे का अर्थ :

"बीमार और मरीज़ को दुखिया समझो।
बरगीर का अर्थ है उठो और वान को दान कहते हैं।"

125. अंधा नाबीना[1] वा बीना[2] देखता।
क़ब्र[3] बाशद गोर[4] गल्तां लोटता[5]॥

इस दोहे में 'नाबीना' शब्द फ़ारसी भाषा से है – इसका अर्थ है 'अंधा'। इसके बाद 'बीना' शब्द है – यह भी फ़ारसी शब्द है – इसका अर्थ है 'देखता'।

दूसरी पंक्ति में 'गोर' शब्द फ़ारसी भाषा से है – इसका अर्थ है 'क़ब्र'। इसके बाद 'ग़ल्तां' शब्द भी फ़ारसी से ही है – इसका अर्थ है 'लोटना' या 'लुढ़कना'।

दोहे का अर्थ :

"अंधे को नाबीना कहते हैं और आंख वाले को बीना कहते हैं।
क़ब्र को गोर कहते हैं और लोटने को ग़ल्तां कहते हैं।"

126. पैकान[1] ओ ज़िरह बख़्तर[2] अस्त गांसी[3]।
हम ख़ंदहु[4] क़हक़हहू हस्त[5] हांसी॥

---

124. 1-तू उठा (फा.), 2-दान (फा.)

125. 1-अंधा (फा.), 2-आंख वाला (फा.), 3-कब्र (अ.) 4-कब्र (फा.), 5-लुढ़कता (फा.)

126. 1-बाण की नोक (फा.), 2-कवच (फा.), 3-बाण की नोक (हि.), 4-हंसी (फा.), 5-ज़िन्दगी

इस दोहे में 'पैकान' शब्द का अर्थ है 'बाण की नोक' – यह फ़ारसी शब्द है। इसके बाद 'ज़िरह बख़्तर' शब्द भी फ़ारसी शब्द है – इसका अर्थ है 'कवच'। इसके बाद 'ग़ांसी' हिन्दी शब्द है – इसका अर्थ है 'बाण की नोक'।

दोहे की दूसरी पंक्ति में 'खंदहु' शब्द फ़ारसी भाषा से है – इसका अर्थ है 'हंसी' या 'हंसना'। इसके बाद 'क़हक़हहू' शब्द अरबी भाषा से है – इसका अर्थ है 'ज़ोर से हंसना'। इसके बाद 'हांसी' हिन्दी शब्द है – इसका अर्थ भी है 'हंसी'।

अर्थ :

''पैकान यानी तीर के नोक और ज़िरह बख़्तर कहते हैं कवच को और तीर या बाण की नोक को हिन्दी भाषा में गांसी कहते हैं। इसके अलावा हंसने को ख़ंदहु कहते हैं। क़हक़हा और हांसी ही ज़िंदगी है।''

127. ज़िराअ[1] गज़[2] मीज़ां[3] तराज़ू वज़न तौल।
दम[4] नफ़स[5] दफ्तर[6] परीदह[7] दलो[8] डौल।।

इस दोहे में 'ज़िराअ' अरबी शब्द है – इसका अर्थ है 'एक गज़' (जिससे कपड़े आदि की लंबाई नापते हैं, अब आजकल एक गज़ की बजाय एक मीटर कहा जाता है)। इसके बाद 'गज़' शब्द फ़ारसी भाषा से है – इसका अर्थ भी है 'एक मीटर' या 'एक हाथ बराबर'। इसके बाद 'मीजां' अरबी भाषा का शब्द है – जिसका अर्थ है 'तराज़ू'।

दोहे की दूसरी पंक्ति में 'दम' फ़ारसी भाषा का शब्द है – इसका अर्थ है 'सांस'। इसके बाद 'नफ़स' अरबी भाषा का शब्द है – इसका अर्थ भी है 'सांस'। इसके बाद 'दफ़्तर' शब्द फ़ारसी भाषा से है – इसका अर्थ है 'पुस्तक खण्ड'। इसके बाद 'परीदह' शब्द अरबी भाषा से है – इसका भी अर्थ है 'पुस्तक खण्ड'। इसके बाद 'दलो' शब्द अरबी भाषा से है – इसका अर्थ है 'डोल' (जिससे कुएं से पानी निकालते हैं)।

---

127. 1-नाथ (अ.), 2-हाथ की लंबाई (फा.), 3-तराजू (अ.), 4-सांस (फा.), 5-पुस्तक खंड (फा.), 6-पुस्तक खंड (अ.), 7-डोल (अ.)

अर्थ :

"ज़िरआ ही गज़ यानी एक मीटर है, मीज़ां तराज़ू है और वज़न तौल है। सांस को दम या नफ़स कहते हैं, पुस्तक खण्ड को दफ़्तर और परीदह कहा जाता है और दलो डोल कहलाता है॥"

128. मशरिक़[1] जो कहूं पूरब का नांव।
मग़रिब[2] दर हिंदवी पछाव॥

इस दोहे में 'मशरिक़' अरबी भाषा का शब्द है - इसका अर्थ है 'पूरब'।

दोहे की दूसरी पंक्ति में 'मग़रिब' भी अरबी भाषा का शब्द है - इसका अर्थ है 'पश्चिम'।

अर्थ :

"मशरिक़ पूरब दिशा का ही दूसरा नाम है। मग़रिब का नाम पश्चिम है और हिन्दी में इसे पछाव बोलते हैं।"

129. है जुनूब[1] दक्खिन का ओर।
हम शुमाल[2] उत्तर का छोर॥

इस दोहे में 'जुनूब' अरबी भाषा का शब्द है - इसका अर्थ है 'दक्षिण दिशा'।

दोहे की दूसरी पंक्ति में 'शुमाल' शब्द है - यह भी अरबी भाषा का शब्द है - इसका अर्थ है 'उत्तर दिशा'।

अर्थ :

"जुनूब दक्खिन दिशा को कहते हैं और शुमाल कहते हैं उत्तर दिशा को।"

130. हम फ़राज[1] ओ पेश[2] आगा जानिये।
हम अक़ब[3] पाछे यकीं पहचानिये॥

इस दोहे में 'फ़राज़' शब्द फ़ारसी भाषा से है - इसका अर्थ है 'ऊंचा'।

---

128. 1-पूरब (अ.), 2-पश्चिम (अ.)
129. 1-दक्षिण (अ.), 2-उत्तर (अ.)
130. 1-ऊंचा (फा.), 2-आगे (फा.), 3-पीछा (अ.)

इसके बाद 'पेश' शब्द है, जो फ़ारसी भाषा से है – इसका अर्थ है 'आगे'।

दोहे की दूसरी पंक्ति में 'अक़ब' शब्द अरबी भाषा से है – इसका अर्थ है 'पीछे'।

अर्थ :

''फ़राज़ का अर्थ है ऊंचा और पेश कहते हैं आगे को। इसके अलावा अक़ब का मतलब है पीछे या पाछे, आप इस बात को पहचान लीजिए।''

131. अक़रब[1] बताजी बिच्छू कज़दुम[2] बुर्जे फ़लक।
विश्मुर[3] तू सुयेश[4]–ओ–फ़रिश्तह मलक[5]।।

इस दोहे में 'अक़रब' शब्द अरबी भाषा से है – इसका अर्थ है 'बिच्छू'। इसके बाद 'कज़दुम' शब्द फ़ारसी भाषा से है – इसका अर्थ भी है 'बिच्छू'।

दोहे की दूसरी पंक्ति में 'विश्मुर' शब्द का अर्थ है 'बुर्ज'। इसके बाद 'सुयेश' का अर्थ है 'जान ले'। इसके बाद 'मलक' शब्द फ़ारसी भाषा से है – इसका अर्थ है 'देवदूत' या 'फ़रिश्ता'।

अर्थ :

''बिच्छू को अरबी में अक़रब कहते हैं। बिच्छू को कज़दुम भी कहते हैं और बुर्जे फ़लक भी, क्योंकि आकाश में बिच्छू की आकृति भी होती है, जो वृश्चिक राशि से संबंधित है। यह बात तू जान ले कि फ़रिश्ते को मलक या देवदूत कहते हैं।''

132. हम नमूनहू[1] बानगी अटकल क़ियास[2]।
इत्र[3] खुशबयो शमीमो[4] बूए[5] बास।।

इस दोहे में 'नमूनहू' शब्द फ़ारसी भाषा से है – इसका अर्थ है 'बानगी' या 'नमूना'। इसके बाद 'क़ियास' शब्द है – यह अरबी भाषा का शब्द है – इसका अर्थ है 'अटकल' या 'अंदाज़ा'।

---

131. **1-बिच्छू (अ.), 2-बिच्छू (फा.), 3-बुर्ज**
4.-तू जान ले, 5-देवदूत (फा.)

132. **1-बानगी (फा.), 2-अटकल (अ.), 3-खुशबू**
4-बास (अ.), 5-बास (फा.)

दोहे की दूसरी पंक्ति में 'इत्र' अरबी भाषा का शब्द है – इसका अर्थ है 'खुशबू'। इसके बाद 'शमीमो' शब्द है – यह अरबी शब्द है – इसका भी अर्थ है 'खुशबू' या 'बास'। इसके बाद 'बूए' शब्द है, जो फ़ारसी शब्द है – इसका अर्थ भी है 'खुशबू' या 'बास'।

अर्थ :

''इसके अलावा नमूनहू कहते हैं बानगी को और क़ियास को अटकल या अंदाज़ा कहते हैं।

ख़ुशबयो या खुशबू इत्र को और बास कहते हैं शमीम और बूए को।''

133. बल्दह्[1] शहरामद नगर कूचह्[2] गली
ख़ार[3] कांटा फूल गुल गुंचह[4] कली।।

इस दोहे में 'बल्दह्' शब्द अरबी भाषा से है – इसका अर्थ है 'शहर' या 'नगर'। इसके बाद 'कूचह' शब्द फ़ारसी भाषा का शब्द है – इसका अर्थ है 'गली'।

दोहे की दूसरी पंक्ति में 'ख़ार' फ़ारसी शब्द है – इसका अर्थ है 'कांटा'। इसके बाद 'गुंचह्' भी फ़ारसी शब्द है – इसका अर्थ है 'कली'।

अर्थ :

''नगर को शहर या बल्दह् कहते हैं और गली को कूचा।

ख़ार, कांटा है, फूल गुल है और कली को ग़ुंचह कहते हैं।''

134. आक़िबत[1] अंजाम[2] आख़िर काम है।
हम पियालहू तामेह साग़र[3] जाम[4] है।।

इस दोहे में 'आक़िबत' अरबी भाषा का शब्द है – इसका अर्थ है 'अंत' या 'आख़िर'। इसी दोहे की इसी पंक्ति में 'अंजाम' शब्द अरबी भाषा से है – इसका भी अर्थ है 'आख़िर'।

दोहे की दूसरी पंक्ति में 'सागर' शब्द और 'जाम' दोनों ही फ़ारसी भाषा के शब्द हैं और इन दोनों का ही अर्थ है 'प्याला'।

---

133. 1-नगर (अ.), 2-गली (फा.) 3-कांटा (फा.), 4-कली (फा.)

134. 1-अंत (अ.), 2-अंत (अ.), 3-प्याला (फ.), 4-प्याला (फा.)

अर्थ :

"आक़िबत और अंजाम अंत को कहते हैं और यही सबका आख़िर है। इसके अलावा पियालाह तांबे का और प्याले को ही साग़र और जाम कहते हैं।"

135. रास्त[1] ओ चप[2] हम यमीनस्त[3]-ओ-यसार[4]।
हिंदवी तू दाहिना[4] वायां विचार।।

इस दोहे में 'रास्त' फ़ारसी शब्द है – इसका अर्थ है 'दायां' और इसके बाद 'चप' भी फ़ारसी शब्द है – इसका अर्थ है 'बायां'। इसके बाद 'यमीनस्त' शब्द अरबी भाषा से है – इसका अर्थ है 'दायां'। इसके बाद अंतिम शब्द 'यसार' भी अरबी शब्द है – इसका अर्थ है 'बायां'।

दोहे का अर्थ :

"रास्त दायां और चप बायां है। इसके अलावा यमीनस्त दायां और यसार बायें को कहते हैं। और हिन्दी में इसे दायां और बायां कहते हैं।"

136. कपारस्तो[1] पेशतियो[2] हम ज़बीं[3]।
यो इक़बाल[4]-ओ-दौलत बुवद लच्छमी।।

इस दोहे में 'कपारस्तो' शब्द हिन्दी भाषा के 'कपार' शब्द से लिया गया है – इसका अर्थ है 'ललाट' या 'माथा'। इसी प्रकार 'पेशतियो' शब्द फ़ारसी भाषा के 'पेशानी' शब्द से लिया गया है – इसका भी अर्थ है 'ललाट' या 'माथा'। इसके बाद 'जबीं' शब्द है, यह अरबी भाषा का शब्द है – इसका अर्थ भी है 'माथा'।

इसी दोहे की दूसरी पंक्ति में 'इक़बाल' शब्द अरबी भाषा से लिया गया है – इसका अर्थ है 'खुशहाली' या 'दौलत'।

दोहे का अर्थ :

"ललाट को कपार और पेशानी कहते हैं और इसी को जबीं या माथा भी कहते हैं। ख़ुशहाली और दौलत को लक्ष्मी भी कहते हैं।"

---

135. 1-दायां (फा.), 2-बायां (फा.), 3-दायां (अ.), 4-बायां (अ.)

136. 1-ललाट (हि.), 2-माथा (फा.)
3-ललाट (अ.), 4-खुशहाली (अ.)

137. बेदां मुर्दमक[1] पूतली अम्न[2] चैन।
दिगर[3] ऐन[4] हम चश्म[5] दीदह[6] नैन।।

इस दोहे में 'मुर्दमक' शब्द फ़ारसी भाषा से है – इसका अर्थ है 'आंख की पुतली'। इसके बाद 'अम्न' शब्द अरबी भाषा से है – इसका अर्थ है 'चैन' या 'शांति'।

दोहे की दूसरी पंक्ति में 'ऐन' फ़ारसी शब्द है – इसका अर्थ है 'आंख'। 'चश्म' और 'दीदहू' फ़ारसी शब्द हैं – इनका भी अर्थ है 'आंख'। 'नैन' शब्द हिन्दी भाषा का है – इसका भी अर्थ है 'आंख'।

अर्थ :

''मुर्दमक आंख की पुतली है। अम्न - चैन और शांति को कहते हैं। इसके अलावा आंख को ऐन, चश्म, दीदह और नैन कहते हैं।''

138. बुवद होंठ लब[1] ज़ानू[2] हम खबह[3] दां।
दिगर नाफ़[4] रा नामे तूंदी[5] बेखां।।

इस दोहे में 'लब' फ़ारसी शब्द है – इसका अर्थ है 'होंठ'। इसके बाद 'ज़ानू' शब्द है – यह भी फ़ारसी शब्द है – इसका अर्थ है घुटना। इसके बाद 'ख़बह' शब्द अरबी भाषा से है – इसका अर्थ है 'क्षेत्र'।

दोहे की दूसरी पंक्ति में 'नाफ़' शब्द फ़ारसी भाषा और 'तूंदी' हिन्दी भाषा का शब्द है – इन दोनों ही शब्दों का अर्थ है 'नाभि'।

अर्थ :

''होंठ को लब कहते हैं और ज़ानू जांघ को कहते हैं और ख़बह का अर्थ है क्षेत्र। इसके अलावा नाफ़ का दूसरा नाम है तूंदी या नाभि।''

139. जिगर दां कलेजा सुपर्जस्त[1] तिल्ली।
के पहलू[2] बुवद हिंदवी पांसली।।

---

137. 1-आंख की पुतली (फा.), 2-चैन (अ.), 3-इसके अतिरिक्त 4-नेत्र (अ.) 5-नेत्र (फा.), 6-आंख (फा.)

138. 1-होंठ (फा.), 2-घुटना (फा.) 3-क्षेत्र (अ.) 4-नाभि (फा.), 5-नाभि (हिं.)

139. 1-तिल्ली (फा.), 2-पसली (फा.)

इस दोहे में 'सुपर्ज़स्त' फ़ारसी भाषा का शब्द है – इसका अर्थ है 'तिल्ली'।

दोहे की दूसरी पंक्ति में 'पहलू' शब्द भी फ़ारसी भाषा का शब्द है – इसका अर्थ है 'पसली'।

अर्थ :

''जिगर ही कलेजा है और तिल्ली सुपर्ज़स्त है और पहलू यानी पसली को हिन्दी में पांसली कहते हैं।''

140. बैज[1] सेह[2] शब[3] हस्त यकीं दां जमह्।
सेहदहुम[4] चहारदहुम[5] पांजदह[6]।।

इस दोहे में 'बैज' शब्द अरबी भाषा से है – इसका अर्थ है 'चांदनी'। इसके बाद 'सेह' शब्द फ़ारसी भाषा से है – इसका अर्थ है 'तीन'। इसके बाद 'शब' भी फ़ारसी शब्द है – इसका अर्थ है 'रात'।

दोहे की दूसरी पंक्ति में 'सेहदहुम' का अर्थ है 'तेरहवीं'। 'चहारदहुम' का अर्थ है 'चौदहवीं' और 'पांज-दह' का अर्थ है 'पंद्रहवीं'। ये तीनों ही फ़ारसी भाषा के शब्द हैं।

अर्थ :

''इस बात का पक्का यक़ीन कर लो कि चांदनी रातें सचमुच तीन ही रातों को कहते हैं। तेरहवीं, चौदहवीं और पंद्रहवीं की रातों को।''

141. तीन रात हैं कहें चांदनी।
तेरहीं चौदहों पंद्रही।।

इस दोहे में भी ऊपर वाले दोहा नंबर 140 का ही अर्थ है।

142. हम तरह[1] साग आमदह तंबूल[2] पान।
ज़ाफरां[3] केसर हिना[4] मेंहदी बेदां।।

---

140. 1-चांदनी (अ.), 2-तीन (फा.), 3-रात (फा.)
4-तेरहवीं (फा.) 5-चौदहवीं (फा.), 6-पंद्रहवीं (फा.)

142. 1-साग (फा.), 2-पान (हिं.)
3-केसर (अ.), 4. मेहंदी (फा.)

इस दोहे में 'तरह' शब्द फ़ारसी भाषा का शब्द है – इसका अर्थ है 'साग'। इसके बाद 'तंबूल' हिन्दी भाषा का शब्द है – इसका अर्थ है 'पान'।

दोहे की दूसरी पंक्ति में 'ज़ाफरां' शब्द अरबी भाषा से लिया गया है – इसका अर्थ है 'केसर'। इसके बाद 'हिना' फ़ारसी शब्द है – जिसका अर्थ है 'मेहंदी'।

दोहे का अर्थ :

"साग को तरह और पान को तंबूल कहते हैं और जान लो कि ज़ाफरान केसर और मेहंदी हिना है।"

143. अस्लिहह्[1] हथियार बुवद आहर[2] आश्कार[3]।
रज़्म[4] वग़ा[5] जंग[6] दिगर कारज़ार[7]।।

इस दोहे में 'अस्लिहह्' अरबी भाषा का शब्द है – इसका अर्थ है 'हथियार'। इसके बाद 'आहर' शब्द हिन्दी भाषा का शब्द है – इसका अर्थ है 'पानी का स्थान'। इसके बाद 'आश्कार' शब्द फ़ारसी भाषा का शब्द है – इसका अर्थ है 'प्रकट होना' या 'ज़ाहिर होना'।

दोहे की दूसरी पंक्ति में 'रज़्म' फ़ारसी शब्द है और 'वग़ा' अरबी शब्द – इन दोनों ही शब्दों का अर्थ है 'जंग' या 'युद्ध'। इसके बाद 'जंग' और 'कारज़ार' शब्द भी फ़ारसी शब्द हैं – इनका अर्थ भी है 'जंग' या 'युद्ध' या 'लड़ाई'।

अर्थ :

"हथियार को अस्लिहह् कहते हैं, आहर पानी की जगह को और आश्कार का अर्थ है प्रकट होना। युद्ध को रज़्म, वग़ा, जंग और इसके अलावा कारज़ार भी कहते हैं।"

144. ज़ंजवीलो[1] सिंधी आमद सोंठ नाम।
हम क़रनफ़ुल[2] लौंग आमद रंग क़ाम[3]।।

---

143. 1-हथियार (अ.), 2-पानी का स्थान (हिं.), 3-प्रकट (फा.), 4-युद्ध (फा.), 5-युद्ध (अ.), 6-युद्ध (फा.) 7-युद्ध (फा.)

144. 1-सोंठ (अ.), 2-लौंग, 3-रंग (फा.)

इस दोहे में 'ज़ंजवीलो' अरबी भाषा का शब्द है – इसका अर्थ है 'सोंठ'। इसी दोहे में 'क़रनफुल' शब्द अरबी भाषा से है – इसका अर्थ है 'लौंग' और 'क़ाम' शब्द फ़ारसी भाषा से है – इसका अर्थ है 'रंग'।

अर्थ :

"ज़ंजवीलो का दूसरा नाम सोंठ है। इसके अलावा लौंग को क़रनफ़ुल और रंग को क़ाम कहते हैं।"

145. तूत[1] फ़िरसाद[2] खीरा बादरंग[3]।
छींका आवग हिंदवी ढील है दिरंग।।

इस दोहे में 'तूत' शब्द फ़ारसी भाषा से लिया गया है – इसको 'शहतूत' कहते हैं। इसके बाद 'फ़िरसाद' शब्द अरबी भाषा से है – इसका अर्थ है 'शहतूत'। इसके बाद 'बादरंग' शब्द फ़ारसी भाषा से है – इसका अर्थ है 'खीरा'।

दोहे की दूसरी पंक्ति में 'आवग' शब्द फ़ारसी भाषा से है – इसका अर्थ है 'छींका'। इसके बाद 'दिरंग' भी फ़ारसी भाषा का शब्द है – जिसका अर्थ है 'ढीला'।

अर्थ :

"शहतूत को तूत और फ़िरसाद तथा खीरा को बादरंग कहते हैं। छींका को आवग और हिन्दी के ढील शब्द को दिरंग कहते हैं।"

146. हर्द[1] गोर्हि ज़र्द चोबामह[2] सख़ुन
धनिया कशनीज़स्त[3] मजलिस[4] अंजुमन[5]।।

इस दोहे में 'हर्द' शब्द हिन्दी भाषा से है – इसका अर्थ है 'हल्दी'। 'ज़र्द' 'पीले रंग' को कहते हैं और 'चोबामह' कहते हैं 'हल्दी' को – यह फ़ारसी भाषा का शब्द है। इसके बाद 'मजलिस' शब्द है, जो अरबी भाषा से है – इसका अर्थ है 'सभा'। इसके बाद 'अंजुमन' शब्द फ़ारसी भाषा से है – इसका अर्थ भी है 'सभा'।

---

145. **1-शहतूत (फ.), 2-शहतूत (अ.)**
3-खीरा (फा.), 4-ढील (फा.)

146. **1-हल्दी (हिं.), 2-हल्दी (फा.), 3-धनिया (हिं.) 4-सभा (अ.), 5-सभा (फा.)**

अर्थ :

"हल्दी को हर्द और चोबामह कहते हैं। इसका रंग पीला होता है। धनिया को कश्नीज़स्त और मजलिस एवं अंजुमन, सभा को कहते हैं।"

147. दां हलैलह[1] हड़ व हम अंगूज़ह[2] हींग।
आज[3], हाथीदांत बाशद, शाख़[4] सींग।।

इस दोहे में 'हलैलह' शब्द फ़ारसी भाषा से है – इसका अर्थ है 'हरड़'। इसके बाद 'अंगूज़ह' शब्द भी फ़ारसी भाषा से है – इसका अर्थ है 'हींग'।

दोहे की दूसरी पंक्ति में 'आज' अरबी भाषा का शब्द है – इसका अर्थ है 'हाथीदांत'। इसके बाद 'शाख़' फ़ारसी भाषा का शब्द है – इसका अर्थ है 'सींग'।

अर्थ :

"हरड़ को हलैलह् या हड़ और अंगूज़ह हींग को कहते हैं। हाथीदांत को आज और सींग को शाख़ बोलते हैं।"

148. नाम-ए-कंवल का बेदां नीलोफ़रस्त।
कौकबह[2] जैशे[3] हशम दा लश्करस्त[4]।।

इस दोहे में 'नीलोफ़र' शब्द फ़ारसी भाषा से है – जिसका अर्थ है 'नीले रंग का कंवल' या 'कमल का फूल'।

दोहे की दूसरी पंक्ति में 'कौकबह' शब्द अरबी भाषा से है – जिसका अर्थ है 'शाही जुलूस'। इसके बाद 'जैश' शब्द फ़ारसी भाषा का शब्द है – इसका अर्थ है 'फ़ौज' या 'सेना'। इसके बाद 'लश्कर' शब्द है – यह भी फ़ारसी शब्द है और इसका भी अर्थ है 'सेना' या 'फ़ौज'। इन तीनों शब्दों का अर्थ 'भीड़' भी है।

अर्थ :

"कमल के फूल को कंवल कहते हैं और नीलोफ़र भी इसी का नाम है। फ़ौज या भीड़ को कौकबह, जैश और लश्कर भी कहते हैं।"

---

147. 1-हर्र (फ.), 2-हींग (फा.) 3-हाथी दांत (अ.), 4-सींग (फा.)

148. 1-नीलकमल (फा.), 2-शाही जुलूस (अ.)
3-फौज (सेना) (अ.), 4-फौज (सेना) (फ.)

149. कश्तिया ज़ौरक़[1] तू बेदां नाव है।
ज़ख़्मो[2] जराहत[3] तू बेदां घाव है।

इस दोहे में 'ज़ौरक़' शब्द अरबी भाषा का शब्द है – इसका अर्थ है 'छोटी नाव'।

इसी दोहे की दूसरी पंक्ति में 'ज़ख्म' और 'जराहत' दो शब्द हैं – ये दोनों ही अरबी भाषा के शब्द हैं – इनका अर्थ है 'घाव'।

अर्थ :

''नाव का दूसरा नाम कश्ती है और इसे ज़ौरक़ भी कहते हैं। इसी प्रकार घाव को ज़ख्म और जराहत भी कहा जाता है।।''

150. जीव[1] को सीमाब[2] पारा जानिये।
हिंदवी गूगिर्द[3] गंधक मानिये।।

इस दोहे में 'जीव' शब्द हिन्दी भाषा का शब्द है – इसका अर्थ है 'पारा'। इसके बाद 'सीमाब' शब्द है, जो फ़ारसी शब्द है – इसका अर्थ भी है 'पारा'।

दोहे की दूसरी पंक्ति में 'गूगिर्द' शब्द भी फ़ारसी भाषा से है – इसका अर्थ है 'गंधक'।

अर्थ :

''पारा हिन्दी भाषा में जीव कहा जाता है और फ़ारसी में इसे सीमाब कहते हैं। गंधक को हिन्दी भाषा में गंधक और फ़ारसी में गूर्गिद कहते हैं।''

151. जाकी[1] बुदा[2] हिंदवी है रोज[3]।
हम पै असर[4] सुराग[5] है खोज।।

इस दोहे में 'जाकी' शब्द फ़ारसी भाषा से है – इसका अर्थ है 'रोना'। इसके बाद 'बुदा' शब्द अरबी भाषा से है – इसका भी अर्थ है 'रोना'। इसके

---

149. 1-छोटी नाव (अ.), 2-घाव (अ.), 3-घाव (अ.)
150. 1-पारा (अ.), 2-पारा (फा.), 3-गंधक (फा.)
151. 1-रोना (फा.), 2-रोना (अ.)
3-रोना (हिं.), 4-खोज (अ.), 5-खोज (फा.)

बाद 'रोज़' शब्द हिन्दी भाषा से है – इसका भी अर्थ है 'रोना'।

दोहे की दूसरी पंक्ति में 'असर' अरबी भाषा का शब्द है – इसका अर्थ है 'खोज'। इसके बाद 'सुराग़' शब्द है – इसका भी अर्थ है 'खोज' – यह फ़ारसी भाषा का शब्द है।

अर्थ :

"जाकी और बुदा का अर्थ है रोना, जिसे हिन्दी में रोज़ कहते हैं। खोज को असर और सुराग़ कहते हैं।"

152. रंज यो तश्वीश बुवद दर्द पीर।
क़ौस[1] कमानस्त दिगर सहम[2] तीर।।

इस दोहे में 'तश्वीश' अरबी भाषा का शब्द है – इसका अर्थ है 'फ़िक्र' या 'परेशानी'।

दोहे की दूसरी पंक्ति में 'क़ौस' शब्द अरबी भाषा से है – इसका अर्थ है 'कमान'। इसके बाद 'सहम' शब्द भी अरबी भाषा से है – इसका अर्थ है 'तीर'।

अर्थ :

"रंज या दु:ख ही तश्वीश या परेशानी है और दर्द कहते हैं पीर को। क़ौस कमान को कहते हैं, इसके अलावा तीर को सहम कहते हैं।"

153. रस्मो[1] आईन[2] विश्नो अज़ मन रीत है।
नुस्रतो[3] हम फ़तह[4] नामे जीत है।

इस दोहे में 'रस्म' शब्द अरबी भाषा से है – इसका अर्थ है 'नियम-क़ानून'। इसके बाद 'आइन' शब्द है – यह फ़ारसी भाषा का शब्द है – इसका अर्थ भी है 'नियम-क़ानून'।

दोहे की दूसरी पंक्ति में 'नुस्रत' (नुसरत) शब्द अरबी भाषा से है – इसका अर्थ है 'जीत' या 'विजय'। इसके बाद 'फ़तह' शब्द फ़ारसी भाषा से है – इसका अर्थ भी है 'जीत' या 'विजय'।

---

152. 1-कमान (अ.), 2-तीर (अ.)

153. 1-नियम (अ.), 2-विधान (फा.), 2-विजय (अ.), 4-विजय (फा.)

दोहे का अर्थ :

"नियम-क़ानून को रस्म या आइन कहते हैं और इसी को हिन्दी में रीत या रस्म कहते हैं। जीत या विजय को नुसरत और फ़तह के नाम से जाना जाता है।"

154. फ़ारसी सीमुर्ग़[1] उन्क़ा[2] हस्तं तज़रव[3] कब्क[4] हंस।
हम यो यरक़ानस्त[5] कांवरी[6] है ज़रीर[7] ओ नस्ल[8] बंस।।

इस दोहे में 'सीमुर्ग़' शब्द फ़ारसी भाषा से है – यह एक पौराणिक पक्षी का नाम है। 'उन्क़ा' अरबी भाषा का शब्द है – यह उसी पौराणिक पक्षी 'सीमुर्ग़' का अरबी नाम है। 'तज़ख' शब्द फ़ारसी भाषा से है – इसका अर्थ है 'चकोर'। इसके बाद 'कब्क़' शब्द भी फ़ारसी भाषा का शब्द है – इसका अर्थ भी है 'चकोर'।

दोहे की दूसरी पंक्ति में 'यरक़ान' शब्द अरबी भाषा से है – इसका अर्थ है 'पीलिया' या 'कंवर'। 'कांवरी' शब्द हिन्दी भाषा से है – इसका अर्थ भी है 'पीलिया'। इसके बाद 'ज़रीर' शब्द है – यह फ़ारसी भाषा का शब्द है – इसका अर्थ भी है 'पीलिया'। इसके बाद 'नस्ल' शब्द है – यह अरबी भाषा का शब्द है – इसका अर्थ है 'वंश'।

अर्थ :

"सीमुर्ग फ़ारसी में एक पौराणिक पक्षी का नाम है, जिसे उन्क़ा भी कहते हैं। इसी तरह चकोर को तज़ख और कब्क कहते हैं। इसे हंस भी कहा जाता है। पीलिया को यरक़ान और कंवर कहते हैं, इसे ज़रीर भी कहते हैं और वंश को नस्ल कहते हैं।"

155. बुलबुलामद अंदलीबो[1] चिड़िया का गुंजिक[2] द्रां।
हिंदवी टीटी मलख़[3] जलकुकड़ मुर्ग़ाबी[4] बेरवां।।

---

154. 1-पौराणिक पक्षी (फा.), 2-पौराणिक पक्षी (अ.), 3-चकोर (फा.), 4-चकोर (फा.), 5-पीलिया (अ.), 6-पीलिया (हिं.) 7-पीलिया (फा.), 8-वंश (अ.)

155. 1-बुलबुल (अ.), 2-चिड़िया (फा.), 3-टिड्डा (फा.) 4-जलकुकड़ (फा.)

इस दोहे में 'अंदलीब' शब्द का अर्थ है 'बुलबुल' – यह अरबी भाषा का शब्द है। इसके बाद 'गुंजिक' शब्द फ़ारसी भाषा से है – इसका अर्थ है 'पक्षी' या 'चिड़िया'।

दोहे की दूसरी पंक्ति में 'मलख़' शब्द फ़ारसी भाषा का शब्द है – इसका अर्थ है 'टिड्डा'। इसके बाद 'मुर्ग़ाबी' शब्द फ़ारसी भाषा से है – इसका अर्थ है 'जलकुकड़' या 'पानी में रहने वाली मुर्ग़ी'।

अर्थ :

''बुलबुल आयी – इसे अंदलीब भी कहते हैं और चिड़िया को गुंजिक कहते हैं। मलख़ यानी टिड्डा जिसे हिन्दी में टीटी भी कहते हैं और जलकुकड़ यानी पानी की मुर्ग़ी को मुर्ग़ाबी कहते हैं।''

156. शबचरा[1] रख़्शो[2] तगावर[3] खिंग[4] तौसन[5] है तुरंग[6]।
वब्र[7] जैगम शेर नाहर भूज़ चीता है पलंग।।

इस दोहे में 'शबचरा' फ़ारसी भाषा का शब्द है – इसका अर्थ है 'काला घोड़ा'। इसके बाद 'रख़्श' शब्द फ़ारसी भाषा से है – इसका अर्थ है 'वह घोड़ा जिसका रंग लाल-सफेद हो'। इसके बाद 'तगावर' भी फ़ारसी शब्द है – इसका अर्थ है 'ऐसा घोड़ा, जो बहुत तेज़ दौड़ता हो'। इसके बाद 'खिंग' शब्द भी फ़ारसी भाषा से है – इसका अर्थ है 'सफ़ेद घोड़ा'। इसके बाद 'तौसन' फ़ारसी भाषा का शब्द है – इसका अर्थ है 'घोड़े का बहुत फुर्तीला और तंदरुस्त बच्चा'। इसके बाद 'तुरंग' शब्द हिन्दी भाषा का शब्द है – इसका अर्थ भी है 'घोड़ा'।

दोहे की दूसरी पंक्ति में 'वब्र' शब्द अरबी भाषा से है – इसका अर्थ है 'शेर'।

अर्थ :

''शबचरा है काला घोड़ा, रख़्श है लाल सफ़ेद घोड़ा, तग़ावर है तेज़ दौड़ने वाला घोड़ा, खिंग सफ़ेद घोड़ा है और तौसन है घोड़े का तेज़ तंदरुस्त बच्चा। तुरंग हिन्दी में घोड़े को कहते हैं। शेर को जैगम और वब्र

---

156. काला घोड़ा (फा.), 2-लाल-सफेद रंग का घोड़ा (फा.), 3-तेज घोड़ा (फा.) 4-सफेद घोड़ा (फा.), 5-घोड़े का वह बच्चा जो खूब तंदरुस्त और फुर्तीला हो (फा.), 6-घोड़ा (हिं.), 7-शेर (अ.)

कहते हैं। हिन्दी भाषा में शेर को नाहर कहा जाता है और चीते को फ़ारसी भाषा में पलंग कहते हैं।''

157. हिरन आहू[1] जानिये आहन्वचा कहिये ग़ज़ाल[2]।
बूज़िनहू[3] बंदर ख़िर्स[4] रीछ आमद गीदड़ शिग़ाल।।

इस दोहे में 'आहू' शब्द फ़ारसी भाषा से है – इसका अर्थ है 'हिरन'। इसके बाद 'आहन्वचा' शब्द है – जिसका अर्थ है 'हिरन का बच्चा'।

दोहे की दूसरी पंक्ति में 'बूज़िनहू' शब्द फ़ारसी भाषा से है – इसका अर्थ है 'बंदर'। इसके बाद 'ख़िर्स' शब्द फ़ारसी भाषा से है – इसका अर्थ है 'रीछ'। इसके बाद 'शिग़ाल' शब्द भी 'फ़ारसी भाषा से है – इसका अर्थ है 'गीदड़'।

अर्थ :

''हिरन को आहू समझो और हिरन के बच्चे को आहन्वचा और गज़ाल कहते हैं। बंदर को बूज़िनहू, रीछ को ख़िर्स और गीदड़ को शिग़ाल कहते हैं।''

158. मेष[1] भेड़ी कूच[2] मेंढा हम ससा[3] ख़रगोश है।
अस्तर[4] आमद ख़च्चरो[5] भैंसा बेदां जामूस[6] है।।

इस दोहे में 'मेष' शब्द फ़ारसी भाषा से है – इसका अर्थ है 'भेड़'। इसके बाद 'कूच' शब्द अरबी भाषा से है – इसका अर्थ है 'मेढ़ा'। इसके बाद 'ससा' शब्द हिन्दी भाषा से है – इसका अर्थ है 'ख़रग़ोश'।

दोहे की दूसरी पंक्ति में 'अस्तर' शब्द फ़ारसी भाषा से है – इसका अर्थ है 'ख़च्चर'। इसके बाद 'जामूस' शब्द अरबी भाषा से है और इसका अर्थ है 'भैंसा'।

अर्थ :

''मेष भेड़ है और कूच है मेढा, इसके अलावा ख़रग़ोश ससा है। ख़च्चर है अस्तर और भैंसे को जामूस कहते हैं।''

---

157. 1-हिरन (फा.), 2-मृगशावक, 3-बंदर (फा.) 4-रीछ (फा.), 5-गीदड़ (फा.)

158. 1-भेड़ (फा.), 2-भेड़ (अ.), 3, खरगोश (हिं.), खच्चर (फा.), 4-खच्चर (फा.), 5-भैंसा (तु.), 6-भैंसा (अ.)

159. माह[1] आमद सोम[2] वेशह[3] जंगलस्त।
हिंदवी मिर्रीख[4] रा गो मंगलस्त।।

इस दोहे में 'माह' फ़ारसी भाषा का शब्द है – इसका अर्थ है 'चांद'। इसके बाद 'सोम' हिन्दी भाषा का शब्द है – इसका अर्थ है 'चांद'। इसके बाद 'वेशह' शब्द फ़ारसी भाषा से है – इसका अर्थ है 'जंगल'।

दोहे की दूसरी पंक्ति में 'मिर्रीख़' शब्द अरबी भाषा से है – इसका अर्थ है 'मंगल ग्रह'।

अर्थ :

''माह और सोम कहते हैं चांद को और वेशह कहते हैं जंगल को। मिर्रीख़ को हिन्दी भाषा में मंगल ग्रह कहते हैं।''

160. हम सुक्र के ज़ुहरह्[1] नाम दारद[2]।
असबाब-ए-तरब[3] मुदाम[4] दारद।।

इस दोहे में 'सुक्र' (शुक्र) है 'ज़ुहरह्'। 'ज़ुहरह्' अरबी भाषा का शब्द है – इसका अर्थ है 'शुक्र ग्रह'। इसके बाद 'दारद' फ़ारसी भाषा का शब्द है – इसका अर्थ है 'है'।

दोहे की दूसरी पंक्ति में 'असबाब-ए-तरब' अरबी भाषा से लिया गया शब्द है – इसका अर्थ है 'आनंद के साधन'। इसके बाद 'मुदाम' शब्द है – यह अरबी भाषा का शब्द है – इसका अर्थ है 'स्थायी रूप से रहे'।

अर्थ :

''शुक्र ग्रह को सुक्र या ज़ुहरह् नाम से जाना जाता है। आनंद के साधन स्थायी रूप से कायम रहें।''

161. महबूबो[1] हबीब[2] है पियारा।
हम अंजुम[3] औ अख़्तर[4] अस्त तारा।

---

159. 1-चांद (फा.), 2-चांद (हिं.), 3-जंगल (फा.) 4-मंगल (अ.)

160. 1-शुक्र (अ.), 2-है (फा.), 3-आनंद के साधन 4-स्थायी रूप से रहें

161. 1-प्यारा (अ.), 2-प्यारा (अ.), 3-तारा (अ.), 4-तारा (फ.)

इस दोहे में 'महबूब' और 'हबीब' शब्द अरबी भाषा से हैं – इनका अर्थ है 'प्यारा' या 'प्रेमी'।

दोहे की दूसरी पंक्ति में 'अंजुम' शब्द का अर्थ है 'तारा' – यह अरबी भाषा का शब्द है। इसके बाद 'अख़्तर' शब्द है – यह फ़ारसी भाषा का शब्द है – इसका अर्थ है 'तारा'।

अर्थ :

''महबूब और हबीब कहते हैं प्रेमी या उसको जो प्यारा लगे।
इसके अलावा तारा अंजुम और अख़्तर है।''

162. है चंद्रगहन ख़ुसूफ़[1] मी दां।
हम सूरजगहन कुसूफ़[2] मी ख़ां।।

इस दोहे में 'ख़ुसूफ़' अरबी भाषा का शब्द है – इसका अर्थ है 'चंद्र ग्रहण'।

दोहे की दूसरी पंक्ति में 'कुसूफ़' शब्द भी अरबी भाषा से है – इसका अर्थ है 'सूर्य ग्रहण'।

अर्थ :

''चंद्र ग्रहण को चंद्र गहन और ख़ुसूफ़ कहते हैं।
इसके अलावा सूर्य गहण को सूर्य गहन या कुसूफ़ कहते हैं।''

163. साऊत[1] घड़ी पहर के पास[2]।
शहूर[3] आमद माया[4] हिंदवी मास।।

इस दोहे में 'साऊत' (सही शब्द साअत) शब्द अरबी भाषा का शब्द है – इसका अर्थ है 'घड़ी' या 'पहर'। इसके बाद 'मास' शब्द फ़ारसी भाषा से है – इसका भी अर्थ है 'पहर' या 'घड़ी'।

दोहे की दूसरी पंक्ति में 'शहूर' अरबी भाषा का शब्द है – इसका अर्थ है 'मास' या 'महीना'। इसके बाद 'माया' शब्द है – यह फ़ारसी शब्द है – जिसका अर्थ है 'महीना' या 'मास'।

---

162. 1-चंद्रग्रहण (अ.), 2-सूर्यग्रहण (अ.)

163. 1-घड़ी (अ.), 2-पहर (फा.), 3-मास (अ.), 4-मास (फा.)

अर्थ :

"साउत यानी साअत का मतलब है घड़ी या पहर, इसे मास भी कहते हैं। महीने को शहूर और माया कहते हैं, हिन्दी में इसे मास कहते हैं।"

164. दस्त बिरिंजन[1] कंगन कहिये पायल है ख़लख़ाल[2]।
पाय बिरिंजन[3] चूड़ा कहिये ख़ूबी[4] हुस्नो[5] जमाल[6]।।

इस दोहे में 'दस्त बिरिंजन' शब्द फ़ारसी भाषा से है - इसका अर्थ है 'हाथ में पहनने वाला ब्रेसलेट' या 'कंगन'। इसके बाद 'ख़लख़ाल' शब्द अरबी भाषा से है - इसका अर्थ है 'पायल'।

इस दोहे की दूसरी पंक्ति में 'पाय बिरिंजन' शब्द फ़ारसी भाषा से है - इसका अर्थ है 'पाय' यानी 'पांव में पहनने वाला कड़ा या चूड़ा'। इसके बाद 'ख़ूबी' शब्द फ़ारसी भाषा का शब्द है - इसका अर्थ है 'सुंदरता'। इसके बाद 'हुस्न' और 'जमाल' शब्द अरबी भाषा से लिए गए हैं - इन दोनों ही शब्दों का अर्थ है 'सुंदरता'।

अर्थ :

"हाथ के कंगन को दस्त बिरिंजन कहते हैं और पायल को ख़लख़ाल कहा जाता है।

पांव के कड़े को चूड़ा या पाय बिरिंजन कहते हैं और सुंदरता को ख़ूबी, हुस्न-ओ-जमाल कहते हैं।"

165. गुलूबंद[1] को तिलड़ी कहिए और हमाइल[2] हार।
बाज़ूबंद[3] भुजाली[4] कहिये जो पैरायहू[5] सिंगार।।

इस दोहे में 'गुलूबंद' फ़ारसी भाषा का शब्द है - यह एक प्रकार का गले का ज़ेवर या गहना है, जो गले को ढके रखता है, इसे 'तिलड़ी' भी कहते हैं - यह हिन्दी भाषा का शब्द है। इसका अर्थ है 'तीन लड़ियों वाला गले

---

164. 1-कंगन (फ), 2-पायल (अ.), 3-कड़ा, 4-सुंदरता (फा.), 5-सौदर्य (अ), 6-सौंदर्य (अ.)

165. 1-गले का गहना (फा.), 2-गले का हार (अ.), 3-बांह का गहना (फा.), 4-भुजा का गहना (हिं.), 5-शृंगार (फा.)

का गहना'। इसके बाद 'हमाइल' शब्द है – जिसका अर्थ है 'गले का हार' – यह अरबी भाषा का शब्द है।

दोहे की दूसरी पंक्ति में 'बाज़ूबंद' शब्द फ़ारसी भाषा का शब्द है – इसका अर्थ है 'बांह का गहना'। इसके बाद 'भुजाली' शब्द हिन्दी भाषा से है – इसका अर्थ है 'भुजा' या 'बांह का गहना'। इसके बाद 'पैरायह्' शब्द है – इसका अर्थ है 'सिंगार' या 'शृंगार' – यह फ़ारसी भाषा का शब्द है।

अर्थ :

''गुलूबंद को तिलड़ी कहते हैं और हमाइल को गले का हार कहते हैं। बांह में पहने जाने वाले गहने को बाज़ूबंद और भुजाली कहते हैं और सिंगार या शृंगार को पैरायह् कहा जाता है।''

166. गोशवारह[1] दर हिंदवी बरनूं करनफूल दर कान।
गौहर[2] लूलू[3] मोती कहिए मूंगा है मर्जान[4]।।

इस दोहे में 'गोशवारह' फ़ारसी भाषा का शब्द है – इसका अर्थ है 'कान का बुंदा'। इसके बाद 'करनफूल' शब्द हिन्दी भाषा से है – इसका अर्थ है 'कान में पहना जाने वाला ज़ेवर' या 'बुंदा'।

दोहे की दूसरी पंक्ति में 'गौहर' शब्द फ़ारसी भाषा से है – इसका अर्थ है 'मोती'। इसके बाद 'लूलू' अरबी भाषा का शब्द है – इसका भी अर्थ है 'मोती'। इसके बाद 'मर्जान' अरबी भाषा का शब्द है – इसका अर्थ है 'मूंगा'।

अर्थ :

''कान का बुंदा गोशवारा कहलाता है और हिन्दी में इसे करनफूल कहा जाता है। यह कान में पहना जाता है। मोती को गौहर और लूलू कहते हैं और मूंगा को मर्जान कहते हैं।''

167. बदली मेग यो अब्र[1] सहाब[2]।
अहिला[3] सैल[4] यो कीच ख़ेलाब[5]।।

---

166. 1-कान का बुंदा, 2-मोती (फा.), 3-मोती (अ.), 4-मूंगा (अ.)

167. 1-बादल (फा.), 2-बादल (अ.), 3-बाढ़ (हिं.), 4-बाढ़ (अ.), 5-कीचड़ (अ.)

इस दोहे में 'अब्र' शब्द फ़ारसी भाषा से है – इसका अर्थ है 'बादल'। इसके बाद 'सहाब' शब्द अरबी भाषा से है – इसका अर्थ है 'बादल'।

दोहे की दूसरी पंक्ति में 'अहिला' शब्द हिन्दी भाषा से है – इसका अर्थ है 'बाढ़। इसके बाद 'सैल' शब्द अरबी भाषा से है – इसका अर्थ भी है 'बाढ़'। इसके बाद 'ख़ेलाब' शब्द अरबी भाषा से है – इसका अर्थ है 'कीचड़'।

अर्थ :

''बदली को मेग (मेघ), अब्र और सहाब कहते हैं।

बाढ़ को अहिला और सैल तथा कीचड़ को कीच या ख़ेलाब कहते हैं।''

168. अंगुश्तरी[1] अंगूठी कहिये ख़ातिम[2] जान नगीनह्।
है ज़ंगूलह्[3] घुंगरू झुमका बिहुवा मालख़जीनहू[4]।।

इस दोहे में 'अंगुश्तरी' शब्द फ़ारसी भाषा से है – इसका अर्थ है 'अंगूठी'। इसके बाद 'ख़ातिम' अरबी भाषा का शब्द है – इसका अर्थ है 'अंगूठी'।

दोहे की दूसरी पंक्ति में 'ज़ंगूलह' फ़ारसी भाषा का शब्द है – इसका अर्थ है 'घुंघरू'। इसके बाद 'बिहुवा' शब्द है – जिसका अर्थ है 'झुमका'।

अर्थ :

''अंगूठी को अंगुश्तरी कहा जाता है और ख़ातिम और नगीना भी इसे कहते हैं।

घुंघरू को ज़ंगूलह और झुमके को बिहुवा कहते हैं।''

169. शबचिराग़[1] याक़ूत[2] रतन हीरा है अलमास[3]।
और ज़ुमुरुद[4] पन्ना कहिए किसबत[5] जान लिबास[6]।।

इस दोहे में 'शबचिराग़' फ़ारसी शब्द है – इसका अर्थ है 'लाल या सुर्ख़ मोती या पत्थर'। इसके बाद 'याक़ूत' शब्द अरबी भाषा से है – इसका भी अर्थ

---

168. 1-अंगूठी (फा.), 2-अंगूठी (अ.), 3-घुंघरू (फा.), 4-काल

169. 1-लाल (फा.), 2-लाल (अ.), 3-हीरा (फा.),
4-पन्ना (फा.), 5-वस्त्र (अ.), 6-पोशाक (फा.)

है 'लाल या सुर्ख़ पत्थर'। इसके बाद 'अलमास' शब्द फ़ारसी भाषा से है – इसका अर्थ है 'हीरा'।

दोहे की दूसरी पंक्ति में 'जुमुरुद' शब्द फ़ारसी भाषा से है – इसका अर्थ है 'पन्ना'। इसके बाद 'किसबत' शब्द अरबी भाषा से है – इसका अर्थ है 'वस्त्र'। इसके बाद 'लिबास' शब्द फ़ारसी भाषा से है – इसका अर्थ है 'पोशाक'।

अर्थ :

''....''

170. तिला[1] कुंदन सोना कहिए ज़ेवर अभरन गहना।
नाम जड़ाऊ मुकल्लल[2] बाशद और मुरस्हह[3] कहना।।

इस दोहे में 'तिला' शब्द फ़ारसी भाषा से है – इसका अर्थ है 'सोना'। इसके बाद 'मुकल्लल' शब्द अरबी भाषा से है – इसका अर्थ है 'चमकदार और सजा हुआ' या 'जड़ाऊ'। इसके बाद 'मुरस्सह्' शब्द भी अरबी भाषा से है – इसका अर्थ है 'जड़ाऊ'।

अर्थ :

''सोने को तिला और कुंदन कहते हैं और ज़ेवर को गहना या अभरन (आभूषण) कहा जाता है। जड़ाऊ को मुकल्लल और मुरस्सह कहते हैं।''

171. नियां[1] ख़ाल[2] हिंदवी मामूं जान।
औदिर[3] अम्मू[4] चचा बखान।।

इस दोहे में 'निया' शब्द फ़ारसी भाषा से लिया गया है – इसका अर्थ होता है 'दादा', 'नाना' या 'मामा'। यहां पर यह शब्द 'मामा' के संदर्भ में प्रयोग किया गया है। इसके बाद 'ख़ाल' शब्द है – यह अरबी भाषा से लिया गया है – इसका अर्थ है 'मामा'।

दोहे की दूसरी पंक्ति में 'औदिर' शब्द फ़ारसी भाषा से है – इसका अर्थ

---

170. 1-सोना (फा.), 2-चमकता (अ.), 3-जड़ाऊ (अ.)

171. 1-नाना (फा.), 2-मामा (अ.), 3-चाचा (फा.), 4-चाचा (अ.)

है 'चाचा'। इसके बाद 'अम्मू' अरबी भाषा का शब्द है – इसका अर्थ है 'चाचा' या 'चचा'।

दोहे का अर्थ :

''मामा को निया और ख़ाल कहते हैं, इसे हिन्दी में मामूज़ान कहा जाता है। औदिर और अम्मू चाचा या चचा को कहते हैं।''

172. बिरादरज़ादह्[1] जान भतीजा।
शाहरज़ादा[2] जो कहिये भांजा।

इस दोहे में 'बिरादरज़ादह्' शब्द फ़ारसी भाषा से लिया गया है – इसका अर्थ है 'भाई का बेटा' या 'भतीजा'।

दोहे की दूसरी पंक्ति में 'शाहरज़ादा' शब्द अरबी भाषा से है – इसका अर्थ है 'भांजा' या 'बहन का बेटा'।

अर्थ :

''भतीजे यानी भाई के बेटे को बिरादरज़ादाह् कहते हैं। बहन के बेटे को भांजा या शाहरज़ादा कहते हैं।''

173. ख़लफ़े[1] सपूत मुख़ालिफ[2] बेरी।
कुर्सी तख़्त[3] जूलान[4] है बेड़ी[4]।।

इस दोहे में 'ख़लफ़' अरबी भाषा का शब्द है – इसका अर्थ है 'नेक बेटा' या 'सपूत'। इसके बाद 'मुख़ालिफ़' शब्द फ़ारसी भाषा से है – इसका अर्थ है 'विरोधी'।

दोहे की दूसरी पंक्ति में 'तख़्त' शब्द अरबी भाषा से है – इसका अर्थ है 'कुर्सी'। इसके बाद 'जूलान' शब्द अरबी भाषा से है – इसका अर्थ है 'बेड़ी'।

अर्थ :

''अच्छे आज्ञाकारी पुत्र को ख़लफ़ और सपूत कहते हैं और विरोधी को मुख़ालिफ़ या बेरी कहा जाता है। कुर्सी को तख़्त और जूलान बेड़ी को कहते हैं।''

---

172. 1-भतीजा (फा.), 2-भांजा (अ.)

173. 1-सपूत (अ.), 2-विरोधी (फा.), 3-कुर्सी (अ.), 4-बेड़ी (फा.)

174. राज[1] गरद कहिये घनघोर।
बर्क़[2] बिजली मौज[3] हिलोर।।

इस दोहे में 'राज' शब्द अरबी भाषा से लिया गया है – इसका अर्थ है 'बिजली का गरजना' और 'गरद' कहते हैं 'गर्द' व 'गुबार' को या 'घने अंधियारे बादलों को'।

दोहे की दूसरी पंक्ति में 'बर्क़' अरबी शब्द है – इसका अर्थ है 'बिजली'। इसके बाद 'मौज' शब्द भी अरबी भाषा का शब्द है – इसका अर्थ है 'लहर'।

अर्थ :

"बिजली की गरज को राज कहते हैं, जो घनघोर बादलों के घिरने पर गरजती है। इन्हीं घनघोर बादलों को गरद भी कहते हैं। बिजली को बर्क़ और लहरों को मौज और हिलोर कहते हैं।"

175. बिस्तर[1] सेज दोलिया[2] क़ालीं[3]।
मर्ग़्ज़ार[4] कहिए हरियाली।।

इस दोहे में 'बिस्तर' शब्द फ़ारसी भाषा से लिया गया है – इसका अर्थ है 'सेज'। इसके बाद 'दोलिया' शब्द तुर्की भाषा से है – इसका अर्थ है 'ग़लीचा' या 'क़ालीन'। इसके बाद 'क़ालीं' शब्द फ़ारसी भाषा से है – जिसका अर्थ है 'क़ालीन'।

दोहे की दूसरी पंक्ति में 'मर्ग़्ज़ार' शब्द फ़ारसी भाषा से है – इसका अर्थ है 'हरी-भरी जगह' या 'सब्ज़ा ज़ार'।

अर्थ :

"सेज को बिस्तर कहते हैं और ग़लीचे को दोलिया या क़ालीन कहा जाता है। हरी-भरी जगह को मर्ग़्ज़ार या हरियाली कहते हैं।।"

---

174. 1-बिजली की गरज (अ.), 2-बिजली (अ.), 3-लहर (अ.)

175. 1-सेज (फा.), 2-ग़लीचा (तु.), 3-क़ालीन, 4-हरियाली जगह (फा.)

176. गुलिस्तानों[1] हम बोस्तां बाग बाड़ी।
चमन[2] क़तआ[3] बाशद ख़्याबां[4] कियारी।।

इस दोहे में 'गुलिस्तान' शब्द फ़ारसी भाषा का शब्द है – इसका अर्थ है 'बग़ीचा' या 'उद्यान'। इसके बाद 'बोस्तां' शब्द भी फ़ारसी भाषा से है – इसका अर्थ भी है 'उद्यान' या 'बग़ीचा' या 'फुलवारी'।

दोहे की दूसरी पंक्ति में 'चमन' भी फ़ारसी शब्द है – इसका भी अर्थ है 'उद्यान'। इसके बाद 'क़तआ' शब्द अरबी भाषा से है – जिसका अर्थ है 'ज़मीन का टुकड़ा' या 'क्यारी'। इसके बाद 'ख़्याबां' शब्द फ़ारसी भाषा से है – इसका अर्थ है 'उद्यान'।

अर्थ :

''उद्यान को गुलिस्तान कहते हैं, इसके अलावा इसे बोस्तां, बाग़ या बाड़ी भी कहा जाता है।

उद्यान को चमन और ख़्याबां भी कहते हैं और क्यारी को क़तअ और कियारी भी कहते हैं।''

177. क़ुल्बह[1] हल है ज़राअत[2] खेती।
मर्जो[3] जूम[4] है कहिये धरती।।

इस दोहे में 'कुल्बह' अरबी भाषा से लिया गया शब्द है – इसका अर्थ है 'हल'। इसके बाद 'ज़राअत' शब्द भी अरबी भाषा से है – इसका अर्थ है 'खेती-बाड़ी'।

दोहे की दूसरी पंक्ति में 'मर्ज' शब्द भी अरबी भाषा का शब्द है – इसका अर्थ है 'ऐसी ज़मीन जिस पर जानवर चरते हैं'। इसके बाद 'जूम' शब्द फ़ारसी भाषा से है – इसका अर्थ है 'ज़मीन जो बेकार पड़ी हो और जिस पर जानवर चरते हों'।

अर्थ :

''खेत जोतने वाले हल को क़ुल्बह कहते हैं और खेती-बाड़ी को ज़राअत कहा जाता है। ज़मीन या धरती को मर्ज और जूम कहा जाता है।''

---

176. 1-उद्यान (फा.), 2-उद्यान (फा.), 3-खंड (अ.), 4-क्यारी भूमि (फा.)

177. 1-हल (अ.), 2-खेती (अ.), 3-भूमि (अ.), 4-बंजर भूमि (फा.)

178. ख़र्दल[1] राई अरजन[2] चेना[3]।
दाद सितद[4] है देना-लेना।।

इस दोहे में 'ख़र्दल' शब्द अरबी भाषा से है और इसका अर्थ है 'राई'। इसके बाद 'अरजन' शब्द है – इसका अर्थ है 'चना'। इसके बाद 'चेना' शब्द का अर्थ भी है 'चना'।

दोहे की दूसरी पंक्ति में 'सितद' शब्द फ़ारसी भाषा से लिया गया है – इसका अर्थ है 'लेना'। इससे पहले 'दाद' शब्द भी फ़ारसी भाषा का शब्द है – इसका अर्थ है 'देना'।

अर्थ :

''राई को ख़र्दल कहते हैं और अरजन को चना कहा जाता है। देना-लेना को दाद सितद बोला जाता है।''

179. खुसूपुरहु[1] साला है जान।
ख़ुसुर[2] ससुर और हान[3] ज्यान[4]।।

इस दोहे में 'ख़ुसरपूरहु' फ़ारसी भाषा का शब्द है – इसका अर्थ है 'साला' यानी 'पत्नी का भाई'।

इस दोहे की दूसरी पंक्ति में 'ख़ुसुर' शब्द फ़ारसी भाषा से है – इसका अर्थ है 'ससुर' यानी 'पत्नी का बाप'। इसके बाद 'हान' शब्द हिन्दी भाषा से है – इसका अर्थ है 'हानि' या 'नुक़सान'। इसके बाद 'ज़्यान' शब्द फ़ारसी भाषा से है – इसका अर्थ है 'हानि'।

दोहे का अर्थ :

''आप यह जान लीजिये कि साला को ख़ुसूपूरहु कहते हैं। ससुर को ख़ुसुर और हान ज़्यान कहते हैं हानि को।''

180. चरर्वह[1] रहटा ग़ल्लह्[2] का पाग़लह्[3] दा।
रांड बेवह[4] ज़ाल[5] का बूढ़ी बेदां।।

इस दोहे में 'चरर्वह' शब्द का अर्थ है 'रहटा' – यह एक प्रकार का

---

178. 1-राई (अ.), 2-अन्न, 3-चना, 4-लेना (फा.)
179. 1-साला (फा.), 2-ससुर (फा.), 3-हानि, 4-हानि (फा.)
180. 1-रहटा (हिं.), 2-अन्न (अ.), 3-अन्न (फा.), 4-रांड (फा.), 5-बूढ़ी (फा.)

ईंधन है। इसके बाद 'ग़ल्लह' शब्द है – जिसका अर्थ है 'अनाज' या 'अन्न' – यह शब्द अरबी भाषा से लिया गया है। इसके बाद 'पाग़लह्' शब्द भी फ़ारसी शब्द है –इसका अर्थ है 'अन्न'।

दोहे की दूसरी पंक्ति में 'बेवह' शब्द फ़ारसी भाषा से लिया गया है – इसका अर्थ है 'विधवा' या 'रांड' यानी वह स्त्री जिसका पति मर चुका हो। इसके बाद 'ज़ाल' शब्द है – जिसका अर्थ है 'बूढ़ी औरत' – यह शब्द फ़ारसी भाषा से लिया गया है।

अर्थ :

''चरवंह कहते हैं रहटा को और अनाज को ग़ल्लह् और पाग़लह् कहते हैं। विधवा को रांड या बेवह और बूढ़ी स्त्री को ज़ाल कहा जाता है।''

181. नीज़[1] पेचक[2] नाम पूनी[3] जानिये।
हम कलावह्[4] नाम अंटी मानिये।।

इस दोहे में 'नीज़' का अर्थ है 'और' – यह फ़ारसी शब्द है। इसके बाद 'पेचक' शब्द है – इसका अर्थ है 'पूनी' (सूत का गोला) – यह फ़ारसी शब्द है। इसके बाद 'पूनी' शब्द हिन्दी भाषा से है – इसका भी अर्थ है 'सूत का गोला'।

दोहे की दूसरी पंक्ति में 'कलावह्' फ़ारसी भाषा का शब्द है – इसका अर्थ है 'सूत की लच्छी' या 'अंटी'।

अर्थ :

''और यह भी जान लीजिये कि पूनी को पेचक कहा जाता है। इसके अतिरिक्त अंटी को कलावह् कहते हैं।''

182. दूक[1] तकला सूत बाशद रेस्मां।
जान रिश्तन[2] बहिंदी कातना।।

इस दोहे में 'दूक' शब्द फ़ारसी भाषा से है – इसका अर्थ है 'तकला'। इसके बाद 'रेस्मां' शब्द भी फ़ारसी भाषा से है – इसका अर्थ है 'सूत'।

---

181. 1-और (फा.), 2-पुनी (फा.), 3-सूत का गोला (हिं.), 4-सूत की लच्छी (फा.)

182. 1-तकला (फा.), 2-सूत (फा.)

दोहे की दूसरी पंक्ति में 'रिश्तन' शब्द फ़ारसी भाषा से लिया गया है – इसका अर्थ है 'सूत कातना'।

अर्थ :

''तकले को दूक कहा जाता है और सूत को रेस्मां कहा जाता है। यह बात जान लीजिये कि रिश्तन को हिन्दी में कातना कहते हैं।''

183. मूसल अस्त मिदक़[1] हावन[2] ओखली।
चोबरदस्तह्[3] मूसल अस्त ख़ोशह् फली[4]।।

इस दोहे में 'मिदक़' शब्द अरबी भाषा से है – इसका अर्थ है 'मूसल'। इसके बाद 'हावन' अरबी शब्द है – इसका अर्थ है 'ओखली'।

दोहे की दूसरी पंक्ति में 'चोबरदस्तह्' शब्द फ़ारसी भाषा से है – इसका अर्थ है 'मूसल'। इसके बाद 'खोशह्' शब्द है – यह फ़ारसी शब्द है – इसका अर्थ है 'किसी भी अनाज की फली (बाली)'।

अर्थ :

''मूसल को मिदक़ और हावन को ओखली कहते हैं। चोबरदस्तह् भी मूसल है और ख़ोशह् कहते हैं फली को।।''

184. वाह[1] कनीज़क[2] कहिये चेरी।
दाम[3] जाल जूलान[4] है बेड़ी।।

इस दोहे में 'वाह' फ़ारसी शब्द है – इसका अर्थ है 'ख़ूब'। इसके बाद 'कनीज़' शब्द भी फ़ारसी भाषा से है – इसका अर्थ है 'सेविका' या 'नौकरानी'। इसके बाद 'चेरी' (चेली) शब्द हिन्दी भाषा से है – इसका अर्थ भी है 'सेविका'।

दोहे की दूसरी पंक्ति में 'दाम' शब्द फ़ारसी भाषा से लिया गया है – इसका अर्थ है 'जाल'। इसके बाद 'जूलान' शब्द अरबी भाषा से है – इसका अर्थ है 'बेड़ी।

---

183. **1-मिदक़ (अ.), 2-ओखली (फा.), 3-मूसल (फा.)
4-अनाज या गेहूं की बाली या गुच्छा**

184. **1-ख़ूब (फा.), 2-सेविका (फा.), 3-जाल (फा.),
4-बेड़ी (अ.)**

दोहे का अर्थ :

"सेविका को कनीज़ और चेरी (चेली) कहते हैं। जाल को दाम और बेड़ी को जुलान कहा जाता है।"

185. शर्म हया दर हिंदवी लाज।
हासिल[1] कहिये बाज[2] ख़राज कर।।

इस दोहे में 'हया' शब्द अरबी भाषा का शब्द है - इसका अर्थ है 'शर्म'।

दोहे की दूसरी पंक्ति में 'हासिल' शब्द अरबी भाषा से है - इसका अर्थ है 'कर' या 'लगान'। इसके बाद 'बाज़' फ़ारसी भाषा का शब्द है - इसका अर्थ है 'कर'। इसके बाद 'ख़राज' शब्द अरबी भाषा से लिया गया है - इसका अर्थ भी है 'कर'।

अर्थ :

"शर्म को हया कहते हैं और हिन्दी में इसे लाज कहते हैं। कर या लगान को हासिल, बाज़ या ख़राज कहा जाता है।"

186. तालेम्[1] बख़्त[2] जो कहिए भाग।
लहन[3] सुरूदो[4] तरन्नुम[5] राग।।

इस दोहे में 'तालेय्' शब्द अरबी भाषा से लिया गया है - इसका अर्थ है 'भाग्य' या 'तक़दीर'। इसके बाद 'बख़्त' शब्द फ़ारसी भाषा से लिया गया है - इसका अर्थ भी है 'भाग्य' या 'नसीब'।

दोहे की दूसरी पंक्ति में 'लहन' शब्द अरबी भाषा का शब्द है - इसका अर्थ है 'राग'। इसके बाद 'तरन्नुम' शब्द भी फ़ारसी भाषा से है - इसका अर्थ भी है 'राग'।

दोहे का अर्थ :

"तक़दीर को तालेय् या बख़्त और भाग्य कहते हैं। राग को लहन या सुरुद और तरन्नुम कहते हैं।"

---

185. 1-लगान (फा.), 2-कर (फा.)

186. 1-भाग्य (अ), 2-भाग्य (फा.), 3-राग (अ.), 4-राग (फा.), 5-राग (फा.)

187. तिफ़ले[1] कोदक[2] ख़ुर्द[3] बाला मुंडारा[4]।
बैज़ह्[5] बज़बान-ए-हिंदवी दां अंडा रा।।

इस दोहे में 'तिफ़्ल' अरबी भाषा का शब्द है – इसका अर्थ है 'शिशु' या 'छोटा बच्चा'। इसके बाद 'कोदक' शब्द भी अरबी भाषा से है – इसका अर्थ भी है 'छोटा बच्चा'। इसके बाद 'ख़ुर्द' शब्द फ़ारसी भाषा का शब्द है – इसका भी अर्थ है 'छोटा बच्चा'। इसके बाद 'मुंडा' या 'मुंडारा' शब्द पंजाबी भाषा से है – इसका अर्थ है 'छोटा बालक'। 'बाला' हिन्दी शब्द है – जिसका अर्थ है 'बालक'।

दोहे की दूसरी पंक्ति में 'बैज़ह्' शब्द अरबी भाषा से है – इसका अर्थ है 'अंडा'।

अर्थ :

''छोटे बच्चे या शिशु को तिफ़्ल या कोदक और ख़ुर्द कहते हैं और छोटे बालक को बाला या मुंडारा कहते हैं।

हिन्दी ज़बान में अंडे को बैज़ह् कहते हैं।''

188. मज़दह्[1] नवेद[2] खुशख़बर बशारत[3]।
चशमक[4] ईमा[5] सैन इशारत।।

इस दोहे में 'मुज़दह' शब्द का अर्थ है 'ख़ुशख़बरी' – यह फ़ारसी शब्द है। इसके बाद 'नवेद' शब्द फ़ारसी भाषा से है – इसका अर्थ है 'ख़ुशख़बरी' या 'अच्छी ख़बर'। इसके बाद 'बशारत' शब्द अरबी भाषा से है – इसका अर्थ है 'ख़ुशख़बरी'।

दोहे की दूसरी पंक्ति में 'चशमक' शब्द है – यह फ़ारसी भाषा का शब्द है और इसका अर्थ है 'इशारा'। इसके बाद 'ईमा' शब्द है – यह अरबी भाषा का शब्द है – इसका अर्थ भी है 'इशारा'। इसके बाद 'सैन' शब्द है – यह फ़ारसी भाषा का शब्द है – इसका अर्थ भी 'इशारा' करना। इसके बाद 'इशारत' शब्द का अर्थ है 'इशारा करना' – यह अरबी भाषा का शब्द है।

---

187. 1-बालक (अ.), 2-बालक (अ.), 3-छोटा शिशु (फा.), 4-छोटा लड़का (पं.), 5-अंडा (अ.),

188. 1-खुशखबरी (फा.), 2-खुशावर (फा.), 3-शुभ समाचार (अ), 4-इशारा (फा.), 5-इशारा (अ.)

अर्थ :

"अच्छी ख़बर को मज़दह् या नवेद कहते हैं, इसे ख़ुशख़बरी और बशारत भी कहते हैं।

इशारा करने को चशमक और ईमा कहते हैं, इसे सैन और इशारत भी कहते हैं।"

189. दस्तक[1] हिंदवी ताली जान।
अंगुश्तक[2] चुटकी पहचान।।

इस दोहे में 'दस्तक' शब्द फ़ारसी भाषा से है – इसका अर्थ है 'ताली'।

दोहे की दूसरी पंक्ति में 'अंगुश्तक' शब्द भी फ़ारसी भाषा से है – इसका अर्थ है 'चुटकी'।

अर्थ :

इस दोहे में अमीर ख़ुसरो कहते हैं – "ताली हिन्दी शब्द है और इसे फ़ारसी में दस्तक कहते हैं।

चुटकी को फ़ारसी में अंगुश्तक कहते हैं।"

190. हुकहुक[1] हिचकी फ़ाज़ह[2] जमाई।
ख़मयाज़ह्[3] कहिये अंगड़ाई।।

इस दोहे में 'हुक–हुक' शब्द फ़ारसी भाषा से है और इसका अर्थ है 'हिचकी'। इसके बाद 'फ़ाज़ह' शब्द फ़ारसी भाषा से है – इसका अर्थ है 'जम्हाई'।

दोहे की दूसरी पंक्ति में 'ख़मयाज़ह्' शब्द भी फ़ारसी भाषा का शब्द है – इसका अर्थ है 'अंगड़ाई'।

अर्थ :

"हिचकी को हुक–हुक और जम्हाई को फ़ाज़ह कहते हैं।

इसके अलावा अंगड़ाई को ख़मयाज़ह कहते हैं।।"

---

189. 1–ताली (फा.), 2–चुटकी (फा.)

190. 1–हिचकी (फा.), 2–जंभाई (फा.), 3–अंगड़ाई (फा.)

191. अत्सह[1] छींक आरोग़[2] डकार।
महक[3] कसौटी जान अचार[4]।।

इस दोहे में 'अत्सह' शब्द अरबी भाषा से है – इसका अर्थ है 'छींक'। इसके बाद 'आरोग़' शब्द फ़ारसी भाषा का है – इसका अर्थ है 'डकार'।

दोहे की दूसरी पंक्ति में 'महक' अरबी भाषा का शब्द है – इसका अर्थ है 'कसौटी'। इसके बाद 'अचार' शब्द अरबी भाषा से है – इसका अर्थ है 'परख'।

अर्थ :

"छींक को अत्सह और डकार को आरोग़ कहते हैं। कसौटी को परख या महक कहा जाता है, इसको अचार भी कहते हैं।"

192. आखिर[1] अंजाम[2] है नीज़ तमाम।
अंत बात है ख़त्म कलाम।।

इस दोहे में 'आख़िर' शब्द अरबी भाषा का शब्द है – इसका अर्थ है 'अंत'। इसके बाद 'अंजाम' शब्द है – इसका अर्थ भी है 'अंत'। यह भी अरबी भाषा का शब्द है – इसका अर्थ भी है 'अंत'। इसके बाद 'तमाम' शब्द भी अरबी भाषा का शब्द है – इसका भी अर्थ है 'अंत'। 'नीज़' फ़ारसी शब्द है – इसका अर्थ है 'भी'।

दोहे की दूसरी पंक्ति में 'कलाम' शब्द अरबी भाषा से है – इसका अर्थ है 'बात करना'।

अर्थ :

"अंत को आख़िर या अंजाम कहते हैं, इसे तमाम भी कहा जाता है। बात के अंत करने को कहते हैं 'कलाम ख़त्म किया'।"

193. मौलवी[1] साहब[2] शरण पनाह[3]।
गदा[4] भिखारी खुसरो[5] शाह[6]।।

---

191. 1-छींक (अ.), 2-डकार (फा.), 3-कसौटी (अ.), 4-परख (अ.)

192. 1-अंत (अ.), 2-अंत (अ.)

193. 1-मुस्लिम धर्म का आचार्य (अ.), 2-महोदय (अ.), 3-शरण 4-भिखारी (फा.), 5-शाह (फा.), 6 नरेश

इस दोहे में 'मौलवी' शब्द अरबी भाषा से लिया गया है – इसका अर्थ है 'दीन धर्म का विशेषज्ञ'। इसके बाद 'साहब' शब्द भी अरबी भाषा का शब्द है – इसका अर्थ है 'महोदय' या 'इज़्ज़त वाला'। इसके बाद 'सरण' शब्द है, यह हिन्दी भाषा का शब्द है – इसका अर्थ है 'आश्रय देना'। इसके बाद 'पनाह' शब्द है – यह फ़ारसी भाषा का शब्द है – इसका भी अर्थ है 'शरण'।

दोहे की दूसरी पंक्ति में 'गदा' शब्द फ़ारसी भाषा से है – इसका अर्थ है 'भिखारी'। इसके बाद 'ख़ुसरो' शब्द भी फ़ारसी भाषा का शब्द है – इसका अर्थ है 'बादशाह' या 'नरेश'। इसके बाद 'शाह' शब्द भी फ़ारसी भाषा का शब्द है – इसका भी अर्थ है 'नरेश' या 'बादशाह'।

दोहे का अर्थ :

''धर्माचार्य (मुस्लिम) को मौलवी और साहब कहा जाता है और शरण लेने को पनाह या आश्रय लेना कहा जाता है।

भिखारी को गदा कहते हैं और बादशाह या नरेश को शाह या ख़ुसरो कहा जाता है।''

194. ख़ालिकबारी भई तमाम।
दुहूं जग रहिया खुसरो नाम।।

इस दोहे में 'भई' हिन्दी भाषा का शब्द है – इसका अर्थ है 'हो गई'। इसके बाद 'तमाम' शब्द अरबी शब्द है – इसका अर्थ है 'ख़त्म हो जाना' या 'किसी बात का अंत हो जाना'।

दोहे की दूसरी पंक्ति में 'दूहूं जग' का अर्थ है 'दोनों जहान' मतलब 'धरती और आसमान'।

दोहे का अर्थ :

''हज़रत अमीर ख़ुसरो कह रहे हैं कि अब ख़ालिक़ बारी ख़त्म हुई।

ऐ ख़ुसरो! इसी के कारण दोनों जग में तेरा नाम सदैव जीवित रहेगा।''

संदर्भ ग्रंथों की सूची

1. **अमीर ख़ुसरो और उनका हिंदी साहित्य,**
भोलानाथ तिवारी, प्रभात प्रकाशन, दिल्ली-1985

2. **अमीर ख़ुसरो,**
डॉ. सोहन पाल सुमनाक्षर, प्रकाशन विभाग, भारत सरकार

3. **अमीर ख़ुसरो,**
सैयद गुलाम समनानी, नेशनल बुक ट्रस्ट इंडिया, नई दिल्ली

4. **आजकल अमीर ख़ुसरो,**
नवंबर 1974, प्रकाशन विभाग, भारत सरकार

5. **भारतीय संत, जीवन व संदेश,**
डॉ. बलदेव बंशी, डायमंड पॉकेट बुक्स

6. **भारत-भारती के सच्चे सपूत-अमीर ख़ुसरो,**
शमशेर अहमद खान, अखिल भारती प्रकाशन

7. **इश्क़ की ख़ुशबू है सूफ़ी,**
शशिकांत सदैव, डायमंड पॉकेट बुक्स

8. **भारत की महान विभूति अमीर ख़ुसरो,**
डॉ. परमानंद पांचाल, हिंदी बुक सेंटर

9. **ख़ालिक़ बारी, सं डॉ. श्रीराम शर्मा,**
काशी नागरी प्रचारिणी सभा, वाराणसी

10. **संस्कृति के चार अध्याय,**
डॉ रामधारी सिंह दिनकर, राजपाल एंड संस

11. **अमीर ख़ुसरो, भावात्मक एकता के अग्रदूत,**
सं डॉ. मलिक मोहम्मद, राजपाल एंड संस

12. **महाकवि अमीर ख़ुसरो-अनुवादक अब्दुस्सत्तार,**
उत्तर प्रदेश हिंदी संस्थान, लखनऊ

13. विभिन्न पत्र-पत्रिकाओं, इंटरनेट साइटों व ख़ुसरो का कलाम गाने वालों से ली गई सामग्री पर आधारित।

www.ingramcontent.com/pod-product-compliance
Lightning Source LLC
LaVergne TN
LVHW050537160826
845677LV00011B/2072

9789351654407